岳麓書社

读名著　选岳麓

轻松阅读无障碍

春秋繁露

程郁 导读 注译

岳麓書社·长沙

图书在版编目(CIP)数据

春秋繁露/程郁导读、注译. —长沙：岳麓书社，2021.3

ISBN 978-7-5538-1380-6

Ⅰ. ①春… Ⅱ. ①程… Ⅲ. ①儒家②《春秋繁露》—注释③《春秋繁露》—译文 Ⅳ. ①B234.52

中国版本图书馆 CIP 数据核字(2020)第 187191 号

CHUNQIU FANLU

春秋繁露

导读注译：程　郁

责任编辑：陈文韬

责任校对：舒　舍

封面设计：罗志义

岳麓书社出版发行

地址：湖南省长沙市爱民路 47 号

直销电话：0731-88804152　0731-88885616

邮编：410006

版次：2021 年 3 月第 1 版

印次：2021 年 3 月第 1 次印刷

开本：700mm×1000mm　1/16

印张：15.5

字数：223 千字

ISBN 978-7-5538-1380-6

定价：25.00 元

承印：长沙鸿发印务实业有限公司

如有印装质量问题，请与本社印务部联系

电话：0731-88884129

前　言

《春秋繁露》是后人汇编的汉代大儒董仲舒的著作集，是研究董仲舒以及西汉儒学思想的重要资料。本书选注、选译了其中主要的篇章，以期展现董仲舒哲学思想的概貌。

董仲舒是汉代最重要的经学家、思想家、政治家，更是具有开创性和体系建构能力的哲学家，集先秦儒学之大成，对儒学以及中国古代政治哲学都有着极为重要而深远的影响。《汉书·叙传》有“抑抑仲舒，再相诸侯，身修国治，致仕县车，下帷覃思，论道属书，谠言访对，为世纯儒”的评述，西汉史学家刘向也对董仲舒的才华极为称赞，认为“董仲舒有王佐之材，虽伊、吕亡以加，管、晏之属，伯者之佐，殆不及也”。了解董仲舒以及汉代儒学思想，有助于梳理和理解儒学成为两千多年传统社会意识形态的关键历程，以及汉代儒学充分吸收、容纳先秦各家思想以应对时代挑战，建构庞大儒学体系的思想脉络。

董仲舒生于公元前 179 年，卒于公元前 104 年，是西汉经学春秋公羊学的代表人物，精研阐发公羊春秋大义，教授弟子颇多。其弟子如嬴公、褚大、吕步舒以及再传弟子眭孟、严彭祖、颜安乐等，多达数百人，他们或在朝中担任要职，或传承公羊学经义，皆具一定的社会影响力。史学家司马迁也曾从学于董仲舒，《史记》撰写的理念也很大程度上受到董仲舒春秋学思想的影响。据《汉书》记载，董仲舒少年时即治学《春秋》，汉景帝年间被立为博士，讲诵传授春秋学，门下弟子多到要互相授业，有的弟子从学多年都没有机会亲眼见到董仲舒。董仲舒专心治学，以至多年都不曾看一眼园中景物，更谨于修身，言行举止都非礼不行，当时的学者都视同师长一般尊敬他。

汉初以清静无为的黄老哲学为治国理念，与民休息，在政治法律制度方面则汉承秦制，因循旧朝不利于思想文化兴盛发展的制度，所谓遗毒余烈。而无论是秦政法家，还是汉初黄老思想，都不能胜任新兴帝国的意识形态之责，政权稳定之后，改革（更化）的呼声在儒家知识分子及有见地的执政阶层中绵延数十年，历文、景二朝不息。汉武帝即位后锐意革新，拔举贤良文学之士，董仲舒以贤良身份，回答了武帝的三次有关政权长治久安的根本性、原则性问题的重要发问，其文收录于《汉书·董仲舒传》，即为著名的“天人三策”。

在对策中，董仲舒首先在武帝最为关心的天命问题，也即帝王如何受命，以及王朝何以长久延续，不至如秦祚之短的问题上，坚守儒家以德配命的立场作出回答。董仲舒认为，秦朝灭亡的原因在于废弃德行教化而纯粹依靠刑罚，残害百姓而导致邪气和怨恨之情积蓄，阴阳谬戾，最终灾异丛生，亡国灭身，因此得天授命唯有推行仁政德教。与当时社会流行的五德终始说等观念不同，董仲舒秉持着儒家的天命观念，能否得天命在于君王是否有德，是否合于民心，而不是像五德终始等学说那样，把历史规律寄托在不含价值意涵的五行生克等自然规律上。董仲舒强调，理想的三代之治虽各有不同，背后的道却是一以贯之的。所谓“天不变道亦不变”，夏商周三代制度各有不同，只是面对的时势不同，采取的具体措施不同，各有损益罢了。

在人性论的问题上，董仲舒综合了先秦儒家孟子、荀子等人对于人性的思考，既肯定人性中有向善之资，亦承认人性中有情欲等恶的一面，更关注政治风气对于人性实然状态的影响。董仲舒认为尧、舜时期施行德教，而那时的民众性格仁爱、多得长寿；桀、纣施行暴政，而他们治下的民众性格贪鄙、多有夭折。意在强调君王的施政行为对社会人性造成的影响和责任。

除了天命、人性等先秦儒家的传统议题，董仲舒儒学引人注目的另一要点在于纳入阴阳、五行等观念，极大地扩展了儒学的思考维度，借阴阳、五行等当时流行的解释世界的思维方式来论证儒学的固有理念，是董仲舒完成的另一个重要理论工作。阴阳在董仲舒，实际是谈刑德，解释自然界的阴阳与解释人类政治行为的刑德的勾连，虽非董仲舒首创，而自战国以来黄老学派多言，但在董仲舒的推论中，阴阳二者之间的关系显然失去了黄老哲学中原有的平衡，阴被认为是居处于冬季，意思是置之于空虚不用之处，天道只以阳为主。而阳代表德，阴代表刑，这就说明天道是任德不任刑，因此执政者也应效法天道，推行德教，而空置刑杀不用，意在鼓励武帝废除任刑之秦政，推行改革，施行儒家德教之政。董仲舒更指出，教化犹如社会治安的堤防，仅有刑罚等暴力手段绝不足以安定社会，废弃教化就会奸邪并出，刑罚不能胜用，因为堤防已经坏了的缘故。秦朝正是因崇尚暴政，限制思想自由，破坏文化，无道而致亡国。因此，汉朝应当励精图治，及时更化，推行善治德教。

在制度设计方面，董仲舒认为，应当效法天道，即自然界中猛兽有利齿，就不会长角；没有翅膀不能飞行的，就赋予四足以便飞快奔跑。人类社会的利益分配也应如此，身处高位享受高官厚禄的人，就不应该再凭借权势，与民争利，导致富者奢侈羡溢，而贫者穷急愁苦，民不聊生。而这正是奸邪不止，刑罚不能胜用的根本原因。董仲舒更提醒执政者，善政、恶政都是积累而成的，往昔的圣王尧舜等人，都是兢兢业业，坚持每天奉行修身之道，才能逐步实现理想的治世。细微的善行或恶行，人们往往难以察觉，却会对人心人性造成不可磨灭的影响，最终实现天下大治还是世乱国亡，却决定于执政者一点一滴的施政行为。因此，汉朝唯有革除秦朝弊政，推行仁政，才能最终实现社会上下和睦、习俗美盛、吏无奸邪、民无盗贼、囹圄空虚、德润草木、泽被四海的理想政治图景。

贤良对策之后，汉武帝任命董仲舒做江都相，侍奉武帝的兄长江都易王，易王平素骄横好勇，不守礼仪，董仲舒却正身行道，以礼义匡正他，骄横的易王反而对董仲舒极为敬重。汉武帝元光五年（前 130）左右，董仲舒返回长安担任中大夫，在此之前的建元六年（前 135），辽东高庙与长陵高园殿曾发生火灾，董仲舒借此事件推说灾异，草稿初成，未及呈上，武帝宠臣主父偃在拜访董仲舒时发现了书稿，就窃取并呈送给了武帝，因为书的内容涉及当时政治中的敏感问题，武帝就召集了包括董仲舒弟子吕步舒在内的一批学者官员，审查并批判此书。虽然书稿内容不得而知，但从书稿针对的事件，以及《史记》《汉书》等文献保存的董仲舒灾异思想，可以推知，董仲舒的观点很可能关涉当时极为敏感的郡国庙废立问题和诸侯王问题，以及持天降灾异是对君主的警告等批评态度，这些都导致董仲舒的学说不能为执政者所接受，最终得到“私为灾异书”“不道”的判决，被判处死刑。虽然武帝最终赦免了董仲舒，但这次事件也使得他终身不敢再发表有关灾异的学说。

董仲舒不仅才学为不学无术者如主父偃辈所妒，其为人廉直方正，德行也为希世用事者如丞相公孙弘辈所嫉。董仲舒因批评公孙弘曲学阿谀，遭到嫉恨，公孙弘就在武帝面前推荐董仲舒做胶西相。胶西王刘端也是武帝的哥哥，骄横纵恣，此前因被中央政权削夺国土，怀恨在心，凡是中央派往胶西国任相国、二千石级别的官员，很多都被刘端设计陷害罢免乃至杀害。董仲舒赴任之后，胶西王却因他是天下闻名的大儒，持身方正有德，不但没有将他杀害，反而十分敬重善待。董仲舒最终仍因担心日久获罪，辞去了职位，从此不再从政，而专心修学著书。此后，朝廷凡有重大事件，武帝都会派遣廷尉张汤专门前往董仲舒家中请教。

董仲舒的一生，是真正的儒者生命的完整体现，不仅在学说上完成所处时代的理论使命，也对身处的政治现实展开批判与积极建构；对现实政治问题能提出具有理论深度且切实有效的解决方案，又关注百姓生活的实际需求，并不自居为理论精英，而忽视现实生活中的真问题；努力引导和匡正权力，而绝不贪慕权位曲学阿世；坚持儒学本位，不偏离仁德要义，又包容并蓄，广纳百家学说。他奠定了汉代儒学的广阔学说视野，成就了儒学的恢宏气象，这是儒学之所以能够成为汉帝国，以至之后两千年传统社会意识形态的真正原因。

西汉初期学说思想丰富活跃，各家学派皆有出色的代表人物，他们积极参与政治，力争在政治实践中施行自家学派的政治主张，儒家与道家等各派思想，乃至儒家内部各经学传统之间都曾引发诸多辩论与思想交锋。根据《汉书·儒林传》记载，董仲舒就曾与研究《诗经》的博士韩婴论辩，结果未能辩倒韩婴。《汉书》以“仲舒不能难”来佐证韩婴论辩机敏精悍，恰恰说明董仲舒是当时思想界中辩论的常胜者，也可令后人一窥汉初思想界的盛况。由此可以看出，西汉一朝政治、文化的兴盛是以思想的自由、兴盛为基础的，这一现象同时也说明，所谓“罢黜百家，独尊儒术”的出现，背后应当并不仅仅是出于权力的择取和推动，而是有着思想内在的演变逻辑，映照出先民求索真理、探寻世界真相与建构人类社会生活秩序的心路历程。

《春秋繁露》所辑录的篇章相当一部分具有论辩风格，书中前十七篇专论春秋大义，第十八至三十七篇则阐发政治制度、为政之道。前十七篇中多有问难、对答的体例，其余篇章亦多就当时社会的重要理论问题展开探讨，并且与其他学派在该问题上的看法明显具有较强的针对性，留下颇多当时思想界交锋的痕迹。按照唐君毅《中国哲学原论·原道篇》一书所列，《春秋繁露》全书内容可以分为四个部分，前十七篇为专讲春秋之义，十八至二十八篇多及政治制度，二十九至三十七篇总说人之仁义仁智之德与人性及为政之道，三十八篇以下发挥阴阳五行之义，言天人合德与郊祀之义。

通过《春秋繁露》一书，我们看到的是一位真正的儒者如何从理论的角度绍述前学，进一步解决遗留的理论难题，并提出符合儒家仁政理想的王道理念，以及试图以天命引导和匡正现实权力的努力。正如西汉史学家刘歆所言："仲舒遭汉承秦灭学之后，《六经》离析，下帷发愤，潜心大业，令后学者有所统壹，为群儒首。"书中反映出董仲舒一方面继承了先秦以来儒家传统的以仁义为内涵的德政王道理念，深为阐发孔子在《春秋》中所揭示的治乱兴衰规律，另一方面则广泛吸收借鉴阴阳学、黄老学派等对于天道、阴阳五行学说的成果，建立了全新而宏大的天人之际的儒学体系，对先秦以来天命、天道、人性、教化等儒家重要议题都做出了重新思考和重要发展，提出并全面演绎了汉代儒学的政治理念。

《春秋繁露》一书，最早为《隋书·经籍志》辑录，此前《汉书·艺文志》中仅著录"《董仲舒》百二十三篇""《公羊董仲舒治狱》十六篇"，《后汉书·应劭传》则称仲舒作《春秋决狱》二百三十二事，并未出现《春秋繁露》的书名，《汉书·董仲舒传》中称其"说《春秋》事得失，《闻举》《玉杯》《蕃露》《清明》《竹林》之属，复数十篇"。《蕃露》只是其中一篇的篇名，《汉书》也未以《春秋繁露》为其著作之总名，而所言《蕃露》等篇不见于今本《春秋繁露》，今本书名可能为后人取首篇篇名而成，首篇则以开篇"楚庄王"为名。此前为史籍所记载的名为《董仲舒》《春秋决狱》等书籍，则逐渐不见于后世的史籍。西晋葛洪采撰的《西京杂记》中称"董仲舒梦蛟龙入怀，乃作《春秋繁露》"，可见《春秋繁露》这一书名的出现也是比较早的。

今本《春秋繁露》的真伪在后世也引发了很多争议，北宋时期，官修书目《崇文总目》的编者王尧臣即对该书的完整性产生了怀疑。其后众多学者就该书真伪展开了长达几个世纪的争论，较为激进的观点对《春秋繁露》一书的文本及内容都持怀疑态度，相对保守的观点则倾向于肯定文本本身的可信性，认为《春秋繁露》前十七篇可能即《汉志》所称《公羊治狱》十六篇，其余则当《董仲舒》百二十三篇之文。直至清代编修《四库全书》之时，该书的真伪也未能得一定论，四库馆臣称："今观其文，虽未必全出仲舒，然中多根极理要之言，非后人所能依托也。"此说代表了《春秋繁露》研究的主流观点，即今本虽可能夹杂了后世的文字，但主体仍能代表董仲舒的思想，并且文本所包含的观念仍然可以视为一个整体而值得加以研究。

本书选注时亦适当考虑文本的可信性，并不整体推翻或认可全书，而充分吸收较新的研究成果，逐篇考察选录。《春秋繁露》前十七篇基本被认可是董仲舒的作品，因此除第九篇《随本消息》文意稍嫌舛乱，文题不相应，未作注译外，其余十六篇皆选录。十八至二十二、七十七至八十二“黄老篇”诸篇，分别择取《离合根》《天地之行》等六篇较能代表董仲舒借用黄老哲学外衣，植入儒学思想内核的篇章加以注译，而较大可能非董仲舒所作的《循天之道》等篇未录。其下发挥政治思想、人性论说诸篇中，亦择取数篇发挥儒学要义的重点篇章，其中《三代改制质文》一篇虽争议较大，但因所涉议题较为重要，颇能代表汉代儒学对于天命观念、权力递嬗机制的论说，故亦作录入解说。其余阴阳、五行、礼制等诸篇悉从此例，唯郊祀五篇原本当作一篇，故悉为录入，《郊事对》所言议题与上五篇同，《求雨》《止雨》二篇为王充《论衡》所证，实有其事，故皆选录，逐为注译。

《春秋繁露》现存最早的版本是南宋嘉定四年（1211）江右计台刻本，此本为藏书家楼钥于宋宁宗嘉定四年校订刊刻，又称“楼钥本”，后存于《永乐大典》中，清代乾隆年间，又经四库馆臣校勘增补，定为“官本”，又因《四库全书》以活字排印，称为“聚珍版”。此本共收全书十七卷，八十二篇，因阙文三篇，实为七十九篇。清代流传的版本还有四部丛刊本、卢文弨注释本和凌曙注释本三个版本。迄今为止，最为重要的注释本是清末民初学者苏舆的《春秋繁露义证》（以下简称《义证》），由王先谦刊印于1914年。苏舆广泛搜集了明代至清代的多个版本，并对文本及其中的思想内容做出了极为详尽的考据辨析。台湾学者赖炎元于1984年出版《春秋繁露》现代标点本（台湾“商务印书馆”），并详为译注。大陆学者钟肇鹏于1994年主编出版《春秋繁露校释》（山东友谊出版社。以下简称《校释》），是迄今为止内容最为全面的版本，其校释来源涵盖了自宋代至清代的三十九种版本的《春秋繁露》。本书以苏舆《义证》为底本，兼采钟肇鹏《校释》本。

目　录

楚庄王第一

导读

《楚庄王》篇名不见于《汉书》，有学者认为“《春秋》分十二世以为三等”之前的文字为后人移入本篇，又取篇首“楚庄王”三字为题。本篇前一部分以举例的方式，分析阐明《春秋》在记述史事时，用辞上的细微差异，蕴含着孔子的褒贬毁誉，并指出《春秋》示范了正确的价值原则，值得后世精研学习。后一部分通过论述新王朝必须改制作乐，实际上提出奉天、法古与天命、人心的双重维度，作为对新王朝政权合法性的考量标准。

楚庄王杀陈夏徵舒[1]，《春秋》贬其文，不予专讨也。灵王杀齐庆封[2]，而直称楚子，何也？曰：庄王之行贤，而徵舒之罪重。以贤君讨重罪，其于人心善。若不贬，孰知其非正经[3]？《春秋》常于其嫌得者，见其不得也。是故齐桓不予专地而封[4]，晋文不予致王而朝[5]，楚庄弗予专杀而讨。三者不得，则诸侯之得，殆此矣。此楚灵之所以称子而讨也。《春秋》之辞，多所况[6]，是文约而法明也。

问者曰：不予诸侯之专封，复见于陈蔡之灭。不予诸侯之专讨，独不复见于庆封之杀，何也？曰：《春秋》之用辞，已明者去之，未明者著之。今诸侯之不得专讨，固已明矣。而庆封之罪未有所见也，故称楚子以伯讨之，著其罪之宜死，以为天下大禁。曰：人臣之行，贬主之位，乱国之臣，虽不篡杀，其罪皆宜死，比于此其云尔也[7]。

注释

1 楚庄王杀陈夏徵舒：楚庄王，公元前613年至前591年在位，为春秋“五霸”之一。夏徵舒，陈国大夫，其母夏姬与陈灵公私通，徵舒射杀陈灵公，后被楚庄王所杀。《春秋》记载楚庄王杀徵舒事，不称楚子，而说“楚人杀陈夏徵舒”。2 灵王杀齐庆封：灵王，楚灵王，名围，公元前540年至前529年在位。庆封，齐国大夫，字子家，又字季。崔杼弑齐庄公，庆封为其同党，后为齐人攻逐，曾先后逃奔鲁国和吴国，吴国接纳庆封还给他高官厚禄，楚灵王联合蔡、陈等国攻打吴国，抓捕并诛杀了庆封。3 正经：正理，正确的原则、标准。4 齐桓不予专地而封：齐桓，指齐桓公，公元前685年至前643年在位，春秋“五霸”之首。专地而封，事见《春秋》僖公十四年，徐国和莒国灭亡了杞国，为了安置杞人，齐桓公发动诸侯修筑缘陵城。《公羊传》认为，《春秋》对齐桓公行为的态度是“实与而文不与”，因为从名义上来说，“诸侯之义不得专封”，诸侯没有擅自给他国封赐土地的权力，但当时的情况是在上没有贤明的天子，在下没有贤能的方伯，齐桓公有实力救助即将灭亡的小国，因此实际上认可他的施救行为。5 晋文不予致王而朝：晋文公，公元前 636 年至前 628 年在位，春秋“五霸”之一。致王而朝，事见《春秋》僖公二十八年，晋文公与鲁、齐、宋、蔡、郑、卫等国于践土会盟，召周襄王参加。诸侯召唤天子不合礼制，《春秋》记载此事作“公朝于王所”，以含蓄的方式表示批评。6 况：比况，譬喻，举例。7 比于此其云尔：比于此，以此为参照事例（生成并视为定律）。云尔，《春秋》所载的这些说法。

译文

楚庄王杀了陈国的夏徵舒，《春秋》在记述的文字上贬抑他，是因为不认可诸侯擅自讨伐罪臣。楚灵王杀死齐国的庆封，《春秋》却直称灵王为楚子，这是什么原因？回答说：楚庄王的行为贤善，而夏徵舒的罪过太重。以贤君的身份讨伐犯重罪的人，人们心中都会认为是对的。如果不加以贬抑，谁能知道这其实不符合正理？《春秋》常常能够对好像正确的事情加以分析，揭露出其不正确的本质。因此，《春秋》表面上不赞赏齐桓公擅自为杞国修筑城池，不同意晋文公召唤天子到践土会盟，不认可楚庄王擅自讨伐、杀戮罪臣。这三位诸侯行事不能得到褒奖，其他诸侯所得到的褒奖（或贬抑），也可以有参照了。这就是楚灵王讨伐而被称作“楚子”的原因。《春秋》的行文用语，大多以事例和譬喻说明，因此能够用语简约，而法则明确。

提问者说：《春秋》不认可诸侯擅自封赏，同样的事在记载陈、蔡两国被灭时重复出现。不认可诸侯擅自讨伐，却不用同样的语言贬抑楚灵王杀齐庆封，这是为什么？回答说：《春秋》用辞的规律是，已经辨明说清的就不用再重复，尚未辨明的就要再说清楚。诸侯不能擅自讨伐，本来已经清楚了。而齐庆封的罪过在《春秋》中尚未说明，所以称作楚子表示是以“方伯”的身份讨伐他，表明他的罪行应该被处死，并把这种罪行视为天下最大的禁忌。所以说：臣子的行为，使国君的地位遭受贬谪，祸乱了国家的臣子，即使没有篡位弑君，他的罪过也应该是死罪。后世的人也应该参照《春秋》这里的记载为示例。

《春秋》曰：“晋伐鲜虞[1]。”奚恶乎晋而同夷狄也？曰：《春秋》尊礼而重信。信重于地，礼尊于身。何以知其然也？宋伯姬疑礼而死于火[2]，齐桓公疑信而亏其地[3]，《春秋》贤而举之，以为天下法，曰礼而信。礼无不答，施无不报，天之数也。今我君臣同姓适女[4]，女无良心，礼以不答，有恐畏我，何其不夷狄

也？公子庆父之乱[5]，鲁危殆亡，而齐桓安之。于彼无亲，尚来忧我，如何与同姓而残贼遇我？诗云："宛彼鸣鸠，翰飞戾天。我心忧伤，念彼先人。明发不昧，有怀二人。"[6]人皆有此心也。今晋不以同姓忧我，而强大厌[7]我，我心望[8]焉。故言之不好，谓之晋而已，婉辞也。

注释

1 晋伐鲜虞：事见昭公十二年，按照《春秋》的用辞方式，称谓华夏诸国时，应当连国称爵，现在只说"晋"，不说"晋侯"，公羊和穀梁都认为这是以称呼夷狄的方式称呼晋国，是表示贬斥。因为晋国为了称霸，没有遵循"亲亲"的原则，讨伐同为"姬"姓的鲜虞。2 宋伯姬疑礼而死于火：宋国伯姬坚守礼节而死于火灾。伯姬，宋共公夫人，因古礼有"妇人之义，傅母不在，宵不下堂"的规矩，坚守宫中，死于火灾。《春秋》一般不记载鲁国之外的诸侯夫人的葬礼，却记载了伯姬的葬礼，应该是对她坚守礼节的褒扬。疑，止、定。疑礼、疑信，是止于礼、止于信的意思。3 齐桓公疑信而亏其地：齐桓公坚守信用而损失了土地。鲁庄公十三年，齐桓公与鲁庄公在柯地会盟，鲁庄公派曹沫胁持齐桓公签订盟约，返回汶阳之田。事后，齐桓公采纳管仲的建议，既没有怨恨曹刿，也没有毁约，守持信用而损失土地。4 同姓适女：因同姓之谊前来依附你。适，往。女，汝。5 庆父之乱：庆父，鲁庄公之弟，鲁桓公次子。鲁庄公卒，立其庶子子般，庆父派人弑子般。后立闵公，庆父又弑闵公，导致鲁国政局混乱，有"庆父不死，鲁难未已"的说法。最终鲁僖公在齐桓公帮助下整顿鲁国，并杀掉庆父。6"宛彼"至"二人"：引自《诗经·小雅·小宛》。宛，小的样子。鸣鸠，即斑鸠。翰，羽毛。戾，至。先人，祖先。7 厌：通"压"，压制、强迫。8 望：怨望，怨恨。

译文

《春秋》记载："晋攻伐鲜虞国。"为何厌恶晋国而将它视同夷狄呢？回答说：《春秋》尊崇礼义又重视诚信。诚信比土地更重要，礼义比身体要尊贵。怎么知道是这样的呢？宋伯姬坚守礼而死于火灾，齐桓公坚守诚信而损失土地，《春秋》认为贤善而推举他们，以他们的行为作为天下人的示范，说的就是礼义和诚信。礼义没有不报答的，施恩没有不回报的，这是天然的法则。现在我们君臣上下以同姓之谊依附你，你却没有良知，施予礼义却不回报，还要令我们惶恐畏惧，跟夷狄哪有什么不同？公子庆父祸乱鲁国，鲁国几乎危亡，而齐桓公却安定了鲁国。齐国和鲁国不是亲戚，尚且能够为我们分忧，怎么同为姬姓却视如残贼？《诗经》说："小小的斑鸠，振羽飞上高天。我心中悲伤，怀念我先人。将要天明也无法入睡，一直思念着先祖二人。"人都有这种思想。现在晋国不因同姓而为我们分忧，却借国力强大来压迫我们，我们心中怨恨它。因此不用好的言辞称说它，称它是“晋”就行了，是委婉的说法。

问者曰：晋恶而不可亲，公往而不敢至，乃人情耳。君子何耻而称公有疾也[1]？曰：恶无故自来。君子不耻，内省不疚[2]，何忧于志？是已矣。今《春秋》耻之者，昭公有以取之也。臣陵其君，始于文而甚于昭[3]。公受乱陵夷[4]，而无惧惕之心，嚣嚣然轻计妄讨，犯大礼而取同姓[5]，接不义而重自轻也。人之言曰：“国家治，则四邻贺；国家乱，则四邻散。”是故季孙专其位，而大国莫之正。出走八年，死乃得归。身亡子危，困之至也[6]。君子不耻其困，而耻其所以穷。昭公虽逢此时，苟不取同姓，讵至于是。虽取同姓，能用孔子自辅，亦不至如是。时难而治简，行枉而无救，是其所以穷也。

注释

1 君子何耻而称公有疾也：公，指鲁昭公，公元前541年至前510年在位。昭公二十三年想去晋国，但因害怕晋国而不敢前往，没到晋国就回来了。《春秋》载昭公二十三年，“冬，公如晋，至河，公有疾，乃复”。《公羊传》认为称“公有疾”的原因是“杀耻”，意思是觉得羞耻而为昭公避讳。2 内省不疚：语出《论语·颜渊》：“内省不疚，夫何忧何惧？”意思是，向内反省自己并无过错，也就没有必要忧虑畏惧。3 始于文而甚于昭：文，鲁文公，公元前626年至前609年在位。昭，指鲁昭公。4 陵夷：陵，丘陵。夷，平。陵夷，丘陵渐平，喻由盛转衰，指昭公地位的逐渐卑弱。5 犯大礼而取同姓：取，通“娶”。古礼以娶同姓为违犯大礼。吴国和鲁国都是姬姓，其国君皆为周文王后代，鲁昭公迎娶吴王长女，是违犯大礼。6 困之至也：鲁昭公时期，季孙氏专政，昭公因斗鸡事件轻率发动讨伐季氏的战争（即上文“嚣嚣然轻计妄讨”所指之事），结果被季孙氏联合孟孙、叔孙氏的军队击败，逃奔齐国，其太子衍也被废。流亡八年，死后才得以归葬鲁国。

译文

提问者说：晋国凶恶而不可亲近，昭公想前往晋国却最终不敢进入，这本是人之常情。君子为什么要以此为耻而假称昭公有病呢？回答说：坏事如果不是自己招致的，君子不当作耻辱，反省时没有内疚，又怎么会有忧虑在心中呢？是这样的。如今《春秋》以此为耻，是因为昭公这样是有原因的。臣子欺凌国君的行为，从文公时开始，而到昭公时最为严重。昭公于国家动乱、君权衰落时期即位，却还没有畏惧警惕之心，轻易草率地发动征讨战争，又触犯大礼而娶同姓之女，接连做不义之事而加倍自轻。人们常说："国家安定太平，四邻都会来祝贺；国家动乱不安，四邻就要远远散去。"因此季孙氏独掌鲁国大权，却没有大国纠正，昭公在国外流亡八年，死后才得以归葬。自己死了，儿子的处境也危险，困难到了极致。君子不以困境为耻，而以导致困境的原因为耻。昭公虽然遭遇了这样的时期，但如果不犯礼娶同姓，哪里会落到这步田地？即使娶了同姓，如果能任用孔子辅助自己，也不至于落到这种境地。时事艰难，对策却简单轻率，行为不正又没有贤能之人补救，这就是他走投无路的原因。

《春秋》分十二世以为三等[1]，有见，有闻，有传闻。有见三世，有闻四世，有传闻五世。故哀、定、昭，君子之所见[2]也。襄、成、文、宣，君子之所闻也。僖、闵、庄、桓、隐，君子之所传闻也。所见六十一年，所闻八十五年，所传闻九十六年。于所见微其辞[3]，于所闻痛其祸[4]，于传闻杀其恩[5]，与情俱也。是故逐季氏而言又雩[6]，微其辞也。子赤杀，弗忍书日，[7]痛其祸也。子般杀而书乙未[8]，杀其恩也。屈伸之志，详略之文，皆应之。

注释

1《春秋》分十二世以为三等：《春秋》记载了鲁国自鲁隐公至鲁哀公期间的十二个世代，并将这十二个世代分为"所见"（孔子亲身经历的）、"所闻"（听有亲身经历的人记述的）、"所传闻"（他人转述的）三个时期。2君子之所见：君子，即孔子。所见，指昭公、定公、哀公三个世代，是孔子亲身经历的。下文的所闻，指文公、宣公、成公、襄公之时。所传闻，是指隐公、桓公、庄公、闵公、僖公之时。3于所见微其辞：对亲身经历的历史事实，用比较隐晦的文辞记述，而不用明显的言辞来指责。这既是为尊者讳，也是保护历史记录者，避免招致迫害和杀戮。4于所闻痛其祸：对于所听说的史事，特别痛心那个时期的灾祸。5于传闻杀其恩：对于传说的时代，恩情比较淡薄了，客观记述就可以了。6逐季氏而言又雩（yú）：逐季氏，指上文提到的鲁昭公谋伐季氏一事。雩，指雩祭，古代为求雨而举行的祭祀活动。昭公二十五年，秋七月，本已举行过雩祭，昭公又一次举行，目的是将民众集中起来，以杀掉季氏，结果失败了。实际上当时执政的季平子比较得民心，而昭公不得民心，孔子只好隐晦地记载说"又雩"，正是"微其辞"。7子赤杀，弗忍书日：子赤，鲁文公太子，文公十八年为大夫襄仲所杀。孔子极为痛心国祸，故不忍心记载子赤被杀的日子。8子般杀而书乙未：子般，鲁庄公太子，庄公三十二年为庆父所杀。《春秋》详细记载了子般被杀的日期。庄公时期对孔子而言，时间已经久远了，感情没有那么强烈了。

译文

《春秋》将鲁国的十二个世代分为三个时期：所见、所闻、所传闻。所见的有三代，所闻的有四代，所传闻的有五代。所以，哀公、定公、昭公，是孔子所见的。襄公、成公、文公、宣公，是孔子所闻的。僖公、闵公、庄公、桓公、隐公，是孔子所传闻的。所见的三代共历六十一年，所闻的四代共历八十五年，所传闻的五代共历九十六年。对于所见的时事，用隐晦的文字记述；对于所闻的史事，对其祸害极为痛心；对于所传闻的史事，恩情已淡薄了，就按客观实情记述。所以昭公谋划驱逐季氏，写作“又一次举行雩祭”，实际是隐晦的表达。记子赤被杀，不忍心记录确切的日期，是为灾祸痛心。记子般被杀，却记下是在“乙未”之日，是因恩情已淡薄。时代有远近之别，记述也相应而有详略之差。

吾以其近近而远远，亲亲而疏疏也，亦知其贵贵而贱贱，重重而轻轻也。有知其厚厚而薄薄，善善而恶恶也，有知其阳阳而阴阴，白白而黑黑也。百物皆有合偶，偶之合之，仇之匹之，善矣。《诗》云：“威仪抑抑，德音秩秩。无怨无恶，率由仇匹。”[1]此之谓也。然则《春秋》，义之大者也。得一端而博达之[2]，观其是非，可以得其正法。视其温辞，可以知其塞怨。[3]是故于外，道而不显，于内，讳而不隐。于尊亦然，于贤亦然，此其别内外，差贤不肖而等尊卑也。义不讪[4]上，智不危身。故远者以义讳，近者以智畏。畏与义兼，则世逾近而言逾谨矣。此定、哀之所以微其辞。以故用则天下平，不用则安其身，《春秋》之道也。

注释

1 “威仪”至“仇匹”：引自《诗经·大雅·假乐》。原诗是赞美周天子德行威仪庄严美好，表达对君主施行善政的期待。抑抑，庄重美好的样子。秩秩，有条不紊的样子。率，都。仇匹，众臣。2 得一端而博达之：得到其中一个要点，就要广泛领会，贯通了达。3 视其温辞，可以知其塞怨：温，通“蕴”。温辞，即蕴蓄之辞，含蓄的言语，即微辞。塞怨，闭塞难以发泄的怨艾。越是用含蓄的语言，越能看出怨艾之深。4 讪（shàn）：诽谤，讥讽。

译文

我从《春秋》以亲近的笔墨书写时代近的，以疏远的笔墨书写时代久远的，亲近有亲缘的，疏远关系远的，而推知《春秋》对尊贵的极为看重，对卑贱的就看轻，对真正重要的重视，对无关紧要的简单处理。又知道《春秋》以宽厚对待宽厚，以简薄对待简薄，以善对待善，以恶对待恶。又知道《春秋》以阳对阳，以阴对阴，以白对白，以黑对黑。万事万物都有与之对偶的东西，用与之真正对应的方式来对待事物，这就很好了。《诗经》说："威仪庄严美好，治理有条有理。没人怨恨与厌恶，因为都符合臣民的心。"说的就是这个道理。那么，《春秋》蕴含了最高的义理，学者应当揣摩了解其中的要点后，广泛彻底地通达它。观察它的是非标准，就可以得到正确的法则。看到它隐晦的文辞，可以推知背后的幽怨。因此，对国外的恶事，记录但不张扬，国内的恶事，隐晦记录但不掩盖。对尊贵的人是这样，对贤者也是这样。这就是区别内外，区分贤与不肖，使尊卑有别的意思。依道义不诽谤上级，依智慧不应危及自身。所以时代久远的因道义而为其隐讳，时代近的出于明智而畏惧。畏惧和道义兼备，就会时代越近的，言论越谨慎。这就是以微辞记录定公、哀公的原因。因为这个缘故，意见被采用可以天下太平，不被采用，也能保证自身安全，这就是《春秋》的记事原则。

《春秋》之道，奉天而法古[1]。是故虽有巧手，弗修规矩，不能正方员[2]，虽有察耳，不吹六律，不能定五音。[3]虽有知心[4]，不览先王，不能平天下。然则先王之遗道[5]，亦天下之规矩六律已。故圣者法天，贤者法圣，此其大数[6]也。得大数而治，失大数而乱，此治乱之分也。所闻天下无二道，故圣人异治同理也。古今通达，故先贤传其法于后世也。

《春秋》之于世事也，善复古，讥易常，欲其法先王也。然而介[7]以一言曰："王者必改制。"自僻者得此以为辞[8]，曰：古苟可循先王之道，何莫相因？世迷是闻，以疑正道而信邪言，甚可患也。答之曰：人有闻诸侯之君射《狸首》之乐[9]者，于是自断狸首，县[10]而射之，曰：安在于乐也！此闻其名而不知其实者也。

注释

1 奉天而法古：敬奉天命而效法古代（圣王的做法）。2 员：通"圆"。3"虽有察耳"至"五音"：察耳，指灵敏的听觉。六律，指勘定音律的六种乐器，即黄钟、太簇、姑洗、蕤宾、夷则、无射。五音，宫、商、角、徵、羽，五个基本音阶。4 知心：聪明的心。知，通“智”。5 先王之遗道：先王流传下来的治国之道。6 大数：即大道，法则。7 介：介入，插入。8 自僻者得此以为辞：僻，偏僻、邪僻。自僻者，即思想偏颇的人。意思是思想偏颇的人，听到说“王者必改制”，就拿着当借口。9 射《狸首》之乐：《狸首》，为《诗经》所逸失的篇章。按照记载，诸侯行射礼时歌《狸首》篇为发矢之节度，听到《狸首》就开始射箭，所以称为“射《狸首》之乐”。10 县：同“悬”。

译文

《春秋》的原则，是敬奉天命而效法古人。所以即使有灵巧的双手，不使用规矩，也画不成方圆。即使有灵敏的听觉，不吹奏六律，也确定不了五音。即使有聪明的心智，不学习先王，也不能平定天下。这样说来，先王流传下来的治国之道，就是治理天下的规矩和六律。所以圣人效法上天，贤人效法圣人，这就是治天下的大法则。遵照这个法则就可以安定天下，不遵照就要发生动乱，这就是安定与动乱的分别。我听说天下并没有两个道，所以圣人治理国家的方式可能不同，但道理都是一致的。古今相通，所以前贤将自己的治国之法传给了后代。

《春秋》对待世上的事情，称许复古的，批评改变传统的，是希望人们效法先王。但插了一句不同的话，就是：“称王的人一定要改变制度。”思想偏颇的人就拿这句话当借口，说：古代如果可以因循先王的治国之道，为什么不连先王的制度一起因循？世人被这种说法迷惑，就怀疑正确的道理，而相信歪理邪说，是非常值得忧虑的。对他们的回答是：有人听说诸侯国君有射《狸首》之乐，于是就砍下狸猫的头，悬挂起来当作靶子射箭，然后说：这与音乐有什么关系呢！这就是闻其名而不知其实质的人。

今所谓新王必改制者，非改其道，非变其理，受命于天，易姓更王[1]，非继前王而王也。若一因前制[2]，修故业，而无有所改，是与继前王而王者无以别。受命之君，天之所大显也。事父者承意[3]，事君者仪志[4]。事天亦然。今天大显己[5]，物袭所代而率与同[6]，则不显不明，非天志。故必徙居处、更称号、改正朔[7]、易服色者[8]，无他焉，不敢不顺天志而明自显也。若夫大纲、人伦、道理、政治、教化、习俗、文义尽如故，亦何改哉？故王者有改制之名，无易道之实。孔子曰：“无为而治者，其舜乎！”言其主尧之道而已。此非不易之效[9]与？

注释

1 易姓更王：易，改易。易姓更王，即由不同姓氏的人当王，说明不是继承前一个朝代的王位，而是天命作了更改，立了新王。2 一因前制：一切都因循前朝。一，一切。因，因循。3 事父者承意：侍奉父亲的人要继承父亲的意志。4 事君者仪志：侍奉君主的人要以君主的志向为自己的行动准则。5 天大显已：上天张大显扬自己。6 物袭所代而率与同：一切都沿袭之前的王朝而与之相同。物，指居处、称号、正朔、服色等象征物。所代，所代替的王朝。率，都。7 改正朔：正，本指一年中的第一个月，即岁首。朔，历法年开始的时刻。正朔，即指代历法。夏商周三代所确定的正月和朔时皆不同。8 易服色：服装的色彩等被赋予了不同的等级含义，王朝更迭，也要改易服装的色彩。9 不易之效：不作改易的证据。效，效验、证据。

译文

现在所说的新继位的君主一定要改变原来的制度，并不是要改变先王治国的根本原则和根本义理，而是因为接受了上天的治国之命，由另一姓氏的人更换了王朝，不是接任之前的国君而出任国君。如果一切都因袭之前的王朝，秉持旧的统治，而没有丝毫改变，这和接任之前的国君出任国君就没有区别了。接受天命的国君，是天命最大的显扬。侍奉父亲的人要继承他的意志，侍奉国君的人要以国君的志向为行动准则。侍奉上天也是这样。现在上天已经极力地显扬了自己，一切都还延续旧的王朝，都和先前一样，就是不显扬自己，不符合上天的意志。所以新王朝一定会迁徙居住之地、更改王朝称号、改变历法、更换服装的颜色，这没有别的原因，只是不敢不顺从上天的意志，以表明自我显扬。至于治国的大原则、人伦、义理、政治、教化、习俗、文字等全都照旧，哪里有要更改的呢？所以王者有改制的说法，没有改变治国之道的实质。孔子说："无为而治的人，大概就是舜吧！"是说舜继承了尧制定的治国之道而已。这难道不是不改治国之道的证据吗？

问者曰：物改而天授显矣，其必更作乐，何也？曰：乐异乎是。制为应天改之，乐为应人作之。彼之所受命者，必民之所同乐也。是故大改制于初，所以明天命也。更作乐于终，所以见天功也。缘天下之所新乐而为之文曲[1]，且以和政，且以兴德。天下未遍合和，王者不虚作乐。乐者，盈于内而动发于外者也。应其治时，制礼作乐以成之。成者，本末质文[2]皆以具矣。是故作乐者必反

天下之所始乐于己以为本[3]。舜时，民乐其昭尧之业[4]也，故《韶》。“韶”者，昭也。禹之时，民乐其三圣相继[5]，故《夏》。“夏”者，大也。汤之时，民乐其救之于患害也，故《頀》。“頀”者，救也。[6]文王之时，民乐其兴师征伐也，故《武》。“武”者，伐也[7]。四者，天下同乐之，一也，其所同乐之端不可一也。作乐之法，必反本之所乐。所乐不同事，乐安得不世异？

注释

1 缘天下之所新乐而为之文曲：缘，依据。文曲，乐曲。意为，依据天下人所欣乐的事情来制作乐曲。2 本末质文：此处是以政治为本、为质，以礼乐为末、为文。3 反天下之所始乐于己以为本：反，同“返”。返回追溯自己最初让天下人欣乐的事情作为根本。4 昭尧之业：昭，多作“绍”，与“韶”音近。绍，继承。5 三圣相继：指尧舜禹三位圣王能够依次相继。6 “頀（hù）”者，救也：頀，救护。商汤推翻夏代末期的暴君桀，给予人民救护。7 “武”者，伐也：武，攻伐的意思。周文王、武王率领民众攻伐、推翻了商纣王的暴政。

译文

提问者说：其他事物的改变已经可以彰显上天的授命了，为什么还一定要重新作乐呢？回答说：音乐跟这些事物不一样。礼仪制度是依照天命而改变，音乐则要根据人心来制作。新王从上天那儿得到的授命，一定是人民共同欢乐的。因此开始要大举改变制度，是用来表明天命。最终要更改音乐，是为了表现上天的功业。依照天下万民所欣乐的新的内容制定乐曲，又用来和谐政治，又用来振兴道德。天下还没普遍和谐一致时，王者不会妄自作乐。音乐，是内心情感充盈而自然流露出来的。相应于和谐太平的时期，就制定礼乐来完整成就。完整的成就，是本与末、内容与形式都已具备。所以制作音乐的人一定要追溯民众开始时所欣乐于自己的事作为根本。舜治理国家时，百姓高兴他能继承尧的功业，所以作了《韶》乐。“韶”，是继承的意思。禹治理国家时，百姓欣乐于三圣能够先后继承，所以作《夏》乐。“夏”，是光大的意思。汤治理国家时，百姓高兴他从忧患中救助自己，所以作《頀》乐。“頀”，是救助的意思。文王治理国家时，百姓高兴他兴兵征讨暴君商纣王，所以作《武》乐。“武”，是征伐的意思。这四位圣王，天下民众都喜欢他们，喜欢的情感是一样的，所喜欢的内容并不相同。制作音乐的原则，是一定要追溯民众喜欢的内容，民众所乐不同，音乐怎能不因时代变化而不同呢？

是故舜作《韶》而禹作《夏》，汤作《頀》而文王作《武》。四乐殊名，则各顺其民始乐于己也。吾见其效矣。《诗》云："文王受命，有此武功。既伐于崇，作邑于丰。"[1]乐之风[2]也。又曰："王赫斯怒，爰整其旅。"[3]当是时，纣为无道，诸侯大乱，民乐文王之怒而咏歌之也。周人德已洽[4]天下，反本以为乐，谓之《大武》，言民所始乐者武也云尔。故凡乐者，作之于终，而名之以始，重本之义也。由此观之，正朔、服色之改，受命应天制礼作乐之异，人心之动也。二者离而复合，所为一也。

注释

1 "文王"至"于丰"：引自《诗经·大雅·文王有声》。崇为国名，丰为地名。2 乐之风：音乐的风化，即音乐的影响。3 王赫斯怒，爰整其旅：引自《诗经·大雅·皇矣》。赫，盛怒的样子。爰，乃、于是。4 洽：浸润，沾湿。

译文

因此，舜作《韶》乐而禹作《夏》乐，汤作《頀》乐而文王作《武》乐。这四种乐名不同，却都是各自顺应百姓开始所欣乐于自己的事情。我从这里发现了音乐的功效。《诗经》说："文王接受天命，才有这样的武功。攻伐崇国之后，在丰地建都。"这就是音乐的影响。《诗经》又说："文王赫然发怒，于是整备军旅。"那个时候，商纣王无道，诸侯大乱，百姓乐于看到文王发怒而歌颂他。周王朝的德治已经润泽了天下，追溯根本而作的音乐，就叫《大武》，是说百姓开始欣乐的，就是征讨纣王。所以凡是作乐，都是在制度改革之后，却要以最开始时的情况命名，这是重视本源的缘故。由此看来，历法、服色之类的改变，接受和顺应天命制礼作乐的不同，是由于人心发生了变化。二者时间上虽有先后，但都归于新王朝创建的功业，所做的是同一件事情。

玉杯第二

导读

《玉杯》篇名见于《汉书》，篇名含义不详。《史记·孝文本纪》载汉文帝“十七年，得玉杯，刻曰‘人主延寿’”，疑与此事有关，本篇或作于文帝十七年。本篇详尽分析了《春秋》对鲁文公、赵盾、许世子止等人事例的记载和评价，这几个事例可能是当时研究《春秋》的学者中较有争议的典型，因此本篇的分析是在对不同观点的回应与驳斥中展开的。借由对《春秋》正确理解的揭示，董仲舒进一步提出和确立《春秋》包含了人道与王道（即为人之道与为王之道）的正确标准。读者要通过学习《春秋》了解这些道理，就要掌握董仲舒提到的“比类”“同贯”等方法。

《春秋》讥文公以丧取[1]。难者曰：“丧之法，不过三年。三年之丧，二十五月。今按经，文公乃四十一月方取。取时无丧[2]，出其法也久矣。何以谓之丧取？”曰：《春秋》之论事，莫重于志。今取必纳币，纳币之月在丧分[3]，故谓之丧取也。且文公以秋祫祭[4]，以冬纳币，皆失于太蚤[5]。《春秋》不讥其前，而顾讥其后[6]，必以三年之丧，肌肤之情也。虽从俗而不能终[7]，犹宜未平于心，今全无悼远之志[8]，反思念取事，是《春秋》之所甚疾也。故讥不出三年于首而已，讥以丧取也。不别先后，贱其无人心也。

注释

1《春秋》讥文公以丧取：文公，鲁文公，僖公之子。古礼有三年之丧的规定，即父母死后，子女须守丧三年，三年中不举乐，不论婚嫁。《春秋》认为文公违反了这个规定，予以讥评。2 取时无丧：丧礼规定三年，实际上是二十五个月。僖公于三十三年十二月薨，文公于文公四年五月去齐国迎亲，距僖公逝世已四十一个月，已超出了丧礼的期限。
3 纳币之月在丧分：纳币，指娶亲前，男方先行赠送彩礼、聘金等给女方。据《春秋》记载，文公二年，“公子遂如齐纳币”，此时尚未出丧期。4 祫（xiá）祭：祫，合。祫祭，合祭。将远近祖先的神位集中在太庙合祭，是将新去世的王侯迎入宗庙，过去的远祖迁入太庙的仪式（诸侯的宗庙只祭祀四代祖先，其余远祖供于太庙。天子则祭祀六代）。
5 蚤：通“早”。6 顾讥其后：顾，却、反而。不批评秋天祫祭，却讥讽冬天纳彩礼。7 从俗而不能终：随俗不能坚持到最后。8 悼远之志：哀悼远人（即逝去的亲人）之志。

译文

《春秋》批评鲁文公在父丧期间娶妻。问难的人说：“守丧的规定是不超过三年。三年丧期实际是二十五个月。现在按经书记载，文公是在四十一个月后才娶亲。娶亲时不在丧期，而且超过期限很长时间了。为什么说他丧期娶妻呢？”回答说：《春秋》评论事件，最注重内心的动机。娶亲必定先纳彩礼，纳彩礼的月份在丧期，所以说他在丧期娶妻。而且文公在即位第二年秋天就举行祫祭，在冬天纳彩礼，过失都在于太早了。《春秋》不批评早先的祫祭，却批评他后来的纳彩礼，一定是因为三年的丧期，是为感念父母抚养怀抱的恩情。即使随从世俗风气不能坚持到最终，内心还是应该感到不安，但现在文公完全没有悼念逝去父亲的想法，反而想着娶亲的事，这是《春秋》甚为痛恨的。因此只批评三年丧期内所做的坏事之首，就批评他丧期娶妻。不分别所做事情的先后，是轻视他没有人情。

缘此以论礼，礼之所重者在其志。志敬而节具[1]，则君子予之知礼。志和而音雅，则君子予之知乐。志哀而居约[2]，则君子予之知丧。故曰：非虚加之[3]，重志之谓也。志为质，物为文。文着于质，质不居文，文安施质？质文两备，然后其礼成。文质偏行，不得有我尔之名[4]。俱不能备而偏行之，宁有质而无文。虽弗予能礼，尚少善之，介葛卢来[5]是也。有文无质，非直不子[6]，乃少恶之，谓州公寔来[7]是也。

然则《春秋》之序道也，先质而后文，右志[8]而左物。故曰：“礼云礼云，玉帛云乎哉？”[9]推而前之，亦宜曰：朝云朝云，辞令云乎哉？“乐云乐云，钟鼓云乎哉？”引而后之，亦宜曰：丧云丧云，衣服云乎哉？是故孔子立新王之道，明其贵志以反和，见其好诚以灭伪。其有继周之弊[10]，故若此也。

注释

1 节具：具备礼节。2 志哀而居约：内心哀伤而起居简约。3 非虚加之：不是凭空加给他的。4 不得有我尔之名：我尔，行礼必有双方相对，一施一答，方名为礼。即形式与本质不能同时做到，偏于其一，就不能称为礼。5 介葛卢来：葛卢，介国国君。《春秋》僖公二十九年记载，介葛庐春天来见鲁僖公，因为没有见到，冬天又再次前来拜访。因介国是文化落后的小国，虽然不懂具体的升降揖让等仪节，但如此诚恳拜访，也赞许他知礼，所以《春秋》“少善之”，表示肯定嘉奖。6 子：与国君相对，指普通人。7 州公寔来：州，国名。公，爵位。寔，通“是”，这个人。《春秋》原文作“（桓公）六年，春，正月，寔来”，直说这个人来了，不称名爵。是因州公经过鲁国，却不依礼拜见鲁公，所以《春秋》贬斥他。8 右志：崇尚、重视内在的心志。古代以右为尊。9 礼云礼云，玉帛云乎哉：引自《论语·阳货》。意即，礼啊礼啊，难道只是说玉帛之类的礼器吗？ 10 继周之弊：周朝崇尚文饰，文饰过度会滋生形式主义和矫伪的言行，孔子要确立的新王之道要能够革除这个弊端，即以志反和（乐主和，礼乐本身有和谐社会阶层关系的功用。志反和，实际上是以质朴取代过度繁琐流于形式的礼乐），以诚灭伪。

译文

根据这件事来讨论礼，礼真正重要的是人的心志。心存恭敬又礼节完备，君子就认可他知礼。心态平和而音律雅正，君子就认可他懂得音乐。心怀忧伤而起居简约，君子就认可他懂得丧礼。所以说，不是（对文公）无根据地加以责备，而是因为重视人的心志。心志是根本，仪节礼器等外物是形式。形式是附着在本质上的，本质若与形式无关，形式附着在哪里呢？本质和形式都具备了，礼才算完成。形式和本质缺少其中一个，就不能相对而称为礼。如果不能同时具备而非得缺少其一，那宁可有本质而没有形式。虽然不能认可是知礼的，还稍稍加以褒扬，介国的葛卢来朝就是这种情况。有了形式而没有本质，不但不以普通人相待，还要稍稍贬斥他，说州公来，记作“这个人来”就是这种情况。

这样看来，《春秋》的顺序是，先本质而后形式，重心志而轻外物。所以说：“礼呀礼呀，说的只是玉帛那些东西吗？”往前推论，还应该说：朝见呀朝见呀，说的只是那些应酬之辞吗？“音乐呀音乐呀，说的只是钟鼓这些乐器吗？”往后推论，还应该说：服丧呀服丧呀，说的只是那些丧服吗？所以孔子所建立的新王之道，表明他注重心志而反对和乐的形式，喜好诚实而要消灭虚伪。因为他是继周朝重视形式的弊端之后，所以要有这样的转变。

《春秋》之法，以人随君，以君随天。曰：缘民臣之心，不可一日无君。一日不可无君，而犹三年称子者，为君心之未当立也。此非以人随君耶？孝子之心，三年不当。三年不当而逾年即位者，与天数[1]俱终始也。此非以君随天邪？故屈民而伸君，屈君而伸天，《春秋》之大义也。

《春秋》论十二世之事，人道浃[2]而王道备。法布二百四十二年之中，相为左右，以成文采。其居参错，非袭古也。是故论《春秋》者，合而通之，缘而求之，五其比[3]，偶其类[4]，览其绪[5]，屠其赘[6]，是以人道浃而王法立。以为不然？今夫天子逾年即位，诸侯于封内三年称子，皆不在经也，而操之与在经无

以异[7]**。非无其辨也，有所见而经安受其赘也。**[8]**故能以比贯类、以辨付赘者，大得之矣。**

注释

1 天数：天道之大数，即天道运行的法则、规律。2 浃（jiā）：治，融洽。3 五其比：五，"伍"的古字。比，比类。把相类似的事件排列在一起。4 偶其类：偶，对偶。把同类的事件放在一起比对分析。5 览其绪：观览其中的要绪。6 屠其赘：屠，剖析。赘，是指经文中原先没有，而读者依理阐发的创见。7 操之与在经无以异：这里是指上文所说"天子逾年即位""诸侯于封内三年称子"之类的事，经文虽未记载，但持有这个说法跟经文有记载一样。8"非无其辨"至"受其赘也"：意思是，持有上面的说法，并非是辨析不清楚（不知道经文本来没有），而是因（合于经文的道理，又）有创见，经书也安于接受这种说法。

译文

《春秋》的法则，是让民众依随国君，让国君依随上天。比如说：依照百姓的心愿，不能一天没有国君。不能一天没有国君，新君即位后三年之内都称子而不称君，是因为新君还不忍心即父位，这不就是让民众依随国君吗？新君以孝子之心，三年不忍称君。三年不忍称君但父丧一年后就要即位，这是与天数相符合的。这不就是让君王依随上天吗？所以要约束百姓而伸张国君，约束国君而伸张上天，这是《春秋》的要义。

《春秋》讨论了十二个世代的史事，人道圆融而王道完备。这些法则遍布在所记载的二百四十二年的史事当中，相互映衬，形成文采，相参交错，而不是照搬古史。因此，研究《春秋》的人，应当融会贯通，缘事而求理，把相近的史事排列在一起，把同类的史事拿来对勘，分析出条理要绪，剖析而能产生创见，因此能够人道圆融而王道得以确立。不是这样吗？现在天子须父丧一年后才继承君位，诸侯即位后在国内三年仍要称子的说法，经文上都没有记录，人们看成跟经书所记载的并没有区别。不是不能分辨开二者的不同，而是这种说法合理而有创见，经书也愿意接纳。因此，能用类比的方法融会贯通，能用辨别的方法取舍创见，就真正了解《春秋》了。

人受命于天，有善善恶恶[1]**之性，可养而不可改，可豫而不可去，若形体之可肥臞，而不可得革也。是故虽有至贤，能为君亲含容其恶，不能为君亲令无**

恶。《书》曰："厥辟去厥祇[2]。"事亲亦然，皆忠孝之极也。非至贤安能如是？父不父则子不子，君不君则臣不臣耳。

文公不能服丧，不时奉祭，不以三年，又以丧取，取于大夫以卑宗庙[3]，乱其群祖以逆先公[4]。小善无一，而大恶四五，故诸侯弗予盟，命大夫弗为使，是恶恶之征、不臣之效也[5]。出侮于外，入夺于内，无位之君也。孔子曰："政逮于大夫四世矣。"盖自文公以来之谓也。

注释

1 善善恶恶（wù è）：喜好善的，讨厌恶的。2 厥辟去厥祇：此引文与今本《尚书》有出入，《尚书·太甲》作"祇尔厥辟！辟不辟，忝厥祖"。厥，其。辟，国君。忝，辱没。原文意为这个国君不像个国君，辱没了自己的祖先。祇，通"疷（qí）"，毛病。引文意思是君王要改正自己的毛病。3 取于大夫以卑宗庙：鲁文公娶的是齐国大夫之女，依礼鲁君应娶齐侯之女，文公不依礼而使鲁国宗庙卑贱。4 乱其群祖以逆先公：上文提到袷祭涉及祖先神位的迁祧，文公迁庙时，因其父僖公为之前的国君闵公庶兄，就将僖公置于闵公之上，打乱了在位的顺序，不合于礼制。5 恶恶之征、不臣之效：恶恶，当指诸侯不跟鲁国结盟。不臣，当指大夫不肯听命出使。

译文

人从上天那里获得生命，有喜欢善良厌恶丑恶的本性，善的本性可以培养却不可更改，恶的本性可以预防却很难根除，如同身体有胖有瘦，却不能随意改变。因此，即使有最贤能之人，能包容国君或父亲的恶行，却不能消除他们的恶性。《尚书》说："应该改掉君主的毛病。"服侍亲人也是这样，都是忠孝的极致。不是最为贤能的人哪能做到？父亲不像父亲，儿子就不像儿子，国君不像国君，臣子就不像臣子。

文公不能服丧，不按时举行祭祀，不出三年，就在丧期娶妻，又娶大夫之女，贬低鲁国的宗庙，扰乱了祖先神位的顺序，违逆了先前的国君。小善一件没有，大恶之事却有四五件，所以诸侯都不和他结盟，大夫也不听命令出使，这是他国厌恶其恶行的证明，臣子不肯臣服的效验。走出国门被轻侮，在国内也被臣子夺权，是个没有地位的国君。孔子说："政权落在大夫手中已经四代了。"大概就是从文公开始算的。

君子知在位者之不能以恶服人也，是故简六艺以赡养之[1]。《诗》《书》序其志，《礼》《乐》纯其美，《易》《春秋》明其知。六学皆大，而各有所长。《诗》道志，故长于质。[2]《礼》制节，故长于文。[3]《乐》咏德，故长于风。[4]《书》著功，故长于事。[5]《易》本天地，故长于数。[6]《春秋》正是非，故长于治人[7]。能兼得其所长，而不能遍举其详也。故人主大节则知暗[8]，大博则业厌[9]。二者异失同贬，其伤必至，不可不察也。是故善为师者，既美其道，有慎其行，齐时蚤晚，任多少，适疾徐，造而勿趋[10]，稽而勿苦[11]，省其所为，而成其所湛[12]，故力不劳而身大成。此之谓圣化，吾取之。

注释

1 简六艺以赡养之：简，简要。六艺，即下文《诗》《书》《礼》《乐》《易》《春秋》。赡养，涵养。2《诗》道志，故长于质：《诗经》导人纯其心志，因此长于质朴真诚。3《礼》制节，故长于文：《礼经》为情感提供节制，因此长于文饰修养。4《乐》咏德，故长于风：《乐经》歌咏美好德性，因此长于教化影响。5《书》著功，故长于事：《尚书》记述先王功业，因此长于记载史事。6《易》本天地，故长于数：《易经》探讨天地阴阳变化，因此长于术数。7《春秋》正是非，故长于治人：《春秋》矫正是非，因此长于治理国家。8 大节则知暗：大，太。节，节制、省减。所学知识太少就智慧昏暗。9 大博则业厌：所学太过广博，就会荒废正业。10 造而勿趋：造，为。趋，急迫。勤奋为学但不要过于急迫。11 稽而勿苦：稽，留。苦，滞涩。深入沉思而不纠缠滞涩。12 成其所湛：湛，堪。成就他所堪能成就的。

译文

君子知道国君不能用恶使人臣服，所以用六艺的要点涵养他的德行。《诗经》《尚书》能够引导志向，《礼经》《乐经》能够使心灵纯美，《易经》《春秋》能使人开启智慧。六艺内容都很博大，又各有所长。《诗经》导人纯其心志，因此长于质朴真诚。《礼经》为情感提供节制，因此长于文饰修养。《乐经》歌咏美好德性，因此长于教化影响。《尚书》记述先王功业，因此长于记载史事。《易经》探讨天地阴阳变化，因此长于术数。《春秋》矫正是非，因此长于治理国家。能同时得到它们的长处，却不可能完全详尽地列举它们的内容。所以国君所学知识太少就智慧昏暗，所学太过广博，就会荒废正业。二者失误不同却皆应否定，一定都会带来伤害，不可以不明察。所以善于做老师的人，既要完善自己所传的道，又要谨慎自己的行为，教学要选择恰当的时机，内容多少、速度快慢都要与学生相适应。让学生勤奋为学但不要过于急迫，深入沉思而不纠缠滞涩。减少他不当的行为，成就他所堪能成就的。这样不用费力劳苦，身心也能有大的成就。这就是圣人的教化，我们赞同这种做法。

《春秋》之好微[1]与？其贵志也。《春秋》修本末之义[2]，达变故之应，通生死之志，遂人道之极[3]者也。是故君杀贼讨[4]，则善而书其诛。若莫之讨，则君不书葬，而贼不复见矣。[5]不书葬，以为无臣子也；贼不复见，以其宜灭绝也。今赵盾弑君，四年之后，别牍复见[6]，非《春秋》之常辞也。古今之学者异[7]而问之，曰：是弑君何以复见？犹曰：贼未讨，何以书葬？何以书葬者，不宜书葬也而书葬。何以复见者，亦不宜复见也而复见。二者同贯[8]，不得不相若也。盾之复见，直以赴问[9]，而辨不亲弑，非不当诛[10]也。则亦不得不谓悼公之书葬[11]，直以赴问而辨不成弑，非不当罪也。若是则《春秋》之说乱矣，岂可法哉？

注释

1 好微：微，微言。即好用隐微之言。应当是因为隐微之言更适合引导读者揣摩史事的隐幽曲折与人物的内在动机。2 修本末之义：修，创作、著述。修本末，即以著述阐明事物中的本末关系。3 遂人道之极：遂，完成、达到。达到为人之道的极致。4 君杀贼讨：国君被杀死，臣子应该为君主讨伐凶手。5“若莫之讨”至“不复见矣”：如果凶手没有被讨伐，《春秋》就不记载国君的葬礼，也不会再提到凶手。6 别牍复见：其他的简牍上又出现了。7 异：以之为异。8 同贯：贯，贯通。同类事件放在一起加以贯通、分析。9 直以赴问：直，只。赴，趋，疑为“起”。赴问，主动发问。与下文“应问”相对。应问，应对他人之问。10 诛：谴责。11 悼公之书葬：《春秋》昭公十九年记载，“冬，葬许悼公”。许悼公因服其子止所赠之药而死，《春秋》认为止没有尽到做儿子的责任，亲自尝药以确定药的安全，故于同年记载“夏，五月戊辰，许世子止弑其君买”。依《春秋》之例，弑君者未被讨伐诛杀，就不记载国君的葬礼，但《春秋》却记载了许悼公的葬礼。董仲舒认为，这个事件与赵盾弑君的事件属于同类。

译文

《春秋》好用微言大义吗？这是因为重视内在动机。《春秋》以著述阐明治国的本末，通达变故懂得应付，理解导致生死成败的心志，达到了为人之道的极致。因此，国君被杀，叛贼被讨伐，就称赞并记载臣子的讨伐。如果没有人讨伐叛贼，就不记载国君的葬礼，也不再记载叛贼的名字。不记载葬礼，是认为（不为君报仇）等于没有臣子了；叛贼不再出现，是认为他应该被灭。现在晋国赵盾杀害国君，四年之后，又在另外的记载中再次出现，这不是《春秋》的通常用辞。过去和现在的学者觉得异常并发问说：这里的弑君之人为什么再次出现？等于说：叛贼还未被征伐，为什么要记载葬礼？记载葬礼的原因，是不该记载葬礼而记载。再次出现弑君者名字的原因，也是不该再次记载而又记载了。二者属于同类的事件，所以不能不相似。赵盾在《春秋》中重复出现，只是为了发问而分辨赵盾不是亲自弑君，并非不该受到谴责。这样也就不得不记载悼公葬礼，也只是为了发问而辨清悼公不是被杀，并非不该归罪其子。如果是这样，《春秋》的说法就混乱了，哪里还能以它为准则。

故贯比而论是非，虽难悉得，其义一也。今诛盾无传[1]，弗诛无传，以比言之法论也[2]。无比而处之，诬辞[3]也。今视其比，皆不当死，何以诛之？《春秋》赴问数百，应问数千，同留经中。缮援比类[4]，以发其端[5]。卒无妄言而得应于传者。今使外贼不可诛，故皆复见，而问曰此复见何也，言莫妄于是，何以得应乎？故吾以其得应，知其问之不妄。以其问之不妄，知盾之狱不可不察也。夫名为弑父而实免罪[6]者，已有之矣；亦有名为弑君，而罪不诛者。逆而距之[7]，不若徐而味之。

注释

1 诛盾无传：传，指《公羊传》，是对《春秋》经的解释、阐发。《春秋》宣公二年，载"赵盾弑其君夷獆"，《传》对此没有评论。2 以比言之法论也：法论，正论。如果有同类的事件，就是正论。3 诬辞：诬妄之辞。4 缮援比类：缮，即"翻"，翻阅。翻阅援引同类事件。5 发其端：发现其中的端绪。6 名为弑父而实免罪：《公羊传》认为，《春秋》在谴责止弑君后又记载许悼公的葬礼就是表示对止的赦免（因为止并没有弑父的动机）。7 逆而距之：逆，预先。距，应作"罪"。不加分析预先定罪。

译文

因此，贯通同类事例加以推勘是非，（对一般人来说）虽然很难全面获得正确结论，但其中核心的道理是一致的。现在《传》中没有谴责赵盾的文字，也没有不谴责他的文字，用同类比较的方法看，这是合乎正确原则的。如果不用同类比较的方法，就会觉得是瞎说。现在比较这两个同类的事件，赵盾和许世子都不应该处死，为什么还要谴责他们呢?《春秋》发问有几百次，回答发问有几千次，都保留在经文当中。翻阅援引类比，从中找出端绪，最终没有发现随意妄发的言论而都能与《传》相应。现在“叛贼”不应受谴责，所以都在《春秋》中再次出现，却发问说怎么再次出现，言论没有比这更荒谬的了，怎么还能得到回应?我以它能得到回应，就知道这种发问本不荒谬。因为这种发问不荒谬，就知道赵盾的罪行不能不认真分辨了。名义上弑父而实际上又免除罪名的人，已经存在了；也有那些名义上杀死国君而又不被谴责罪行的人。与其先入为主地给他定罪，不如慢慢地体会其不被谴责的原因。

且吾语盾有本，《诗》云：“他人有心，予忖度之[1]。”此言物莫无邻[2]，察视其外，可以见其内也。今按盾事而观其心，愿而不刑[3]，合而信之，非篡弑之邻也。按盾辞号乎天[4]，苟内不诚，安能如是?是故训[5]其终始无弑之志。挂[6]恶谋者，过在不遂去，罪在不讨贼而已。臣之宜为君讨贼也，犹子之宜为父尝药也。子不尝药，故加之弑父；臣不讨贼，故加之弑君。其义一也。所以示天下废臣子之节，其恶之大若此也。故盾之不讨贼，为弑君也，与止之不尝药为弑父无以异。盾不宜诛，以此参之。

注释

1 他人有心，予忖度之：引自《诗经·小雅·巧言》。忖度，思忖、揣度。2 物莫无邻：邻，邻类。事物都有与它同类的。3 愿而不刑：愿，谨、恭谨。刑，害、阴险、险恶。指赵盾为人恭谨，没有阴谋。4 盾辞号乎天：《公羊传》宣公六年载：“晋史书贼曰：‘晋赵盾弑其君夷獆。’赵盾曰：‘天乎！无辜！吾不弑君，谁谓吾弑君者乎?’史曰：‘尔为仁为义，人弑尔君，而复国不讨贼，此非弑君如何?’”5 训：顺。6 挂：牵连。

译文

况且我讨论赵盾的事是有根据的，《诗经》说：“别人内心的想法，我能够推测到。”这是说事物没有无同类的，考察人的外在言行，可以推见其内心。现在根据赵盾的言行来观察他内心的想法，为人恭谨而不阴险，综合起来可以相信，他不是篡位弑君的那一类人。根据赵盾事后呼号上天的情况，如果内心不诚，怎么能这样呢?因此，考核事情的终始本末，赵盾并没有弑君的想法。但受到弑君的牵连，过失在于没有直接离开本国，罪过在于没有讨伐弑君者而已。

臣子应该为国君讨伐凶手，如同儿子应该替父亲尝药。儿子不尝药，所以加给他弑父的罪名；臣不讨伐凶手，所以加给他弑君的罪名。道理是一样的。这是为了向天下宣示，废弃人臣、儿子礼节的罪恶之大就像弑君一样。所以赵盾不讨伐贼寇，是弑君，与许世子止不为父尝药是弑父没有区别。赵盾不该受到谴责，可用此来参证。

问者曰：夫谓之弑而有[1]不诛，其论难知，非蒙之所能见也。故赦止之罪，以传明之。盾不诛，无传，何也？曰：世乱义废，背上不臣，篡弑覆君者多，而有明大恶之诛，谁言其诛。故晋赵盾、楚公子比[2]皆不诛之文，而弗为传，弗欲明之心也。

问者曰：人弑其君，重卿在而弗能讨者，非一国也。灵公弑，赵盾不在。不在之与在，恶有厚薄[3]。《春秋》责在而不讨贼者，弗系臣子[4]尔也。责不在而不讨贼者，乃加弑焉，何其责厚恶之薄、薄恶之厚也？曰：《春秋》之道，视人所惑，为立说以大明之。今赵盾贤而不遂[5]于理，皆见其善，莫见其罪，故因其所贤而加之大恶，系之重责，使人湛思[6]而自省悟以反道。曰：吁！君臣之大义，父子之道，乃至乎此，此所由恶薄而责之厚也。他国不讨贼者，诸斗筲[7]之民，何足数哉？弗系人数而已。此所由恶厚而责薄也。《传》曰：轻为重，重为轻，非是之谓乎？故公子比嫌可以立，赵盾嫌无臣责，许止嫌无子罪。《春秋》为人不知恶而恬行不备[8]也，是故重累责之，以矫枉世而直之。矫者不过其正，弗能直。知此而义毕矣。”

注释

1 有：通“又”。2 楚公子比：楚共王之子、灵王之弟。据《公羊传》昭公十三年载，公子比在其兄弟弃疾的胁迫下即位，导致灵王众叛亲离自杀，之后公子比又被弃疾所杀。

3 恶有厚薄：为恶有轻重。4 弗系臣子：系，是。不算他是臣子。5 遂：顺。6 湛思：湛，通“沈”。沉思。7 斗筲：斗、筲都是量器，容量较小，比喻人才华平庸而器量浅狭。

8 不备：不戒备。

译文

提问者又说：说他弑君又不谴责，这种说法很难理解，这不是像我这样的智慧微薄者能够发现的。赦免公子止的罪过，《传》中明确揭示。赵盾不受谴责，《传》却没有记载，为什么？回答说：社会秩序混乱，道义被废弃，背叛国君不行臣道，篡位弑国君颠覆国家的人太多，如果明确说大恶却不该受到谴责，谁还会认为这些恶行应该受到谴责呢？所以晋国的赵盾、楚国的公子比都有不应该受谴责的文字，但不在《传》中记载，是不想明说的意思。

提问者说：有人杀死国君，重臣在位却不能讨伐，这种情况不只一国有。晋灵公被杀，赵盾不在现场。不在现场跟在现场，罪行有轻重的区别。《春秋》责备在现场而不讨伐贼寇的人，只是不把他当臣子看。责备不在现场而不讨伐贼寇的人，竟然给他加上弑君的罪名，这不是对严重的罪行责备却轻，对轻微的罪行责备却重吗？回答说：《春秋》的原则是，在人们迷惑不清的地方，就为之立说使它特别明白。如今赵盾有贤德却与正理不符合，人们都见到他的善行，没人看到他的过失，因此要就着他贤良的名声而加个大罪名，对他严厉责备，引人沉思反省，觉悟而返回正道。也有人说：唉！君臣之间的大义，父子之间的相处之道，就是这样，这就是罪过轻微却责备严重的原因。别的国家不讨伐贼寇的，那些才德浅狭之人，哪里值得计算？不算人数罢了。这就是罪行严重却责备轻微的缘由。《公羊传》说：罪过轻而责备重，罪过重而责备轻。说的不就是这个道理吗？所以公子比有弑君的嫌疑仍可以立为君，赵盾有未尽到臣子之责的嫌疑，许止有没尽到儿子之责的嫌疑。《春秋》怕人们不知晓隐微的恶行而心安理得行事却不警惕，所以加重谴责他们，以便矫正扭曲是非的社会风气。矫枉不过正，就不能使它变直。知道这个道理，了解就全面了。”

竹林第三

导读

篇名含义不详。本篇以《春秋》所载数事例展开辨析，阐明儒家经权以及以“仁”为善恶是非的根本判别标准，而非固守礼制规矩的思想，颇为值得反思。篇中首先列举《春秋》对于战争的态度和用辞，以及邲之战用辞的特异来说明“《春秋》无通辞”的道理，实际上是揭示固定的礼之文（仪文轨范）只适用于通常的情况，并不足以作为一切事相的根本判断标准。接下来即以楚将司马子反与宋平之事，指出子反虽然违反了不得专政擅名的礼制，一定程度上也违背了楚国的国家利益，但因他是出于见宋国国民“人相食”“人相爨”的不忍之仁心，而逾越规矩，故而为《春秋》褒扬。所以是否合于仁德之心才是是非善恶的根本判断标准。最后以祭仲、鲁隐公、逄丑父、齐顷公等人事，说明权变等标准在于是否合于义，而并非可以随意违背礼制，或者表面符合礼制，实际不合于义。

《春秋》之常辞也，不予夷狄而予中国为礼[1]，至邲之战[2]，偏然反之，何也？曰：《春秋》无通辞，从变而移。[3]今晋变而为夷狄，楚变而为君子，故移其辞以从其事。夫庄王之舍郑[4]，有可贵之美，晋人不知其善，而欲击之。所救已解，如挑与之战，此无善善之心，而轻救民之意也，是以贱之。而不使得与贤者为礼。秦穆侮蹇叔而大败[5]。郑文轻众而丧师[6]。《春秋》之敬贤重民如是。是故战攻侵伐，虽数百起，必一二书[7]，伤其害所重也。

注释

1 不予夷狄而予中国为礼：予，与、认可、赞许。不认可夷狄（的风俗），而赞赏中原国家有礼义。这是《春秋》一般的说法。2 邲之战：公元前 597 年，晋楚两国争霸，在郑国境内的邲地爆发战争，楚庄王利用晋军内部分歧、指挥无力等弱点，大败晋军，一雪城濮之战失败之耻，并由此成为霸主。3《春秋》无通辞，从变而移：《春秋》没有一个到处通用的固定说法，而是根据情况的变化而变化。4 庄王之舍郑：舍，指解围。邲之战前，楚因郑国依附晋国而讨伐郑，攻破了郑国国都，郑襄公向楚庄王求和。庄王认为襄公谦逊卑下，能够得到民众的信任，并说“弱者吾威之，强者吾辟（避）之，是以使寡人无以立乎天下”，因此没有灭亡郑国。5 秦穆侮蹇叔而大败：秦穆，指秦穆公，公元前 659 年至前 621 年在位。蹇叔，秦国大夫。殽之战前，蹇叔劝阻穆公不应偷袭郑国，穆公不听劝阻还咒骂蹇叔，结果偷袭不成还被晋国大败。6 郑文轻众而丧师：郑文公，公元前 671 年至前 628 年在位。众，民众，泛指在下位的人。《春秋》闵公二年载：“郑弃其师。”《公羊传》作：“郑弃其师者何？恶其将也。郑伯恶高克，使之将，逐而不纳，弃师之道也。”郑文公因为不喜欢将领高克，就派他外出打仗，又不让他回国，高克只好率军逃到陈国。郑文公用这种方式对付高克，等于丢弃了自己的军队。7 一二书：按先后顺序，一字不漏地详细记载。

译文

《春秋》通常的用辞，不认可夷狄而认可中原各国有礼义，但对邲之战，却偏偏反过来，这是为什么？回答说：《春秋》没有一个到处通用的固定说法，而是随着变化而改动用词。现在晋国变成了夷狄，楚国变成了君子，所以改移用词来跟从所记的事。楚庄王放弃灭亡郑国，有可贵的美德，晋国不懂得这是善行，还要攻击楚人。晋国要救援的郑国已经解除围困，如果继续向楚国挑战，这就没有了善待善行的心，而不把救护民众当回事，所以《春秋》轻视晋国，而不把它跟贤者并列为有礼义的国家。秦穆公轻侮蹇叔而遭遇大败，郑文公轻视自己的部将而丧失了军队。《春秋》尊敬贤能重视百姓就像这样。因此当时的战争侵伐，虽然多达数百起，一定按照顺序记载清楚，是因为战争的伤害太严重了。

问者曰：其书战伐甚谨。其恶战伐无辞，何也？曰：会同之事，大者主小；[1] 战伐之事，后者主先。苟不恶，何为使起之者居下？是其恶战伐之辞已。且《春秋》之法，凶年不修旧，意在无苦民尔。苦民尚恶之，况伤民乎？伤民尚痛之，况杀民乎？故曰：凶年修旧则讥，造邑则讳。[2] 是害民之小者，恶之小也；害民之大者，恶之大也。今战伐之于民，其为害几何？考意而观指，则《春秋》之所恶者，不任德而任力，驱民而残贼之。其所好者，设而勿用，仁义以服之也。《诗》云[3]："弛其文德，洽此四国。"此《春秋》之所善也。夫德不足以亲近，而文不足以来远，而断断以战伐为之者[4]，此固《春秋》之所甚疾已，皆非义也。

注释

1 会同之事，大者主小：会同，会商结盟（停止战争）。主，为主。2 凶年修旧则讥，造邑则讳：凶年，灾年。修旧，修缮旧的宫室。造邑，建造新的城邑。灾年修缮旧的宫室，《春秋》要批评，在灾年还营造新的城邑，就隐晦地指责。3《诗》云：下引诗句出自《诗经·大雅·江汉》。4 断断以战伐为之者：断断，专一。谓专以发动战争为事。

译文

提问者说:《春秋》记载战争十分谨慎，它厌恶战争却没有用词语表示，这是为什么？回答说：诸侯会盟，大国主导小国；交战征伐的事，应战者为主而挑战者为后。如果不是因为厌恶战争，为什么让挑起战争的人居于下位？这就是《春秋》厌恶战争的用辞。而且《春秋》的用辞原则是灾荒之年不修缮旧的宫室，用意在于不令百姓更加困苦。令百姓困苦尚且厌恶，何况伤害百姓呢？伤害百姓尚且痛恨，何况屠杀百姓呢？所以说，灾荒之年修缮旧的宫室《春秋》就指责，建造城邑就隐晦地批评。这说明对百姓的伤害小，《春秋》对它厌恶就小；对百姓的伤害大，对它厌恶就大。现在战争对百姓造成的祸害有多大呢？考辨文意而观察要旨，就可以看出《春秋》所厌恶的是，不用德行只凭借武力，驱使百姓而残害他们。《春秋》所喜好的是，(虽然有惩罚人的兵器刑具之类，)却只陈设而不使用，要用仁义使百姓悦服。《诗经》说：“施行礼乐之类的文德，让周围各国团结和睦。”这是《春秋》所赞赏的。德行不足以使邻近的国家来亲附，文德不足以使远方的人前来投奔，却只会发动战争讨伐别国，这必定是《春秋》特别痛恨的，都不是正义的。”

难者曰:《春秋》之书战伐也，有恶有善也。恶诈击而善偏战[1]，耻伐丧[2]而荣复仇。奈何以《春秋》为无义战而尽恶之也？曰：凡《春秋》之记灾异也，虽亩有数茎，犹谓之无麦苗也。今天下之大，三百年之久，战攻侵伐不可胜数，而复仇者有二焉。是何以异于无麦苗之有数茎哉？不足以难之，故谓之无义战也。以无义战为不可，则无麦苗亦不可也；以无麦苗为可，则无义战亦可矣。若《春秋》之于偏战也，善其偏，不善其战，有以效其然也。《春秋》爱人，而战者杀人，君子奚说[3]善杀其所爱哉？故《春秋》之于偏战也，犹其于诸夏也。引之鲁，则谓之外；引之夷狄，则谓之内。比之诈战，则谓之义；比之不战，则谓之不义。故盟不如不盟。然而有所谓善盟；战不如不战，然而有所谓善战。不义之中有义，义之中有不义。辞不能及，皆在于指，非精心达思者，其孰能知之?《诗》云：“棠棣之华，偏其反而。岂不尔思？室是远而。”孔子曰：“未之思也，夫何远之有！”[4]由是观之，见其指者，不任其辞。[5]不任其辞，然后可与适[6]道矣。

注释

1 恶诈击而善偏战：诈击，诈战，即突然发动的战争。偏战，即阵地战。《公羊传》何休注："偏，一面也。结日定地，各居一面，鸣鼓而战，不相诈。"2 伐丧：指在对方服丧期间发动战争。有所谓"礼不伐丧"的说法。3 说：通"悦"。4 "棠棣之华"至"何远之有"：出自《论语·子罕》。汉儒注解《论语》此句的传统是将此句与《论语》上文"子曰：'可与共学，未可与适道；可与适道，未可与立；可与立，未可与权。'"视为同一段落，因此，将"偏其反而"解释为"返经合道"，董仲舒也是在这个意义上使用的。但宋儒有不同解释。棠棣，《论语》作"唐棣"。偏其反而，一说指唐棣花先开后合，与其他花不同，喻贤人散处，与众不同；一说指花翩跹摇动，似有情而实无情，喻人之有思。
5 见其指者，不任其辞：指，宗旨、要旨。意思是，领会宗旨的人，不拘泥于文字。
6 适：往，去到。

译文

问难者说：《春秋》记载战争，有厌恶也有赞赏。厌恶诈战，而赞赏阵地战，以攻伐服丧国为耻，而以复仇为荣。怎么能说《春秋》认为没有正义的战争而全都厌恶呢？回答说：《春秋》凡是记载灾害的，即使田亩间还有几棵庄稼，也要记载没有麦苗。现在天下那么大，三百年的时间，战争的次数数都数不过来，而复仇战争只有两次。这跟只有几棵麦苗记作没有麦苗有什么不同？这种说法不足以驳倒我的观点，所以可以说没有正义的战争。认为没有正义的战争的说法不对，那么土地上没有麦苗的记载也不对；认为土地上没有麦苗的记载可以，那么没有正义的战争的说法也可以。如同《春秋》对阵地战一样，认可的是摆好阵地（不偷袭），而不是认可战争本身，这也是一个验证。《春秋》爱惜人民，而战争要屠杀人，君子怎么会赞成杀戮自己所爱惜的人呢？所以《春秋》对待阵地战的态度，与他对中原各国的态度一样。相对于鲁国，就称为外；相对于夷狄就称为内。同样的，阵地战与诈战相比，就说是义；与不发动战争相比，就是不义。所以结盟不如不结盟，然而有相对好的结盟；战争不如不战争，然而有相对好的战争。不义当中有相对的正义，正义当中有相对的不正义。文辞所不能涵盖的，都蕴含在要旨当中，不是精心思考的人，怎么能够了解？《诗经》说："棠棣之花，翩跹开合。难道我会不想你？只是所居太遥远。"孔子说："只是没有思念罢了，哪里会怕遥远！"由此看来，见到要旨的，不拘泥于文字。不拘泥于文字，然后就可以跟他探讨道了。

司马子反为其君使[1]，废君命，与敌情，从其所请，与宋平。是内专政而外擅名[2]也。专政则轻君，擅名则不臣，而《春秋》大之，奚由哉？曰：为其有惨怛[3]之恩，不忍饿一国之民，使之相食。推恩者远之而大，为仁者自然而美。今子反出己之心，矜宋之民，无计其间，[4]故大之也。难者曰：《春秋》之法，卿不忧诸侯，政不在大夫。子反为楚臣而恤宋民，是忧诸侯也；不复其君而与敌平，是政在大夫也。溴梁之盟[5]，信在大夫，而《春秋》刺之，为其夺君尊也。平在大夫，亦夺君尊，而《春秋》大之，此所间[6]也。且《春秋》之义，臣有恶，擅名美。[7]故忠臣不显谏，欲其由君出也。《书》曰："尔有嘉谋嘉猷，入告尔君于内，尔乃顺之于外，曰：此谋此猷，惟我君之德。"[8]此为人臣之法也。古之良大夫，其事君皆若是。今子反去君近而不复，庄王可见而不告，皆以其解二国之难为不得已也。奈其夺君名美何？此所惑也。曰：《春秋》之道，固有常有变，变用于变，常用于常，各止其科，非相妨也。今诸子所称，皆天下之常，雷同之义也。子反之行，一曲[9]之变。独修之意也[10]。夫目惊而体失其容，心惊而事有所忘，人之情也。通于惊之情者，取其一美，不尽其失。《诗》云[11]："采葑采菲，无以下体。"此之谓也。今子反往视宋，闻人相食，大惊而哀之，不意之至于此也，是以心骇目动而违常礼。礼者，庶[12]于仁，文质而成体者也。今使人相食，大失其仁，安着其礼？方救其质，奚恤其文？故曰"当仁不让"，此之谓也。《春秋》之辞，有所谓贱者，有贱乎贱者。夫有贱乎贱者，则亦有贵乎贵者矣。今让者《春秋》之所贵。虽然见人相食，惊人相爨[13]，救之忘其让，君子之道有贵于让者也。故说《春秋》者，无以平定之常义，疑变故之大则，义几可谕矣。

注释

1 司马子反为其君使：司马子反，楚国将领。《春秋》宣公十五年载，"宋人及楚人平"。当时楚军围困宋国，楚军只剩七天之粮，庄王就派子反去了解宋国情况，如果七天还攻不下就放弃。结果子反从宋国大夫华元那里得知，宋国已经粮绝乃至"易子而食""析骸而炊"，子反怜悯宋国民众的处境，就把楚军的实情告诉给华元，使得楚庄王不得不退兵。《春秋》一般不记载鲁国之外别国的和议，为嘉奖子反而特别对此事做了记录，就是下文所说"《春秋》大之"的意思。2 内专政而外擅名：在国内越过诸侯专政，在国外越过诸侯擅自撷取名声。3 惨怛：忧劳，哀痛。4 矜（jīn）宋之民，无计其间：矜，怜惜、体恤。间，间隙、嫌隙。指子反因怜悯宋民之苦，无暇计较可能有擅作主张的嫌疑。

5 湨（jú）梁之盟：湨，水名，在今河南境内。梁，堤坝。《春秋》载襄公十六年（前557）"公会晋侯、宋公、卫侯……于湨梁"。6 间：间隙，喻文字间自相矛盾。7 臣有恶，擅名美：此句不通，疑为"恶臣擅君名美。"8 "尔有"至"君之德"：引自《尚书·君陈》。猷，谋略。9 一曲：一端。10 独修之意也：独修，自修。指在某个特定情况下，道德主体能够独立自觉地树立道德意识与作出道德判断，而不是盲从某种道德教条，如上文所说的"雷同之义"。11《诗》云：下引诗句出自《诗经·邶风·谷风》。12 庶：当作"摭"，择取、汇集。13 人相爨：爨，烧火做饭。即《公羊传》所说的"析骸而炊"。齐地方言称爨为"炊"。

译文

司马子反为国君出使，却背弃了国君的命令，将军队的实情告诉敌国，答应宋国的请求，而与之议和。这是在国内专政，在国外擅自撷取名声。专政就轻视国君，擅名就是不守为臣之道，可《春秋》却推崇他，为什么呢？回答说：是因为司马子反有恻隐之心，不忍令宋国百姓饿到人吃人的地步。布施恩惠，以能恩及关系疏远的为大；施行仁爱，以自然出自内心为美。现在司马子反发自内心，怜悯宋国的百姓，无暇计较可能有擅作主张的嫌疑。所以《春秋》推崇他。问难者说：《春秋》的记事规则是，卿不替别国诸侯考虑，政事不听任大夫。子反身为楚国臣子却怜恤宋国百姓，这是替别国诸侯考虑；不回复自己的国君就跟敌国议和，这是政事听任大夫。湨梁盟会，决定权在大夫手中，《春秋》讥讽此事，因为大夫侵夺了国君的尊严。议和一事由大夫决定，也是侵夺国君的尊严，可是《春秋》却称赞他，这说明《春秋》有自相矛盾的地方。况且按照《春秋》大义，反对臣子擅取国君的好名声。所以忠臣不公开进谏，希望好的意见由国君提出来。《尚书》说："你有好的谋略、建议，入朝告诉君主，出外听顺君命，说：这个好谋略，是我们国君德行的体现。"这是做臣子的规则。古代贤良的大夫，他们都是这样服事国君的。现在子反离国君很近却不向国君复命，可以见到庄王却不向他报告，都认为是他因为要解除楚宋两国的危难而不得不这样做。那他为何要擅自夺取国君美名呢？这也是我的迷惑。回答说：《春秋》评定史事的原则，有恒常的，也有权变的，权变的适用于不寻常的事，恒常的适用于寻常的事，各有适用的范围，彼此不相妨害。现在诸位所说的，只能针对天下寻常的情况，是对正义的教条式理解。子反的做法，是特定环境下的权变。这是自觉、独立的道德意识。视物受惊身体就会失去常态，心灵受惊就会忘事，这是人之常情。体会到受惊的情况，就要取他好的一面，不苛求他的过失。《诗经》说："采芜菁啊采萝卜，不要因菜根苦而丢弃它。"说的就是这个道理。现在子反前去探察宋国情况，听说已经饿到人吃人的境地，大吃一惊而哀怜他们，没有意料到情况这么严重，因此触目惊心而违反了通常的礼节。礼，是摭合于仁，形式与实质兼备才构成体系。现在让人吃人的情况发生，就丧失了仁爱，还怎样体现礼？正要补救礼的本质（仁），哪里顾得上礼的形式？所以说"行仁爱时，没有必要谦让"，说的就是这个道理。《春秋》的用辞，有轻贱的，有比轻贱更轻贱的。有比轻贱更轻贱的用辞，就有比尊崇更尊崇的用辞。现在谦让是《春秋》所尊崇的。即使如此，见到人吃人、用他人的骸骨烧饭而震惊，为救护百姓忘记了谦让的事，正说明君子之道有比谦让更宝贵的。所以研究《春秋》的人，不要以寻常的规则，去怀疑权变的大原则，就可以明白《春秋》之义了。

《春秋》记天下之得失，而见所以然之故。甚幽而明，无传而著[1]，不可不察也。夫泰山之为大，弗察弗见，而况微渺者乎？故按《春秋》而适往事，穷其端[2]而视其故，得志之君子，有喜之人，不可不慎也。齐顷公[3]亲齐桓公之孙，国固广大而地势便利矣，又得霸主之余尊，而志加于诸侯。以此之故，难使会同，而易使骄奢。即位九年，未尝肯一与会同之事。有怒鲁卫之志，而不从诸侯于清丘、断道[4]。春往伐鲁，入其北郊，顾返伐卫，败之新筑。[5]当是时也，方乘胜而志广，大国往聘，慢而弗敬其使者。[6]晋鲁俱怒，内悉其众，外得党与曹、卫，四国相辅，大困之鞍，获齐顷公，斫逄丑父。[7]深本顷公之所以大辱身，几亡国，为天下笑，其端乃从慑鲁胜卫起。伐鲁，鲁不敢出，击卫，大败之，因得气而无敌国以兴患也。故曰，得志有喜，不可不戒。此其效也。自是之后，顷公恐惧，不听声乐，不饮酒食肉，内爱百姓，问疾吊丧，外敬诸侯。从会与盟，卒终其身，国家安宁。是福之本生于忧，而祸起于喜也。呜呼！物之所由然，其于人切近，可不省邪？

注释

1 无传而著：传，注解。著，显著、显明。2 端：原委。3 齐顷公：齐桓公之子惠公所生，公元前598年至前582年在位。4 清丘、断道：清丘，春秋卫地，今河南濮阳县东南。断道，晋地，在今河南济源县西。鲁宣公十二年诸侯于清丘会盟，宣公十七年诸侯于断道会盟，齐国均未参加。5 "春往伐鲁"至"新筑"：新筑，春秋时齐国、卫国交界处。据《左传》成公二年记载：公元前589年，齐顷公攻打鲁国，又在新筑打败了卫国的救援军队。晋国收到鲁卫两国求援，前往救援，因此爆发了下文提到的鞍之战。6 大国往聘，慢而弗敬其使者：聘，古代诸侯之间或诸侯向天子的问候。之前晋国派重臣郤（xì）克，鲁国派大夫臧孙许作为使臣前往齐国聘问，两位使臣一位跛足，而另一位眇目（瞎了一只眼睛），齐顷公竟然让母亲萧太后隔着帷幕观看（作乐），并派跛足者迎接跛足的使臣，派眇目者迎接眇目的使臣，触怒了来使。据《公羊传》载："二大夫出，相与踦闾而语，移日然后相去。齐人皆曰：'患之起必自此始！'二大夫归，相与率师为鞍之战。齐师大败。"7 "晋鲁俱怒"至"斫逄丑父"：鞍之战中，齐顷公孤军深入，被郤克等人率领的晋军擒获。卫士逄丑父与齐顷公交换衣服和位置，并假扮国君，派顷公取水以借机逃脱，晋军得知受骗后杀掉了逄丑父。

译文

《春秋》记载天下得失，并揭示之所以得失的原因。文字隐晦却意蕴明确，不作传注却文义显著，对此不可不明察。泰山的高大，不观察尚且不知道，更何况细微的东西呢？所以根据《春秋》而推知往事，追溯事情的原委，而观察最终的结果，得志的君子，有喜事的人，不可以不审慎。齐顷公是齐桓公的亲孙子，齐国国土本来就广大，而地势也便利，又荫袭霸主的余威，有心继续称霸诸侯。因为这个缘故，很难使他跟诸侯会盟，却很容易使他骄傲奢侈。即位九年，从未有过一次参与会盟的事。有激怒鲁国、卫国的意向，而不跟诸侯们在清丘、断道等地会盟。春天出发攻打鲁国，攻入鲁国的北郊，返回时又攻打卫国，在新筑打败了卫军。正当这个时候，乘着战胜的气势自大不已，大国都前来访问，却轻慢而不尊敬各国使臣。晋国、鲁国都被激怒，在国内动员军队，在国外得到曹国、卫国的支持，四国互相支持，在鞍地围困齐军，俘虏齐顷公，杀死顷公的卫士逄丑父。深入反思顷公之所以遭受大辱，几乎亡国，被天下耻笑的原因，就是从威慑鲁国、战胜卫国开始的。攻打鲁国，鲁国不敢出城迎战，攻打卫国，大败卫国，于是志得气满，心中再无敌手以引生忧患意识。所以说，得志有喜的时候不可以不警惕。这就是证明。从此以后，齐顷公心存恐惧，不听音乐，不饮酒吃肉，在国内对百姓仁爱，慰问病人和吊唁亡者，在国外恭敬诸侯。跟从诸侯参与会盟，终其一生，国家安宁。这就说明幸福原来产生于忧患，祸患起源于欢喜。唉！事物产生的缘由，与人的行为非常切近，难道可以不省察吗？

逄丑父杀其身以生其君，何以不得谓知权？丑父欺晋，祭仲许宋[1]，俱枉正以存其君。然而丑父之所为，难于祭仲，祭仲见贤而丑父犹见非[2]，何也？曰：是非难别者在此。此其嫌疑相似而不同理者，不可不察。夫去位而避兄弟者，君子之所甚贵；获虏逃遁者，君子之所甚贱。祭仲措其君于人所甚贵以生其君，故《春秋》以为知权而贤之。丑父措其君于人所甚贱以生其君，《春秋》以为不知权而简之。其俱枉正以存君，相似也；其使君荣之与使君辱，不同理。故凡人之有为也，前枉而后义者，谓之中权，虽不能成，《春秋》善之，鲁隐公[3]、郑祭仲是也。前正而后有枉者，谓之邪道，虽能成之，《春秋》不爱，齐顷公、逄丑父是也。夫冒大辱以生，其情无乐，故贤人不为也，而众人疑焉。《春秋》以为人之不知义而疑也，故示之以义，曰国灭，君死之，正也。[4]正也者，正于天之为人性命也。天之为人性命，使行仁义而羞可耻，非若鸟兽然，苟为生，苟为利而已。是故《春秋》推天施而顺人理，以至尊为不可以加于至辱大羞，故获者绝之。以至辱为亦不可以加于至尊大位，故虽失位弗君也。已反国复在位矣，而《春秋》犹有不君之辞，况其溷然方获[5]而虏邪。其于义也，非君定矣。若非君，则丑父何权矣。故欺三军为大罪于晋，其免顷公为辱宗庙于齐，是以虽难而《春秋》不爱。丑父大义，宜言于顷公曰："君慢侮而怒诸侯，是失礼大矣。今被大辱而弗能死，是无耻也而复重罪请俱死，无辱宗庙，无羞社稷。"如此，虽陷其身，尚有廉名。当此之时，死贤于生。故君子生以辱，不如死以荣，正是之谓也。由法论之，则丑父欺而不中权，忠而不中义，以为不然？复察《春秋》。《春秋》之序辞也，置王于春正之间[6]，非曰上奉天施而下正人，然后可以为王也云尔？今善善恶恶，好荣憎辱，非人能自生，此天施之在人者也。君子以天施之在人者听之，则丑父弗忠也。天施之在人者，使人有廉耻。有廉耻者，不生于大辱。大辱莫甚于去南面之位而束获为虏也。曾子曰[7]："辱若可避，避之而已。及其不可避，君子视死如归。"谓如顷公者也。

注释

1 祭仲许宋：祭仲，名足，字仲，郑国大夫、权臣。郑庄公病逝，其世子忽继位，是为郑昭公。祭仲省庄公丧途经宋国，为宋人胁持，要他帮助当时在宋国的昭公之弟突成为国君。祭仲经过考虑，答应了宋国。在郑国的昭公见势不妙，就出奔卫国。祭仲就带着突回国即位，是为郑厉公。《公羊传》认为《春秋》记载这件事时对祭仲称字不称名，是表示肯定的意思，赞许祭仲能够行权变，保住了国君的生命和郑国的安全。2 非：责备，批评。3 鲁隐公：鲁惠公庶子。惠公死后太子允年幼，隐公以贤被推即位，公子翚（huī）谄媚隐公，建议杀掉太子允，隐公拒绝，并打算待其年长归位于太子。公子翚害怕事情败露，又向太子允献谗言，杀掉了隐公，太子允即位，是为鲁桓公。《春秋》记事从隐公元年起。4 国灭，君死之，正也：语出《公羊传》襄公六年："曷为不言莱君出奔？国灭，君死之，正也。"莱国被齐国所灭，莱共公浮柔逃到棠邑，国家宗庙重器都被献给齐国。《公羊传》认为国君之正道就是与其国共存亡。5 溷然方获：溷，浑浊。获，虏获，为人所虏则不成为君。6 "《春秋》之序辞"至"之间"：《春秋》开篇鲁隐公元年首句为"元年，春，王正月。" 7 曾子曰：以下引文见《大戴礼记·曾子制言上》。

译文

逄丑父牺牲自己而使国君生还，怎么还算不上懂得权变呢？逄丑父欺骗了晋国，郑国祭仲答应宋国的要求，都不合于正道来保存自己的国君。然而逄丑父的所作所为，比祭仲更难，可是祭仲被赞许，逄丑父却被批评，这是为什么？回答说：是非难以区分就表现在这一点上。这些看起来很相似的事，却有不同的道理，不可不仔细辨察。舍去王位而避免兄弟纷争，是君子甚为看重的；被俘之后逃跑，是君子甚为看不起的。祭仲使得国君受到尊重，并且得以生还，所以《春秋》认为他懂得权变而加以称扬。逄丑父使得国君遭到蔑视而得以生还，《春秋》认为他不懂得权变而责备他。二人都不合于正道而救护国君，这一点相似；但是荣耀国君还是令国君受辱，却有不同。因此人们有所作为时，其先虽不合于正道，其后能合乎正义的，就称为符合权变。即便事情最终不成功，《春秋》也称赏他，鲁隐公、祭仲就是这样的。其先合于正道，而后违于正道的，称为邪道。即便成功，《春秋》也不喜欢，齐顷公、逄丑父就是这样的。冒着巨大的羞辱而活下来，实在没有快乐可言，所以贤人不去做，普通人对此则表示怀疑。《春秋》认为人们是因为不知大义而怀疑，所以把大义宣示给他们，说：国家灭亡时，国君为国而死是正义。所谓正义，是以上天赋予人天性与使命为标准的。上天赋予人天性与使命，让人类实行仁义而羞于行可耻之事，不能像鸟兽一样，苟且活命，苟且逐利。因此《春秋》推求上天所施予的来理顺人类的常理，认为至尊之人不可以蒙受奇耻大辱，被俘获之后就应自绝性命。奇耻大辱也不可以加诸至尊之人，所以失去君位就不以君相称。已经返回国内恢复王位的，《春秋》仍有不称为君的用辞，何况对浑浑噩噩被人俘虏了的呢。在道义上说，他肯定不算是国君了。既然不是国君，丑父还算得上什么权变。所以逄丑父欺骗三军是对晋国有大罪，他救了顷公却让齐国宗庙受辱，所以行为虽然难得，《春秋》却不喜欢。逢丑父遵循大义的话，应该对顷公说："您轻慢侮辱而激怒诸侯，这是大大的失礼。如今受到大的羞辱还不能自杀，是没有廉耻，而犯了双重的大罪。我请求咱们一起去死，不要污辱宗庙，不要羞辱社稷。"像这样，虽然陷入死亡，尚可保有廉洁的名声。在这个时候，死比生好。所以君子活着受辱，不如死了光荣，说的就是这个道理。按照法则来论，逢丑父欺骗又不合权变，忠心却不符合道义，认为不是这样的吗？请再察看《春秋》。《春秋》用辞的序列，就是把君主放在"春"和"正"之间，这意思不是在说君王应对上遵奉上天的施命，对下教化扶正百姓，然后才可以当国君吗？现在看能喜好善讨厌恶，喜好荣誉憎恶羞辱，不是人自己能够生出的，而是上天施予人的。君子听从上天施予人类的，那么逢丑父就是不忠。上天施予人的，是使人有廉耻。有廉耻的人，受到大的羞辱后就不再活着。大的羞辱没有比丢掉君位而被敌人俘虏更大的了。曾子说："羞辱如果可以躲避，就躲避。到了不能躲避的时候，君子就把死亡看作如同回家一样。"就是在说齐顷公这类人。

《春秋》曰："郑伐许[1]。"奚恶于郑而夷狄之也？曰：卫侯遬卒[2]，郑师侵之，是伐丧也。郑与诸侯盟于蜀[3]，以盟而归，诸侯于是伐许，是叛盟也。伐丧无义，叛盟无信，无信无义，故大恶之。问者曰：是君死，其子未逾年，有称伯不子，法辞其罪何？[4] 曰：先王之制，有大丧者，三年不呼其门，顺其志之不在事也。《书》云："高宗谅闇，三年不言。"[5] 居丧之义也。今纵不能如是，奈何其父卒未逾年即以丧举兵也？《春秋》以薄恩，且施[6]失其子心，故不复得称子，谓之郑伯，以辱之也。且其先君襄公伐丧叛盟，得罪诸侯，诸侯怒之未解，恶之未已。继其业者，宜务善以覆之，今又重之，无故居丧以伐人。父伐人丧，子以丧伐人，父加不义于人，子施失恩于亲，以犯中国，是父负故恶于前，己起大恶于后。诸侯果怒而憎之，率而俱至，谋共击之。郑乃恐惧，去楚而成虫牢之盟[7]是也。楚与中国侠[8]而击之，郑罢疲危亡，终身愁辜[9]。吾本其端，无义而败，由轻心然。孔子曰[10]："道千乘之国，敬事而信。"知其为得失之大也，故敬而慎之。今郑伯既无子恩，又不熟计[11]，一举兵不当，被患不穷，自取之也。是以生不得称子，去其义也；死不得书葬，见其穷也。曰：有国者视此。行身不放[12]义，兴事不审时，其何[13]如此尔。

注释

1 郑伐许：事见《春秋》成公三年。2 卫侯遬（sù）卒：卫穆侯姬遬卒于鲁成公二年，即公元前589年。3 郑与诸侯盟于蜀：《春秋》成公二年："十有一月，公会楚公子婴齐于蜀。丙申，公及楚人、秦人、宋人、陈人、卫人、郑人、齐人、曹人、邾娄人、薛人、鄫人盟于蜀。"4 "是君死"至"其罪何"：有，通"又"。法辞，表示谴责的言辞。按《春秋》例，旧君死，新君立，当年称子，逾年才可称爵，郑襄公死后，悼公不到一年即位，《春秋》称郑伯不称子，是讥讽问罪的意思。5 高宗谅闇，三年不言：出自《尚书·无逸》"乃或谅阴，三年不言"。高宗，指商王武丁。闇，指帝王守丧之庐。6 施：通"弛"，废弃。7 去楚而成虫牢之盟：虫牢，古地名，春秋时郑地，今河南封丘北。鲁成公五年，郑悼公背叛楚国，与晋、齐、宋等国订立虫牢之盟。8 侠：通"夹"。9 愁辜：愁苦。辜，这里读作"苦"。10 孔子曰：以下引文见《论语·学而》。11 熟计：犹"熟虑"。12 放：通"仿"，效仿。13 何：误字，当作"祸"。

译文

《春秋》记载："郑攻伐许。"为什么厌恶郑国而以夷狄称之呢？回答说：卫穆侯姬遬死后，郑国的军队侵略卫国，这是趁人国丧期间发动战争。郑国和各诸侯在蜀地盟誓，已盟誓之后回国，诸侯于是攻打许国，这是背叛了盟誓。攻打有丧事的国家不道义，背叛盟约不诚信，不诚信和不道义，应当特别厌恶。问难的人说：这个郑襄公死后，他的儿子郑悼公没超过一年就继承王位，《春秋》却称他为伯，不称子，这种文法表明他有什么罪过呢？回答说：按照先王的制度，有大丧的臣子，君主三年不上门叫人，这是为了随顺他的孝心无法承办公事。《尚书》说："高宗居庐守丧，三年不发布政令。"这是居丧的规则。现在即使做不到这一点，怎么能在自己的父亲死去不足一年就在丧期发动战争？《春秋》因为他缺少恩德，并且丧失了作为儿子该有的孝心，所以不再称他为"子"，而称他郑伯，来羞辱他。况且他的先父郑襄公攻打有丧事的国家，背叛盟约，得罪了诸侯，诸侯对郑国的愤怒还未消除，厌恶还没有结束。继承襄公事业的，应该修善行遮掩他的过错，现在又加重罪过，毫无缘由地在居丧时攻打许国。父亲在别国居丧时攻伐，儿子在居丧时攻伐别国，父亲将不义加施于别人，儿子丧失了孝心而侵犯中原，这是父亲先负旧恶在先，自己又行大恶于后。诸侯果然都愤怒并憎恨他，全都来盟会，商议共同攻伐他。郑国才感到恐惧，背离楚国，而与诸侯结成虫牢之盟。楚国和中原各诸侯国南北夹击它，郑国陷于疲惫危亡，终身愁苦。我探求其原因，就是因为不行道义而失败，用心轻率而造成这样的。孔子说："领导拥有千乘兵车的大国，要敬慎而诚信。"知道得失的关系重大，所以恭敬而慎重。现在郑伯既不讲儿子当感念的恩德，又不深思熟虑，一次发兵征伐不合适，遭受的祸患无穷，这是咎由自取。所以活着的时候不能称他"子"，是去除他的名分；死了以后又不记载下葬，是为了显示他的罪过。就是说：统治国家的人要比照这些。为人不遵循道义，做事不审察时机，祸患就跟这一样。

玉英第四

导读

《史记·孝文本纪》载："十五年，黄龙见成纪，天子乃复召鲁公孙臣，以为博士，申明土德事。……赵人新垣平以望气见，因说上设立渭阳五庙。欲出周鼎，当有玉英见。"本篇篇名或与此事有关。本篇就"元"的概念大为阐发，以之为《春秋》王道实施的根本出发点。并举《春秋》用辞例法说明经礼、变礼的原则与权变需要合于正道的标准。并指出"从贤之志以达其义，从不肖之志以著其恶"的《春秋》书写标准，提出"原心定罪"的主张，主要用于批判执政者不合于仁义的心态导致祸国殃民的恶果。

谓一元者，大始[1]也。知元年[2]志者，大人之所重，小人之所轻。是故治国之端在正名。名之正，兴五世，五传之外，美恶乃形，可谓得其真矣，非子路之所能见。[3]

惟圣人能属万物于一，而系之元也。终不及本所从来而承之，不能遂其功。是以《春秋》变一谓之元。元，犹原也，其义以随天地终始也。故人唯有终始也，而生不[4]必应四时之变。故元者为万物之本。而人之元在焉。安在乎？乃在乎天地之前。故人虽生天气及奉天气者，不得与天元本、天元命，而共违其所为也。故春正月者，承天地之所为也。继天之所为而终之也。其道相与共功持业，安容言乃天地之元？天地之元奚为于此恶施于人？大其贯承意之理矣。

是故《春秋》之道，以元之深正天之端，以天之端正王之政，以王之政正诸侯之即位，以诸侯之即位正竟[5]内之治。五者俱正，而化[6]大行。

注释

1 大始：张大其端始。2 元年：国君即位第一年称"元年"。3 "是故治国之端"至"所能见"：《义证》认为与上下文不合，疑为《深察名号》篇错简。4 不：疑当为"死"字。5 竟：通"境"。6 化：教化。

译文

称"一"为"元"，是张大"一"作为开端的意思。知晓记载元年的志意，是人君所看重的，小人所轻视的。所以治理国家的开端在于正名。名端正了，就能振兴五代，五代之后，美好丑恶才会表露出来，可以说能发现事物的真相，不是子路之类的人能了解的。

只有圣人能够将万物归属为“一”，而系属于“元”。最终不能归本于其所从来者而承贯之，就不能成功。所以《春秋》将“一”改称为“元”。元，就是本原，它的含义随天地而终始。所以人生是有始有终的，而生死一定与四季的变化相适应。因此，元是万物的本原。而人的本原也在其中。在什么地方？在天地产生之前。所以人虽生于天气并奉行天气，却不能和上天同时以元为本，遵奉天命，而共同违背自己的本原。所以书写“春天正月”，是圣人承顺天地的所为。也是继承上天的安排而终结。其间的法则是二者共同成就功业，怎么说是天地的本原呢？天地之元为什么在这里，又施予了人类什么呢？这是张大圣人能够顺承上天的道理。

因此《春秋》的原则，用“元”的深远来端正天时的开端，用天时的开端来端正君王的政事，用君王的政事来确定诸侯即位，用诸侯即位来端正境内的统治。这五者都端正了，教化就可以广泛实现。

非其位而即之，虽受之先君，《春秋》危之，宋缪公[1]是也。非其位，不受之先君，而自即之，《春秋》危之，吴王僚[2]是也。虽然，苟能行善得众，《春秋》弗危，卫侯晋以立书葬[3]是也。俱不宜立，而宋缪受之先君而危，卫宣弗受先君而不危，以此见得众心之为大安也。故齐桓非直弗受之先君[4]也。乃率弗宜为君者而立，罪亦重矣。然而知恐惧，敬举贤人，而以自覆盖，知不背要盟以自湔浣[5]也，遂为贤君，而霸诸侯。使齐桓被恶而无此美，得免杀戮乃幸已，何霸之有！鲁桓忘其忧而祸逮其身，齐桓忧其忧而立功名。推而散之，凡人有忧而不忧者凶，有忧而深忧之者吉。《易》曰[6]：“复自道，何其咎？”此之谓也。匹夫之反道以除咎尚难，人主之反道以除咎甚易。《诗》云：“德輶如毛[7]。”言其易也。

注释

1 宋缪公：即宋穆公，宋宣公之弟，公元前728年至前720年在位。宣公临终传位给宋穆公，而没有传给自己的儿子与夷。穆公临终为报宣公立己之恩，传位给与夷，而不传给自己的儿子冯。结果华督杀掉宋殇公与夷，迎公子冯而立之，是为宋庄公。2 吴王僚：吴国国君，吴王寿梦之子。依寿梦遗命，其四子依次即位，至三子夷末卒，而幼子季札逃位让国，夷末之子继位即吴王僚，寿梦长孙阖闾遣刺客刺杀吴王僚自立。3 卫侯晋以立书葬：卫侯晋，即卫宣公，名晋，卫桓公之弟，桓公被弑后被立为君。《春秋》桓公十三年记载："三月，葬卫宣公。"4 齐桓非直弗受之先君：齐桓公即位未受其先君之命，《春秋》认为他是篡位。5 湔（jiān）浣：洗刷。6《易》曰：下引文见《易·小畜》初九爻辞。7 德輶（yóu）如毛：语出《诗经·大雅·烝民》。輶，轻。毛，羽毛。

译文

不是自己应继承的王位而即位，即便受之于先君，《春秋》认为危险，宋缪公就是这样的。不是自己该继承的王位，也不是受之于先君，而自己要即位，《春秋》也认为危险，吴王僚就是这样的。虽然是这样，如果能行善并得到民众拥护，《春秋》就不认为危险，卫侯晋被立，《春秋》记载他即位和丧葬就是这样。上面的情况都不应该被立，宋缪公从先父那里继承君位而陷入危险，卫宣公不是从先父那里继承君位却不危险，由此可见得到民心才是最大的安定。所以齐桓公不但不是从先君那里接受王位，甚至根本就不应该被立为国君，罪过很严重了。然而他知道恐惧，尊敬并任用贤人，可以弥补自己的缺陷，知道不背叛盟约以洗刷过失，于是成为贤明君主而称霸诸侯。假使齐桓公承受恶名而没有这种美行，能够免除被杀已经是幸运了，哪里还会称霸！鲁桓公忘记忧患而祸及自身，齐桓公忧其忧患而确立了功名。推而广之，有忧患却不知忧患的人结果一定凶险，有忧患而能深以为忧的人结果可能吉祥。《易经》说："返回正道，哪会有祸害呢？"说的就是这个意思。普通人想返回正道以免除祸害还很难，君主若要返回正道以免除祸害却很容易。《诗经》说："德行轻得如同羽毛。"就是说美德很容易做到。

公观鱼于棠[1]，何？恶也。凡人之性，莫不善义，然而不能义者，利败之也。故君子终日言不及利，欲以勿言愧之而已，愧之以塞其源也。夫处位动风化者，徒言利之名尔，犹恶之，况求利乎？故天王使人求赙[2]求金，皆为大恶而书。今非直使人也，亲自求之，是为甚恶。讥何故言观鱼？犹言观社[3]也，皆讳大恶之辞也。

《春秋》有经礼[4]，有变礼。为如安性平心者，经礼也。至有于性虽不安，于心虽不平，于道无以易之，此变礼也。是故昏礼不称主人[5]，经礼也。辞穷无称[6]，称主人，变礼也。天子三年然后称王，经礼也。有故则未三年而称王，变礼也。妇人无出境之事，经礼也。母为子娶妇，奔丧父母，变礼也。明乎经变之事，然后知轻重之分，可与适权矣。难者曰：《春秋》事同者辞同，此四者[7]

俱为变礼，而或达于经，或不达于经，何也？曰：《春秋》理百物，辨品类[8]，别嫌微，修本末者也。是故星坠谓之陨[9]，螽坠谓之雨[10]，其所发之处不同，或降于天，或发于地，其辞不可同也。今四者俱为变礼也同，而其所发亦不同。或发于男，或发于女，其辞不可同也。是或达于常，或达于变也。

注释

1 观鱼于棠：事见《春秋》隐公五年。《公羊传》认为《春秋》记载此事是在讥刺鲁隐公远赴棠地捕捞大鱼，为隐公讳写作“观鱼于棠”。2 赙（fù）：以财物帮助人办丧事。3 观社：观看社祭。事见《春秋》庄公二十三年：“夏，公如齐观社。”《公羊传》认为是讥刺鲁庄公违礼越境到齐国观看社祭。4 经礼：常礼，一般情况下的、原则性的礼。5 昏礼不称主人：昏礼，即“婚礼”。婚礼不以结婚人自己的名义娶亲，所以不由他派遣使者迎亲，只能以父母之命迎娶。6 辞穷无称：用辞穷尽。如果父母不在世，迎亲无以称命，即“称辞为穷”。7 此四者：以上列举的婚礼、称王、娶妇、奔丧四类事情。8 辨品类：区分辨别人以及各种事物的品质、种类。9 星坠谓之陨：事见《春秋》庄公七年：“夏四月辛卯……夜中，星實如雨。”10 螽（zhōng）坠谓之雨：螽，蝗虫。事见《春秋》文公三年：“雨螽于宋。”

译文

《春秋》记载“鲁隐公到棠地观赏鱼”，为什么这样写？因为厌恶这一行为。人的本性，没有不喜欢仁义的，然而不能行仁义的，是被利败坏了。所以君子整日谈话也不涉及利益，目的是用不谈利益的方式使他羞愧，使他羞愧来堵塞恶行的源头。对于居处君位能够影响风化的人，只是空口谈利尚且会被厌恶，何况行逐利之事？所以周天子派人去索取丧事的物资和费用，全被视为大恶而记载下来。如今已经不是派人去求，而是亲自去求利，这就更加可恶。讥讽鲁隐公为什么要说观鱼呢？这就如同说观看社祭一样，都是避讳大恶的用辞。

《春秋》有通常的礼，也有权变的礼。能够安于本性平于本心，是通常的礼。于本性虽有不安，于本心虽有不平，在道义上却不能改易的，就是权变的礼。所以婚礼不称主人之名，这是通常的礼。辞穷无可称时，称主人之名，这是权变的礼。天子居丧三年，然后才可以称王，这是通常的礼。有变故未满三年而继位称王，这是权变的礼。妇女没有需要出国境的事务，这是通常的礼。母亲给儿子娶媳妇而出国境，为了奔父母之丧而出国境，这是权变的礼。明了通常与权变的关系，然后知晓轻重的分别，这样就可以行权变了。问难的人说：

《春秋》记载同类的事情用辞相同。前面所说四类都是权变之礼，可是有些符合常理，有些不符合常理，这是为什么？回答说：《春秋》统理百物，辨别品类，区分微小的差别，理顺本末关系。所以流星坠落称作陨，蝗虫坠落称作雨，它们的来源不同，有的从天而降，有的从地而起，记载它们的用辞不可相同。现在这四类都是权变之礼这一点相同，而它们的来源也不同。有的缘于男人，有的缘于女人，用辞不可以相同。这就是有的通于常礼，有的适于权变。”

桓之志无王，故不书王。[1] 其志欲立，故书即位。[2] 书即位者，言其弑君兄也。不书王者，以言其背天子。是故隐不言立，桓不言王者，从其志以见其事也。从贤之志以达其义，从不肖之志以著其恶。由此观之，《春秋》之所善，善也，所不善，亦不善也，不可不两省也。

经曰：“宋督弑其君与夷[3]。”《传》言：“庄公冯杀之[4]。”不可及于经，何也？曰：非不可及于经，其及之端眇[5]，不足以类钩之，故难知也。《传》曰：“臧孙许与晋郤克同时而聘乎齐[6]。”按经无有，岂不微哉？不书其往而有避也。今此《传》言庄公冯，而于《经》不书，亦以有避也。是以不书聘乎齐，避所羞也。不书庄公冯杀，避所善也。是故让者《春秋》之所善。宣公不与其子而与其弟，其弟亦不与子而反之兄子，虽不中法，皆有让高，不可弃也。故君子为之讳不居正之谓避，其后也乱，移之宋督以存善志。此亦《春秋》之义，善无遗也。若直书其篡，则宣、缪之高灭，而善之无所见矣。难者曰：为贤者讳，皆言之，为宣、缪讳，独弗言，何也？曰：不成于贤也。其为善不法，不可取，亦不可弃。弃之则弃善志也，取之则害王法。故不弃亦不载，以意见之而已。“苟志于仁，无恶。”[7] 此之谓也。”

注释

1 桓之志无王，故不书王：《春秋》记事，每年首月称王，如“元年春，王正月”，表示尊王谨始。而鲁桓公记事有十四年不书王，只书“春正月”，表示鲁桓公行事违背周天子。2 其志欲立，故书即位：鲁桓公弑兄自立，按《春秋》辞例，新君“不书即位”，而桓公元年书“公即位”，《公羊传》认为是为了昭显桓公的恶行。3 宋督弑其君与夷：事见《春秋》桓公二年，“宋督弑其君与夷，及其大夫孔父”。宋督，宋国大臣华父督。与夷，即宋殇公。4 庄公冯杀之：见《公羊传》隐公三年，记云“庄公冯弑与夷”。5 眇：微邈，深远，幽暗。6 臧孙许与晋郤克同时而聘乎齐：臧孙许，春秋时鲁国大夫。郤克，晋国大夫。二人与卫国大夫孙良夫、曹国公子首出使齐国，因四人皆有残疾，齐顷公竟派四个有同类残疾的侍臣负责接待，令使臣受到羞辱。此事《公羊传》记载，而《春秋》经没有记载。7 苟志于仁，无恶：出自《论语·里仁》。

译文

鲁桓公无视周天子，所以《春秋》记桓公事就不写“王”字。桓公想要自立为君，所以《春秋》就写他“即位”。写“即位”表明他杀死了做国君的兄长。不写“王”字，用来表明他违背了周天子。所以鲁隐公时《春秋》不记“立”，桓公时不写“王”字，都是根据他们的想法而显露他们的行为。根据贤者的想法来伸张其义，根据不肖者的想法来昭示其恶。由此看来，《春秋》所赞同的是善的，所不赞同的是不善的，这两种情况不能不分辨清楚。

《春秋》记载：“宋督杀死自己的国君与夷。”《公羊传》记载：“庄公冯杀死宋殇公。”却没有记载在《春秋》上，这是为什么？回答说：不是没有记载在《春秋》上，而是经文记载得很微妙，不能用同类的用辞推察，因此难以了解。《公羊传》说：“臧孙许和晋郤克同时到齐国聘问。”考察《春秋》上没有记载，岂不是隐微吗？不记载他们前往齐国的事是因为有所避讳。现在《公羊传》中记庄公冯，而在《春秋》中不记载，也是有所避讳。所以不记载臧孙许和晋郤克聘问齐国的事，是为了避讳可羞耻的事。不记载庄公冯杀殇公，是避讳《春秋》所称赞的事。所以谦让是《春秋》所称赞的。宣公不将君位传给儿子而传给弟弟，他的弟弟也不将君位传给自己的儿子反而还给自己哥哥的儿子，这些做法虽然不符合继承的原则，但皆有谦让的美德，是不能忽视的。所以君子为他们避讳居位不正的行为，之后出现的祸乱，就移到宋督身上而保存宣公的善心。这也是《春秋》的原则，不能遗漏善事。如果直接记录庄公篡位的事，那么宣公、缪公的美德就会被埋没，善行也就不能体现出来了。问难的人说：替贤人避讳恶事，都有记载，替宣公、缪公避讳恶事，独独没有记录，什么原因？回答说：因为他们还不是完全的贤。他们心要行善，行为却不合正法，这种做法不可肯定，也不可抹杀。抹杀这种做法就抹杀了善的心志，肯定这种做法就违背了王法。所以既不抹杀也不记载，用隐含的意思表示出来罢了。“如果致力于仁，就不会有恶。”说的就是这个意思。”

器从名、地从主人之谓制。权之端[1]焉，不可不察也。夫权虽反经，亦必在

可以然之域。不在可以然之域，故虽死亡，终弗为也，公子目夷[2]是也。故诸侯父子兄弟不宜立而立者，《春秋》视其国与宜立之君无以异也。此皆在可以然之域也。至于鄫取乎莒[3]，以之为同居[4]，目曰“莒人灭鄫[5]”，此在不可以然之域也。故诸侯在不可以然之域者，谓之大德，大德无逾闲者，谓正经。诸侯在可以然之域者，谓之小德，小德出入可也。权谲也，尚归之以奉巨[6]经耳。故《春秋》之道，博而要，详而反一[7]也。公子目夷复其君，终不与国；祭仲已与，后改之；晋荀息死而不听[8]；卫曼姑拒而弗内[9]。此四臣事异而同心，其义一也。目夷之弗与，重宗庙；祭仲与之，亦重宗庙；荀息死之，贵先君之命；曼姑拒之，亦贵先君之命也。事虽相反，所为同，俱为重宗庙、贵先君之命耳。难者曰：公子目夷、祭仲之所为者，皆存之事君，善之可矣。荀息、曼姑非有此事也，而所欲恃者皆不宜立者，何以得载乎义？曰：《春秋》之法，君立不宜立，不书，大夫立则书。书之者，弗予大夫之得立不宜立者也。不书，予君之得立之也。君之立不宜立者，非也。既立之，大夫奉之是也，荀息曼姑之所得为义也。

注释

1 端：开始，发端。2 公子目夷：宋国公子，即司马子鱼，宋桓公庶子，襄公之兄。在宋襄公召开诸侯盟会被楚国擒获，楚攻伐宋国期间，坚守保卫宋国领土。宋襄公因其贤能曾两次欲让位于子鱼，而不从。3 鄫取乎莒：鄫国国君迎娶了莒国之女为夫人。4 同居：含义费解，疑为“司君”，即嗣君。5 莒人灭鄫：上文鄫国所娶之夫人无子，所生之女嫁莒国而生子，鄫国国君爱其夫人，打算立此外孙为君。《春秋》因此称为“莒人灭鄫”。6 奉巨：奉，遵循、奉行。巨，大。7 详而反一：反，返。一，约。详多而能返于简约。8 晋荀息死而不听：荀息，晋国大夫。晋献公逼太子申生自杀，赶走重耳和夷吾二子，立宠姬骊姬之子奚齐为太子，命荀息辅佐奚齐。奚齐即位后，大臣里克等人劝荀息废君，荀息宁死不从。里克杀奚齐，荀息则立骊姬妹妹之子卓子为君，里克又杀卓子，荀息自杀。9 卫曼姑拒而弗内：曼姑，卫灵公少子郢。灵公世子蒯聩与灵公夫人南子不合，欲弑南子失败，被赶出国。灵公与南子欲立曼姑，曼姑对此拒绝，最终推立蒯聩之子辄即位，是为卫出公。

译文

器物依从所属之地名，土地依从主人就叫作制度。权变的开端，不可不明辨。权变虽然不符合常理，也一定要在可以这样做的范围之内。不在可以这样做的范围内的，即使死亡，最终也不去做，公子目夷就是这样的。所以诸侯父子兄弟不应立为君而立为君的，《春秋》看待他与应该立位的君没有区别。这都在可以这样做的范围之内。至于鄫国娶莒女为夫人，还以其外孙为嗣君，就视为“莒国灭亡鄫国”，因为这不在可以这样做的范围内。因此诸侯的行为在不可以这样做的范围内的，叫作大德，大德不能超过界限的，叫作遵守常道。诸侯在可以这样做的范围内的，叫作小德，小德有些出入是可以的。权变有一些诡于正道，但还是要归于遵奉正道。所以《春秋》的记事原则，是广博而精要，详尽而又返于简约。公子目夷践履对襄公的答复，始终没将国家交给楚国；祭仲已将国君之位交给公子忽，后来又改变主意；晋国的荀息至死不听里克的意见；卫国曼姑拒绝蒯聩，不接纳他回国。这四位臣子事迹虽不同但想法却相同，道理是一样的。目夷不将国土交给别国，是以宗庙为重；祭仲将君位给了别人，也是以宗庙为重；荀息随新君而死，是以先君的命令为宝贵；曼姑拒绝蒯聩，也是从先君的命令为宝贵。行为虽然相反，目的却相同，都是为了守护宗庙、遵奉先帝的命令。问难的人说：公子目夷、祭仲的所为，都是为了事奉国君，称赞他们是可以的。荀息、曼姑并没有做到，他们想要依恃的人都是不宜立为国君的，怎么还被记载为义呢？回答说：《春秋》记事的原则，君主立了不该立的，不记载，大夫立了不该立的国君就记载。记载，是因为不许可大夫立了那些不该立的人为国君。不记载，是因为许可国君可以确立继承人。国君立了不该立的人，不对。但既然立了之后，大夫遵奉他才是正确的，因此荀息、曼姑的行为可以被称为义。

难纪季[1]曰：《春秋》之法，大夫不得用地[2]。又曰：公子无去国之义。又曰：君子不避外难。纪季犯此三者，何以为贤？贤臣故[3]盗地以下敌，弃君以避难乎？曰：贤者不为是。是故托贤于纪季，以见季之弗为也。纪季弗为而纪侯使之可知矣。《春秋》之书事时，诡其实以有避也。其书人时，易其名以有讳也。故诡晋文得志之实，以代[4]讳避致王也。诡莒子号谓之人[5]，避隐公也。易庆父[6]之名谓之仲孙，变盛谓之成[7]，讳大恶也。然则说《春秋》者，入则诡辞[8]，随其委曲而后得之。今纪季受命乎君而经书专，无善一名而文见贤，此皆诡辞，不可不察。《春秋》之于所贤也，固顺其志而一其辞，章其义而褒其美。今纪侯《春秋》之所贵也，是以听其入齐之志，而诡其服罪之辞也，移之纪季。故告籴[9]于齐者，

实庄公为之，而《春秋》诡其辞，以予臧孙辰。以酅[10]入于齐者，实纪侯为之，而《春秋》诡其辞，以予纪季。所以诡之不同，其实一也。难者曰：有国家者，人欲立之，固尽不听，国灭，君死之，正也，何贤乎纪侯？曰：齐将复仇，纪侯自知力不加而志距[11]之，故谓其弟曰："我宗庙之主，不可以不死也。汝以酅往，服罪于齐，请以立五庙[12]，使我先君岁时有所依归。"率一国之众，以卫九世之主[13]。襄公逐之不去，求之弗予，上下同心而俱死之。故谓之"大去"。《春秋》贤死义，且得众心也，故为讳灭。以为之讳，见其贤之也。以其贤之也，见其中仁义也。

注释

1 纪季：纪哀侯之弟。公元前690年，齐国军队攻破纪国都城。纪哀侯将剩下的国土交给纪季，出国逃亡。纪季以纪国的酅地投降齐国，做了齐国的附庸，纪国最终灭亡。2 用地：疑应为"专地"。3 故：本来。4 代：疑应为"狩"。5 诡莒子号谓之人：《春秋》隐公八年载"公及莒人盟于包来"。《公羊传》认为称莒子为莒人，是为避讳隐公行事不当，诸侯大国不与鲁国结盟，而隐公只能与微小的国家结盟。6 庆父：鲁庄公弟。《春秋》闵公元年："冬，齐仲孙来。"庆父又称仲庆父，或孟孙，是后来鲁三家之一，孟孙氏的始祖。称庆父为齐国之仲孙，是不把他当鲁国人了，表示谴责。7 变盛谓之成：《春秋》庄公八年："师及齐师围成，成降于齐师。"据《公羊传》，成本为盛，亦作"郕"，是姬姓诸侯国。改盛称成是为避讳鲁国灭了同姓诸侯国。8 诡辞：不如实说出，而改换一个说法，即诡辞。一般认为，《春秋》这种诡辞的实际含义，在《春秋》经传的传承过程中是由老师和弟子口耳相传的。9 籴（dí）：买进粮食。10 酅（xī）：春秋纪国邑名，在今山东青州西北。11 距：通"拒"，抵抗。12 五庙：按照礼制，诸侯立五庙，祭祀五代先祖，包括二昭、二穆、太祖，即父、祖、曾祖、高祖、始祖之庙。13 卫九世之主：齐襄公攻打纪国，借口是为其九世祖复仇，则纪侯抵抗，就是为了捍卫九世祖庙之主，即九世祖先。

译文

有人以纪季问难说：《春秋》的记事原则，大夫不能擅用国土。又说：公子依礼义不能离开国家。又说：君子不能躲避外患入侵。纪季违反了这三条礼义，为什么还称他为贤者？贤臣本可以盗用国土以讨好敌国，抛弃国君以躲避患难吗？回答说：贤德之人不做这样的事情。所以是把贤德的名声寄托在纪季身上，以此表明纪季不会做这样的事。纪季不会做就可以知道是纪侯让他做的了。《春秋》记事时，会诡变事实来避讳一些事情。在记人时，会诡变他的名字来避讳。因此诡变晋文公心怀称霸之志的实际，用天子前往狩猎代替晋文公召唤天子的事实。诡称莒子的称号而说是莒人，是为了替隐公避讳。变称庆父的名字而叫他仲孙，变称盛地为成地，都是避讳大恶的事。然而研究《春秋》的人，在刚刚入门时就要注意避讳的写法，随着事件的委曲变化就可以弄清它的含义了。现在纪季是从国君那里接受使命，而经书上记他擅自献地，没有美善的名声，在行文中却体现出赞美的意思，这些都是诡辞，不可不辨明。《春秋》对它认为贤的，一定依顺它的心志而统一用辞，来表彰他们的道义并褒扬他们的美德。现在纪侯是《春秋》看重的人，所以就听任他进入齐国的愿望，而用诡辞避讳他服罪的实辞，将责任转到纪季身上。因此到齐国买粮，实际上是庄公要做的，可是《春秋》用诡辞，将责任转给臧孙辰。把酅地带到齐国，实际上是纪侯要做的，可是《春秋》用诡辞，将责任转给纪季。这些诡辞避讳的内容不同，但实质是相同的。问难的人说：有国的人，人们要立他为国君，该坚决不听从人们的意见，国家被消灭了，国君要为国而死，这就是正确的做法，纪侯凭什么被称为贤呢？回答说：齐国要复仇，纪侯自知国力不敌齐国内心却想抵御，所以对他的弟弟说："我是国家的国君，不可以不为国而死。你带着酅地前往，向齐国服罪，请求能建立五庙，让我们先君每年能得到祭祀。"带领一国的兵众，来护卫九代神主。齐襄公驱赶他也不离去，要求他将纪国交给齐国又不同意，上下齐心而共同为国而死，所以称为"伟大的灭亡"。《春秋》认为纪侯为道义而死是贤德的，而且还深得民众之心，所以为纪国灭亡避讳。用为纪侯避讳，展现他的贤德。用他的贤德，展现他的仁义。

精华第五

导读

本篇详述《春秋》对于名号用辞的严谨规则，这一严格的标准固然是为确保礼制的确定性和权威性，但董仲舒却同时提出，义才是礼制背后更为根本的原则，因此，哪怕驱逐天子，拒绝父亲的命令和母亲的嘱托都不算是不敬尊长，不算违礼。凸显了将仁义的抽象原则作为根本价值标准，以仁义原则统摄现实政治秩序的哲学精神。文中再次强调经权的判断标准在于仁义，在于是否合乎道，以及《春秋》贵志的思想。本篇还提到国君不知重用贤臣的后果，意在强调君主应当识贤任贤，强调君臣的共生关系，而非臣子的单向、绝对义务。

《春秋》慎辞，谨于名伦等物[1]者也。是故小夷言伐而不得言战，大夷言战而不得言获，中国言获而不得言执，各有辞也。有小夷避大夷而不得言战，大夷避中国而不得言获，中国避天子而不得言执，名伦弗予，嫌于相臣之辞也。是故大小不逾等，贵贱如其伦，义之正也。

大雩者何？旱祭也。难者曰：大旱雩祭而请雨，大水鸣鼓而攻[2]社，天地之所为，阴阳之所起也。或请焉，或怒焉者何？曰：大旱者，阳灭阴也。阳灭阴者，尊厌[3]卑也，固其义也，虽大甚，拜请之而已，敢有加也。大水者，阴灭阳也。阴灭阳者，卑胜尊也，日食亦然，皆下犯上，以贱伤贵者，逆节也，故鸣鼓而攻之，朱丝而胁之[4]，为其不义也。此亦《春秋》之不畏强御也。故变天地之位，正阴阳之序，直行其道而不忘[5]其难，义之至也。是故胁严社而不为不敬灵，出天王而不为不尊上，辞父之命而不为不承亲[6]，绝母之属[7]而不为不孝慈，义矣夫。

注释

1 名伦等物：名，命名、制定名称。伦，人伦。名伦，就人伦价值的贵贱来制定名称。等，划分等级。物，事物。等物，就事物的大小划分等级。2 攻：责备过失。一说，应作“劫”，胁迫。3 厌：通“压”。4 朱丝而胁之：朱丝，红色的丝绳，红色象征阳气。指用红色丝绳围绕社庙，以抑制阴气。5 忘：疑作“畏”。6 辞父之命而不为不承亲：承，顺承。辞拒父亲的命令不算不顺承父亲。应指《玉英》篇所引卫曼姑受灵公命，立蒯聩子辄，辄拒纳其父蒯聩归国事。7 属：通“嘱”，嘱咐。

译文

《春秋》慎于用辞，严谨地依人伦的贵贱来制定名号，就事物的大小划分等级。所以对小的夷国说“伐”而不能说“战”，对大的夷国说“战”而不能说“俘获”，对中原各国说“俘获”却不能说“拘执”，各有不同的用辞。另外，小的夷国回避大的夷国不能说“战”，大的夷国回避中原各国不能说“俘获”，中原各国回避周天子不能说“拘执”，《春秋》在人伦名号上不赞许混淆乱用，因为有（尊者与卑者）相互臣服的嫌疑。因此大与小不可以逾越等级，贵与贱符合伦类，这是中正的礼义。

大雩是为什么呢？是干旱时节祈雨的祭祀。辩难的人说：遇到大旱就举行雩祭来求雨，洪水来临就击鼓来攻责社神，干旱、下雨是天地的作为，是阴阳二气的作用而出现的。有的向上天请求，有的却向社神怒责，这是为什么？回答说：大旱出现，是阳气消灭了阴气。阳气消灭了阴气，就是尊贵压抑了卑微，本来是合理的，虽然太过了，也只能拜请上天而已，怎敢有过分的行为。有大洪水出现，是阴气灭掉了阳气。阴气灭掉了阳气，就是卑下战胜了尊贵，日食也是这样，都是以下犯上，以贱伤贵，是悖逆于节度的，所以要击鼓攻责，用红丝线围绕来威胁它，因为它的行为不合道义。这也是《春秋》不畏惧强大势力的表现。所以改变天地的位置，端正阴阳的次序，正直地实行道义而不畏惧灾难，是义的最高表现。所以威胁庄严的社神不是不恭敬神灵，驱逐天子不是不尊重君上，拒绝父亲的命令不能算作不顺承父亲，拒绝母亲的嘱咐不能算作不孝顺母亲，这就是义。”

难者曰：《春秋》之法，大夫无遂[1]事。又曰：出境有可以安社稷、利国家者，则专之可也。又曰：大夫以君命出，进退在大夫也。又曰：闻丧徐行而不反[2]也。夫既曰无遂事矣，又曰专之可也。既曰进退在大夫矣，又曰徐行而不反也。若相悖然，是何谓也？曰：四者各有所处。得其处则皆是也，失其处则皆非也。《春秋》固有常义，又有应变。无遂事者，谓平生安宁也。专之可也者，谓救危除患也。进退在大夫者，谓将率用兵也。徐行不反者，谓不以亲害尊，不以私妨公也。此之谓将得其私，知其指。故公子结受命往媵陈人之妇，于鄄，道生事，从齐桓盟，《春秋》弗非，以为救庄公之危。[3]公子遂受命使京师，道生事之晋，[4]《春秋》非之，以为是时僖公安宁无危。故有危而不专救，谓之不

忠；无危而擅生事，是卑君也。故此二臣俱生事，《春秋》有是有非，其义然也。

注释

1 遂：擅成其事，即擅作主张为事。2 闻丧徐行而不反：闻丧，听到父母的丧事。徐行，缓步而行，不忍快行。指大夫出使时如听到父母之丧只能放慢行程而不可返回奔丧。3“故公子结”至“救庄公之危”：媵（yìng），陪嫁的人。春秋时，诸侯娶于一国，二国以庶出之女陪嫁，即媵。鄄（juàn），卫国地名，在今山东鄄城西北。鲁庄公十九年，陈宣公娶卫国之女，鲁国以女陪嫁，公子结出使送女，行至鄄地时听说齐侯、宋公欲伐鲁，自作主张令他人送女，自己假托庄公之命跟齐国会盟，解除了鲁国的危险。4“公子遂”至“之晋”：公子遂，鲁国大夫。鲁僖公派他出使周朝都城，却在途中擅自做主访问了晋国。

译文

辩难的人说：按照《春秋》的原则，大夫没有可以自己擅作主张的事。但是又说：出到国境之外如果有能使社稷安定、有利国家的事情，擅自决定是可以的。又说：大夫奉了国君的使命出外作战，前进、后退由大夫决定。又说：出使途中听到父母的丧事可以放慢行路速度，但不要返回。既然说大夫没有可以擅作主张的事，又说可以擅自决定。既然说前进、后退由大夫决定，又说放慢行路速度但不许返回。这些好像是互相违背的，这是什么道理？回答说：这四种情况各有不同的处境。合乎其处境的就都对，不合乎处境的就全错。《春秋》本来有经常不变的原则，又有应变权宜的规则。大夫不能擅自做主是说平常安宁无事的时候。自己可以擅自决定，是说拯救危机去除患难的时候。前进、后退由大夫决定，是说将领在外用兵。放慢行路速度但不返回奔丧，是说不因为自己亲人的事妨害国君的命令，不因私事妨害公事。这就是说要以自己的想法做事，就要了知事情的要旨。因此，鲁大夫公子结受庄公之命送鲁女给陈侯之妻作陪嫁人，到鄄地，半路擅自做了一件事，代表鲁国跟齐桓公盟誓，《春秋》不认为他有错，因为这把鲁庄公从危难中拯救出来了。公子遂接受使命出使周朝，半路自作主张去了晋国，《春秋》认为他是错的，因为这个时候鲁僖公安宁没有危难。所以国家有了危难大夫不自己做主决定事情去拯救，叫作不忠；国家没有危难却擅自找事，这是轻视国君。所以这两个人都是擅自决定事情，《春秋》有的肯定有的否定，它的道理就是如此。

齐桓挟贤相之能，用大国之资，即位五年，不能致一诸侯。于柯之盟[1]，见其大信，一年而近国之君毕至，鄄、幽之会[2]是也。其后二十年之间亦久矣，尚未能大合诸侯也。至于救邢、卫之事[3]，见存亡继绝之义，而明年远国之君毕至，贯泽、阳谷之会[4]是也。故曰亲近者不以言，召远者不以使，此其效也。其后矜[5]功，振而自足，而不修德，故楚人灭弦[6]而志弗忧，江、黄伐陈[7]而不往救，损人之国而执其大夫[8]，不救陈之患而责陈不纳，不复安郑，而必欲迫之以兵，功未良成而志已满矣。故曰："管仲之器小哉[9]！"此之谓也。自是日衰，九国叛矣。

注释

1 柯之盟：柯，齐地，今山东阳谷阿城。《春秋》庄公十三年："冬，公会齐侯盟于柯。"此次会盟，齐桓公为鲁大夫曹刿所迫，承诺将汶阳之田归还鲁国，之后在管仲劝说下没有反悔撕破承诺，而得到诸侯信任。2 鄄、幽之会：鄄，卫地，今山东鄄城。齐桓公七年，与宋、郑等四国会盟于鄄。幽，宋地，在今河南兰考。齐桓公八年，与宋、卫等多国会盟于此。3 救邢、卫之事：齐桓公二十七年，出兵驱逐北狄，救助邢国；二十八年，在卫国楚丘筑城，帮助卫国防守。4 贯泽、阳谷之会：贯泽，宋地，在今山东曹县南。阳谷，齐地，即今山东阳谷。齐桓公二十八年、二十九年先后与诸侯在二地结盟。5 矜：夸耀，自傲。6 楚人灭弦：弦，嬴姓（一说隗姓）小国，在今河南潢川西南。鲁僖公五年，楚成王灭弦。7 江、黄伐陈：事见鲁僖公四年。江、黄皆嬴姓小国，江国在今河南息县西南，黄国在今河南潢川西。8 损人之国而执其大夫：《春秋》鲁僖公四年："齐人执陈辕涛涂。"齐人拘执陈国大夫辕涛涂，因为他不让齐军经过陈国，而令其沿海经行，结果齐军陷入大泽。9 管仲之器小哉：见《论语·八佾》载孔子评管仲语。

译文

齐桓公凭借贤相管仲的才能，利用大国的资源，即位五年不能使诸侯归服。直至在柯地与鲁庄公结盟，诸侯们见到他有极高的信用，只用一年的时间，临近各国的国君都来朝见，参加鄄地、幽地的盟会。在此之后二十年，时间可以说很久了，还是不能会合全部诸侯。直到齐桓公救援邢国、卫国的事，显现出他存亡继绝的道义，因而第二年远方各国的诸侯全都来齐国朝见，参加贯泽、阳谷的盟会。所以说让临近的人归附不是用言语，让远方的人归附不是靠使者，这就是效验。此后，桓公恃功自傲，振威自满，却不再修行德政，所以楚国灭亡弦国他心里不知道忧虑，江国、黄国攻打陈国他也不去救援，损害了别人的国家而拘执他们的大夫，不救援陈国的灾祸而责备陈国不让齐国军队过境，不使郑国恢复安定，而一定要用军队威逼它，功业还没有完成，志向却已经自满了。所以（孔子）说："管仲的心胸太小了！"说的就是这个意思。自此之后，齐国一天天衰落，九个诸侯国都背叛了它。

《春秋》之听狱[1]也，必本其事而原其志。志邪者不待成，首恶者罪特重，本直者其论轻。是故逄丑父当斫[2]，而辕涛涂不宜执，鲁季子追庆父[3]，而吴季子释阖庐[4]。此四者罪同异论，其本殊也。俱欺三军，或死或不死；俱弑君，或诛或不诛。听讼折狱，可无审耶！故折狱而是也，理益明，教益行。折狱而非也，暗理迷众，与教相妨。教，政之本也。狱，政之末也。其事异域，其用一也，不可不以相顺，故君子重之也。

注释

1 听狱：主持诉讼。狱，诉讼、打官司。2 逄丑父当斫：注见《竹林》篇。3 鲁季子追庆父：鲁季子，即季友，鲁国大臣，庆父之弟。《公羊传》闵公二年："公薨何以不地？隐之也。何隐尔？弑也。孰弑之？庆父也。杀公子牙，今将尔，季子不免。庆父弑二君，何以不诛？将而不免，遏恶也。既而不可及，缓追逸贼，亲亲之道也。"庆父弑君，季子追之缓慢，是出于亲亲的原则，不忍追之。4 吴季子释阖庐：吴季子，季札，吴王寿梦之子。阖庐，即吴王阖闾。阖闾刺杀吴王僚事见《玉英》篇注。季札反对刺杀，但也不追究阖闾之罪。

译文

《春秋》判决诉讼，一定根据事实而推究当事人的心志。心志邪恶的不必等他完成罪行，为首做恶的罪行就特别重大，原本内心正直的，论罪就要从轻。所以逄丑父应该杀头，而辕涛涂不该被拘捕，鲁季子放慢速度追捕其兄庆父，吴季子赦免阖闾。这四个人罪过相同但论罪有差异，因为原因不同。都是欺诈三军，有的当处死，有的不当处死；都是杀死国君，有的应当诛杀，有的不应当诛杀。判决诉讼，怎么能不审慎呢！所以判决诉讼正确，道理就愈加明朗，教化就愈发顺畅。判决诉讼不正确，就会遮蔽道理使大众迷惑，就会妨碍教化。教化，是政治的根本。诉讼，是政治的末节。它们虽然属于不同领域，作用却是相同的，不可以不相互顺应，所以君子对此十分重视。

难晋事者曰：《春秋》之法，未逾年之君称子，盖人心之正也。至里克杀奚齐，避此正辞而称君之子，[1]何也？曰：所闻《诗》无达诂，《易》无达占，《春秋》无达辞，从变从义，而一以奉人。仁人录其同姓之祸，固宜异操[2]。晋，《春秋》之同姓也。骊姬一谋而三君死之[3]，天下之所共痛也。本其所为为之者，蔽于所欲得位而不见其难也。《春秋》疾其所蔽，故去其正辞，徒言君之子而已。若谓奚齐曰：嘻嘻！为大国君之子，富贵足矣，何必以兄之位为欲居之，以至此乎云尔。录所痛之辞也。故痛之中有痛，无罪而受其死者，申生、奚齐、卓子是也。恶之中有恶者，己立之，己杀之，不得如他臣之弑君者，齐公子商人[4]是也。故晋祸痛而齐祸重。《春秋》伤痛而敦[5]重，是以夺晋子继位之辞与齐子成君之号，详见之也。

注释

1“至里克”至“君之子”：里克杀奚齐事见《玉英》篇注。《春秋》僖公九年：“冬，晋里克弑其君之子奚齐。”《公羊传》云：“此未逾年之君，其言弑其君之子奚齐何？杀未逾年君之号也。”以奚齐即位未满一年，故称“君之子”。2 异操：意同“异科”，不同的科条用辞。3 骊姬一谋而三君死之：骊姬，晋献公宠妃，奚齐之母。三君，指申生、奚齐、卓子等三公子。骊姬挑拨献公与申生之间的关系，申生被逼自杀。里克杀奚齐及卓子。4 齐公子商人：齐桓公之子，昭公之弟。后杀昭公之子而自立，是为齐懿公。5 敦：《说文》：“怒也，诋也。一曰谁何也。”

译文

辩难晋国之事的人说：《春秋》记事规则，国君去世未满一年，即位的新君称作子，这合乎人正常的孝心。至于里克杀死奚齐，却回避这样正常的用辞而称君之子，为什么？回答说：我听说《诗经》没有适用于所有诗篇的训解，《易经》没有适合所有卦爻的卜辞，《春秋》也没有适用于一切事情的用辞。无论是使用权变还是依从原则，都一概因人而异。仁者记录同姓国家的祸患，本来就应该使用特异的言辞。晋国，是《春秋》所记鲁国的同姓国家，骊姬一个阴谋害死三个国君，是天下共同痛心的。根据行为推究其本来目的，只是被自己所要得到的地位蒙蔽而不能看到其中的祸患。《春秋》痛恨他所受的蒙蔽，所以不使用正常的用辞（称奚齐为子），只称他为君之子而已。好像是对奚齐说：唉！作为大国的国君之子，财富尊贵已经足够了，何必一定要与兄长争夺君位，以至于到这个地步呢？《春秋》记录下了痛心的言辞。所以在痛心中更痛心的，没有罪过却要遭受杀戮的，申生、奚齐、卓子就是这样的人。罪恶中更具罪恶的，自己立人为君，自己又亲手杀了他，和别人弑君的犹有不同，齐公子商人就是这样的人。所以晋国的灾祸令人痛心而齐国的灾祸惨重。《春秋》为令人痛心的哀伤而怒斥惨重的，所以褫夺晋公子继位的用辞和齐公子即位为君的名号，详尽地表现了他们的过失。

古之人有言曰：不知来，视诸往。今《春秋》之为学也，道往而明来者也。然而其辞体天之微，故难知也。弗能察，寂若无；能察之，无物不在。是故为《春秋》者，得一端而多连之，见一空[1]而博贯之，则天下尽矣。鲁僖公以乱即位[2]，而知亲任季子。季子无恙之时，内无臣下之乱，外无诸侯之患，行之二十年，国家安宁。季子卒之后，鲁不支邻国之患，直乞师楚[3]耳。僖公之情非辄不肖而国衰益危者，何也？以无季子也。以鲁人之若是也，亦知他国之皆若是也。以他国之皆若是，亦知天下之皆若是也。此之谓连而贯之。故天下虽大，古今虽久，以是定矣。以所任贤，谓之主尊国安。所任非其人，谓之主卑国危。万世必然，无所疑也。其在《易》曰："鼎折足，覆公𫗧。"[4]夫"鼎折足"者，任非其人也。覆公𫗧者，国家倾也。是故任非其人而国家不倾者，自古至今未尝闻也。故吾按《春秋》而观成败，乃切悁悁[5]于前世之兴亡也。任贤臣者，国家之兴也。夫知不足以知贤，无可奈何矣。知之不能任，大者以死亡，小者以乱危，其若是何邪？以庄公不知季子贤邪？安知病将死，召而授以国政。[6]以殇公为不知孔父贤邪？安知孔父死，己必死，趋而救之。[7]二主知皆足以知贤，而不决，不能任。故鲁庄以危，宋殇以弑。使庄公早用季子，而宋殇素任孔父，尚将兴邻国，岂直免弑哉。此吾所悁悁而悲者也。

注释

1 一空：即"一孔"，一个小的道理或事物。2 鲁僖公以乱即位：鲁庄公死后，鲁国陷入庄公之弟庆父等人的夺权立嗣之争，经两年之久，即位的闵公与参与夺权的庆父、公子般、叔牙等人先后身死，僖公在庄公之弟季子即季友的辅佐下回国即位。3 鲁不支邻国之患，直乞师楚：《春秋》僖公二十六年："夏，齐人伐我北鄙。卫人伐齐。公子遂如楚乞师。"4 鼎折足，覆公𫗧（sù）：见《易·鼎卦》九四爻辞"鼎折足，覆公𫗧，其形渥，凶"。鼎，本为食器，后为朝堂重器。𫗧，鼎中的食物。渥，厚。5 悁悁（yuān yuān）：忧闷的样子。6"以庄公"至"授以国政"：鲁庄公临终前将僖公托付给季子。7"以殇公”至“趋而救之”：孔父，宋卿孔父嘉，孔子六世祖。《公羊传》：“督将弑殇公，孔父生而存，则殇公不可得而弑也，故于是先攻孔父之家。殇公知孔父死，己必死，趋而救之，皆死焉。”

译文

古人有这样的说法：不能预知未来的事情，可以观察过去的事情。现在《春秋》所研究的，是述说往昔史事以昭示未来。然而《春秋》的用辞体察天命的隐微，所以难于了解。天命如果不能察知，就寂静得如同没有一样；如果能够察知，就会知道没有事物不在其中的。所以写《春秋》的人，从事物的一端就可以联系起多方面，发现一个细微的道理就可以广泛贯通，这样天下事物的道理尽都包括在其中了。鲁僖公在国家动乱时继承君位，知道亲任贤臣季子。季子在世时，在内没有臣下的叛乱，在外没有诸侯侵扰的忧患，实行治理二十年，国家安宁。季子去世之后，鲁国对邻国侵扰自己的忧患就已不能支撑，乃至要向楚国请求救兵。鲁僖公的实情并不是不肖，可是国家却衰落而越来越危险，这是为什么呢？因为没有季子的缘故。根据鲁国的这种情况，也可以知道别的国家也都是如此。根据别的国家的这种情况，也可以知道整个天下全都如此。这就是所说的联系起来贯通万物。所以天下虽然广大，古今虽然久长，由这种方法都可以推定。因为所任用的人贤能，就会君主尊贵国家安定。所任用的人选不当，就会君主卑微国家危险。万世皆是如此，没有什么可怀疑的。这在《易经》中叫做：“鼎足折断了，倾覆了鼎中食物。”“鼎足折断”，就是任用了不当的人选。“倾覆了鼎中食物”，就是国家倾覆了。因此，任用了不当之人而国家不倾覆的，从古至今从来没听说过。所以我们考察《春秋》来观察事情成败，就会深切忧虑前世的兴亡。任用贤能之人，就是国家的兴盛。智慧如果不足以辨知贤能之人，也就无可奈何了。知道谁是贤人却不能任用，大了会导致国家灭亡，小了会导致国家动乱，为什么会这样呢？以为鲁庄公不知道季子贤能吗？那他怎么知道自己病到要死的时候，召来季友把国家政权交给他。以为宋殇公不知道孔父贤能吗？为什么他知道孔父死去，自己一定也会死去，因此跑去挽救他。上面两位君主的智力足可以辨知贤人，却不能下定决心，不能任用贤能。所以鲁庄公陷入危险，宋殇公则被杀害。假使庄公早一点任用季子，宋殇公平时就任用孔父，还可以令邻国兴盛，哪里仅仅是让自己免于被杀呢？这是我所深深忧虑并且感到悲哀的。

王道第六

导读

本篇集中阐发公羊学视域中《春秋》所蕴含的王道理念，在董仲舒这里，王道即王者当行之道，全文以贵元正本开始，意即王者为万民之首，王者行为端正，始能令天下有道。文中举桀纣及春秋乱礼之事，《春秋》皆书灾异以刺恶讥微，揭示春秋时期所谓“弑君三十二，亡国五十二”乱象的因由。详细举例说明《春秋》用辞笔法的诛绝讥刺之意，彰显其“纪纤芥之失，反之王道”的根本用意，更以梁亡，虞灭，以及楚灵、鲁庄等事，进一步指出王道的根本内核在于行道爱民。

《春秋》何贵乎元而言之？元者，始也。言本正也。道，王道也。王者，人之始也。[1] 王正则元气和顺、风雨时、景星[2]见、黄龙下。王不正则上变天，贼气[3]并见。五帝三王之治天下，不敢有君民之心。什一而税[4]。教以爱，使以忠，敬长老，亲亲而尊尊，不夺民时，使民不过岁三日[5]。民家给人足，无怨望忿怒之患，强弱之难，无谗贼妒疾之人。

注释

1 王者，人之始也：王道是人道的开始。王者接受天命，理顺人伦。2 景星：星名。《史记·天官书》云：“天精而见景星。景星者，德星也，其状无常，常出于有道之国。”《正义》中说：“景星……见则人君有德，明圣之庆也。”3 贼气：指四季的时气错乱。国家政治败坏，就会出现贼气。《管子·四时》：“是故春凋秋荣，冬雷夏有霜雪，此皆气之贼也。”4 什一而税：征收十分之一田亩的赋税。5 使民不过岁三日：即轻徭役。政府征发徭役，一年不超过三天。

译文

《春秋》为什么重视元而讨论它呢？元，是开始的意思。就是说根本性的东西要端正。道，就是王道。王道，是人道的开始。王者如果所行端正，元气就和谐顺畅，风雨都会依时而降，景星会出现，黄龙降于人间。王者如果所行不正，就会使上天变化，贼气到处出现。五帝三王治理天下时，不敢存有君临百姓的思想。只收十分之一田亩的税。以仁爱之心教化人，以忠诚之心役使人，尊敬长辈和老人，亲爱亲人，尊敬尊贵的人，不侵夺百姓农耕的时间，使役百姓每年不超过三天。百姓家家衣食富足，没有怨恨愤怒的忧患，没有恃强凌弱的灾难，没有中伤别人和嫉妒别人的人。

民修德而美好，被发衔哺而游，不慕富贵，耻恶不犯。父不哭子，兄不哭弟。毒虫不螫，猛兽不搏，抵虫[1]不触。故天为之下甘露，朱草生，醴泉出，风雨时，嘉禾兴，凤凰麒麟游于郊。囹圄[2]空虚，画衣裳而民不犯[3]。四夷传译而朝[4]。民情至朴而不文。郊天祀地[5]，秩山川[6]，以时至，封于泰山，禅于梁父。[7]立明堂[8]，宗祀先帝，以祖配天，天下诸侯各以其职来祭。贡土地所有，先以入宗庙，端冕盛服而后见先。德恩之报，奉先之应也。

注释

1 抵虫：凶猛的鸟。2 囹圄：监狱。3 画衣裳而民不犯：民众触犯了法律，不处以刑罚，只是在衣服上做些标记表示惩罚，民众反而不犯罪。4 四夷传译而朝：四方的人通过翻译来朝见。5 郊天祀地：郊祭上天，祭祀土地。6 秩山川：秩，排定次序。天子要排定一年中祭祀四方山神和川神的次序。7 封于泰山，禅于梁父：封，指堆泥土筑成祭坛。禅，指把地打扫干净以举行祭祀。梁父，亦作梁甫，是泰山下面的山。封于泰山、禅于梁父，即在泰山、梁父筑坛祭天。帝王来此举行封禅大典，向上天报告他的功绩。8 明堂：太庙，天子祭祀祖先之处。一说，为天子布政之宫。

译文

百姓都修养德行，因而人格美好，披散头发口中衔着食物四处游玩，人们不羡慕富贵，以罪恶为耻而不会去犯。父亲不因孩子夭亡而哭泣，兄长也没有弟丧的哀哭。毒虫不螫害人，猛兽不搏杀人，凶猛的鸟类也不触犯人。因此上天为人类降下甘露，朱草生出，醴泉涌出，风雨应时而降，嘉禾旺盛生长，凤凰麒麟游于郊外。监狱空无一人，只要在衣服上画个记号（表示惩戒），百姓就不再触犯刑律。四方之人都通过翻译前来朝见。民情纯朴而不事虚文。祭祀天地，排列祭祀山川的顺序，按时前往泰山、梁父祭祀天地。修建明堂，祭祀先代帝王，用祖先配祀上天，天下诸侯依据各自的职位前来祭祀。贡奉自己领土出产的东西，先拿进宗庙，戴礼帽着盛服然后拜见祖先。上天回报以恩德，这是对尊奉祖先的回应。

桀纣皆圣王之后，骄溢妄行。侈宫室，广苑囿，穷五采之变，极饬材之工，困野兽之足，竭山泽之利，食类恶[1]之兽。夺民财食，高雕文刻镂之观，尽金玉骨象之工，盛羽旄[2]之饰，穷白黑之变。深刑妄杀以陵下，听郑卫之

音，充倾宫[3]之志，灵虎兕文采之兽。以希见之意[4]，赏佞赐谗。以糟为丘，以酒为池。孤贫不养，杀圣贤而剖其心，生燔人闻其臭[5]，剔孕妇见其化[6]，斫朝涉之足察其拇[7]，杀梅伯以为醢[8]，刑鬼侯[9]之女取其环。诛求无已。天下空虚，群臣畏恐，莫敢尽忠，纣愈自贤。周发兵，不期会于孟津者八百诸侯，共诛纣，大亡天下。《春秋》以为戒，曰："蒲社灾[10]。"

注释

1 类恶：凶恶。类，戾也。2 羽旄：用雉羽、牦牛尾装饰的旌旗。3 倾宫：占地一顷的宫室，形容非常宽广。4 以希见之意：希见，罕见。意，字疑有误。5 生燔人闻其臭：燔，烧、烤。臭，气味。6 剔孕妇见其化：剔，分解骨肉。化，腹中胎儿的变化情况。7 斫朝涉之足察其拇：朝涉，早上渡河的人。拇，大脚趾。8 杀梅伯以为醢：梅伯，商纣王时期的诸侯。醢，肉酱。9 鬼侯：商纣王时期的诸侯，也作九侯。10 蒲社灾：蒲，商代都城，今河南商丘，一作薄，或作亳。社，社庙，祭祀土地神之处。古代建国都，要先建社庙，殷商都城在蒲，故称蒲社。蒲社灾，事见《春秋》哀公四年。

译文

桀、纣都是圣王的后代，却骄傲自满，恣意妄行。建立奢侈的宫室，扩大养鸟兽的园林，宫室用尽了五彩的颜料，装饰雕刻也做到极致，把野兽关在笼子里，竭尽山泽的物产，食用凶猛的野兽。掠夺百姓的财产和食物，修建高大而又精雕细刻的楼观，用尽黄金、美玉、兽骨、象牙之类的精巧工艺，用雉羽和牦牛尾装饰华丽的旌旗，穷尽色彩的变化。加重刑罚、随意杀人以欺凌臣下，听郑国、卫国的靡靡之音，用女子充斥庞大的宫室，园中畜养老虎犀牛等带花纹的灵奇之兽。用稀有之物，赏赐花言巧语和诽谤别人的人。用酒糟堆成山丘，用酒注满水池。不养活孤寡贫困的人，屠杀圣贤并剖出他们的心肝，炮烙活人来闻被烧的气味，剖开孕妇的肚子观察胎儿的发育过程，砍断早晨过河人的脚观察他的大脚趾，杀死梅伯并将其剁成肉酱，杀死鬼侯的女儿取走她服下的玉环。诛杀索求不停。天下空虚，群臣都恐惧不已，没有人敢对他尽忠劝谏，纣王反而越来越以为自己贤能。周武王发兵讨伐，不料在孟津会合了八百名诸侯，一同讨伐纣王，纣王失去了天下。《春秋》以此为戒，说："蒲社发生火灾。"

周衰，天子微弱，诸侯力政，大夫专国，士专邑，不能行度制法文[1]之礼。

诸侯背叛，莫修贡聘，奉献天子。臣弑其君，子弑其父，孽杀其宗[2]，不能统理，更相伐锉以广地。以强相胁，不能制属。强奄[3]弱，众暴寡，富使贫，并兼无已。臣下上僭，不能禁止。日为之食，星賈[4]如雨，雨螽，沙鹿崩[5]。夏大雨水，冬大雨雪，賈石于宋五，六鹢退飞。[6]賈霜不杀草，李、梅实。[7]正月不雨，至于秋七月。地震，梁山崩，壅河，三日不流。昼晦。彗星见于东方，孛于大辰[8]。鹳鹆来巢[9]。《春秋》异之，以此见悖乱之征。孔子明得失，差贵贱，反王道之本。讥天王以致太平。刺恶讥微，不遗小大，善无细而不举，恶无细而不去，进善诛恶，绝诸本而已矣。

注释

1 法文：文，指周文王。法文，即效法文王。2 孽杀其宗：孽，庶子、妾所生之子。宗，宗子、嫡长子。3 奄：压迫。4 賈（yǔn）：通“陨”，坠落。5 沙鹿崩：沙鹿，城邑名，在今河北大名东。《春秋》僖公十四年：“秋，八月辛卯，沙鹿崩。”《公羊传》认为“记异也”。6 賈石于宋五，六鹢（yì）退飞：鹢，一种水鸟。《春秋》僖公十六年：“春，王正月戊申朔，陨石于宋五。是月，六鹢退飞，过宋都。”7 賈霜不杀草，李、梅实：《春秋》僖公三十三年：“陨霜不杀草，李、梅实。”8 孛于大辰：孛星在心宿中出现。孛，彗星。大辰，星名，即心宿，又称大火。《春秋》昭公十七年：“冬，有星孛于大辰。”9 鹳鹆来巢：鹳鹆，鸟名。鹳鹆来巢，见《春秋》昭公二十五年：“有鹳鹆来巢。”是说本非中原所有的鹳鹆鸟，来到鲁国筑巢而居。

译文

周王朝衰落，天子威势微弱，诸侯之间极力征伐，有的大夫在国中专权，有的士在封邑中专权，不能实行法度、效法周文王的礼制。诸侯背叛天子，没人再行贡奉和聘问之礼，向天子奉献礼物。大臣杀害国君，儿子杀害父亲，庶子杀害宗子，不能统治管理，又互相攻伐以扩展自己的领地。以强力相威胁，不能管制自己的下属。强大的压迫弱小的，人多的暴凌人少的，富有的役使贫穷的，兼并不停。臣下僭越君位，不能禁止。太阳出现日食，星星像下雨一样陨落，蝗虫像下雨一般降下，沙鹿城崩塌。夏天下大雨，冬天下大雪，五块陨石坠落在宋国，六只鹢鸟倒退着飞过。霜降而没有冻死野草，李树、梅树在冬天结了果实。从正月起就不下雨，一直到秋天七月。发生地震，梁山崩塌，堵塞了黄河，河水三天不流。白天黑得如夜晚。彗星在东方出现，孛星移入心宿。有鹳鹆到鲁国巢居。《春秋》认为这些是怪异之事，以此来昭显社会动乱的征兆。

孔子察明得失的不同，区别贵贱，返回王道的根本。讥刺天子以达到天下太平。箴刺恶行和隐微的事，大事小事都不遗漏，善事不因为细小就不彰举，坏事不因为细小就不摒去，进荐推广美好的，诛伐丑恶的，是为了断绝它的根本。

天王使宰咺来归惠公、仲子之赗[1]，刺不及事也[2]；天王伐郑，讥亲也；[3]会王世子[4]，讥微也；祭公来逆王后[5]，讥失礼也。刺家父求车[6]，武氏、毛伯求赙金[7]。王人救卫[8]，王师败于贸戎。天王不养，出居于郑，杀母弟，王室乱，不能及外，分为东西周，无以先天下。[9]召卫侯不能致[10]，遣子突征卫不能绝[11]，伐郑不能从[12]，无骇灭极不能诛[13]。

注释

1 天王使宰咺（xuǎn）来归惠公、仲子之赗（fèng）：鲁惠公及其夫人仲子去世，周平王派太宰咺来赠送助丧的财物。事见《春秋》隐公元年。宰咺，名咺，宰为官名。归，通“馈”，赠予。赗，助丧事的车马货财衣被等物。2 刺不及事也：《公羊传》隐公元年作：“其言来何？不及事也。”认为是说至葬礼已结束，周平王赠送的车马财物等才送到，不及时。3 天王伐郑，讥亲也：讥刺周桓王亲自率兵伐郑。事见《春秋》桓公五年：“秋，蔡人、卫人、陈人从王伐郑。”4 会王世子：王世子，周惠王的太子姬郑。事见《春秋》僖公五年：“公及齐侯、宋公、陈侯、卫侯、郑伯、许男、曹伯会王世子于首戴。”5 祭公来逆王后：祭公，周桓王大臣。逆，迎、接。周桓王派祭公到纪国迎娶王后。《春秋》记载此事写作“祭公来逆王后”，是因为按照礼制“婚礼不称主人”，祭公虽为周桓王娶王后，但不应以天子的名义迎娶，而应以天子之父（母）兄师友的名义迎娶，因此《春秋》讥刺这个行为。6 刺家父求车：《春秋》桓公十五年，周桓王派大夫家父到鲁国求车。按照礼制，诸侯不主动贡奉车马、衣服，天子不应私自求取，所以《春秋》讥刺此事。7 武氏、毛伯求赙金：武氏，周平王的大夫。毛伯，周顷王的大夫。《春秋》隐公三年载，周平王的大夫武氏来到鲁国求取赙金。文公九年载，周顷王的大夫毛伯来鲁国求取给周襄王办丧事的赙金。依照礼制，天子办丧事不应向诸侯主动求取赙金。8 王人救卫：事见《春秋》庄公六年：“王人子突救卫。”9“天王不养”至“先天下”：天王不养，指周襄王不赡养自己的母亲。杀母弟，《春秋》襄公三十年：“天王杀其弟年夫。”分为东西周，《春秋》昭公二十二年，周景王崩，王子猛作乱，二十三年，尹氏立王子朝于王城（今河南洛阳西北），称为西周；昭公二十六年，周敬王入成周（今洛阳东），称为东周。10 召卫侯不能致：事见《春秋》桓公十六年。周庄王征召卫国民众服役，卫侯朔（卫惠公）不服从命令，逃到齐国去了。11 遣子突征卫不能绝：事见《春秋》庄公六年。卫侯朔得罪周庄王，庄王废朔，另立子留为卫侯，但卫侯朔不从命，在鲁、齐、宋、陈、蔡等五国帮助下又回到卫国。庄公六年，周庄王派子突征讨卫国，却无法阻止卫侯朔回国。12 伐郑不能从：周桓王讨伐郑国，蔡、卫、陈三国的国君不依礼亲自随从征伐，只派大夫随从出征。13 无骇灭极不能诛：事见《春秋》隐公二年。无骇，鲁国公子展无骇，柳下惠之父。极，鲁国附庸小国，当在今山东鱼台。

译文

（《春秋》记载）周天子派宰咺前来鲁国赠送助惠公、仲子之丧的车马之物，是讥刺他没赶上葬礼；周天子讨伐郑国，是讥刺他亲自率军；诸侯会见周王嫡子，是讥刺周天子地位衰微；祭公前来迎娶王后，是讥刺周天子失礼。讥刺周天子大夫家父来鲁国求车，武氏、毛伯来求取办丧事的钱财。天子派子突救援卫国，周王的军队被贸戎打败。天子不奉养母亲，躲出王室到郑国去居住，杀死同母的弟弟，王室动乱，（《春秋》）不直说天子躲到外面，周朝分为东周、西周，不能作天下的表率。召唤卫侯竟不能将他叫来，派遣子突征讨卫国也不能阻止卫侯朔返国即位。周天子讨伐郑国，诸侯国君不跟从出征，鲁大夫无骇灭亡极国却不能诛伐他。

诸侯得以大乱，篡弑无已。臣下上逼，僭拟天子。诸侯强者行威，小国破灭。晋至三侵周，与天王战于贸戎而大败之。戎执凡伯于楚丘以归[1]。诸侯本怨随恶，发兵相破，夷人宗庙社稷，不能统理。臣子强，至弑其君父。法度废而不复用，威武绝而不复行。故郑鲁易地[2]，晋文再致天子[3]。齐桓会王世子，擅封邢、卫、杞，横行中国，意欲王天下。鲁舞八佾[4]，北祭泰山，郊天祀地，如天子之为。以此之故，弑君三十二，亡国五十二。细恶不绝之所致也。

注释

1 戎执凡伯于楚丘以归：事见《春秋》隐公七年。凡伯，周桓王大夫。楚丘，地名，在今山东曹县东。西方的戎人打败了中原的军队，还活捉了周朝的大夫，是《春秋》不认可的事情。2 郑鲁易地：《春秋》桓公元年载："公会郑伯于垂。郑伯以璧假许田。"郑庄公拿祭祀泰山的汤沐邑祊田加上玉璧，交换鲁国朝觐天子时的朝宿之邑许田，这是违反周礼的行为。3 晋文再致天子：晋文公两次召周襄王前往诸侯结盟之地。4 鲁舞八佾：八佾，天子专用的乐舞。佾，行列。每佾八人，八佾共六十四人。八佾是天子之礼，公爵用六佾，侯爵用四佾，鲁国的执政大夫季氏舞八佾是僭越。《论语·八佾》载孔子云：

"八佾舞于庭，是可忍也，孰不可忍也？"

译文

诸侯因此大乱，篡位弑君没有休止。臣下威逼国君，僭越名分自拟天子之事。诸侯中力量强大的耀武扬威，力量弱小的国破家亡。晋国多次侵扰周王室，和周天子在贸戎交战并大败周王。戎人在楚丘拘捕周天子的使臣凡伯回国。诸侯间因彼此怨恨而致互相厌恶，发兵互相征伐，夷灭对方的宗庙社稷，周王也不能统治管理。臣下势力强，以至于弑君弑父。法律制度被废弃不再用，天子、国君的权威失效不再奉行。所以郑国、鲁国私自交换土地，晋文公两次召周天子会盟。齐桓公与周世子会面，擅自分封邢国、卫国、杞国，在中原横行，想要称王天下。鲁人僭用八佾的乐舞，向北祭祀泰山，祭祀上天大地，如同天子的行为。由于这些缘故，被大夫弑杀的国君有三十二个，被灭亡的国家有五十二个。这都是由于细小的恶行没有阻断而造成的。

《春秋》立义：天子祭天地，诸侯祭社稷，诸山川不在封内[1]不祭。有天子在，诸侯不得专地，不得专封，不得专执天子之大夫，不得舞天子之乐，不得致天子之赋[2]，不得適[3]天子之贵。君亲无将[4]，将而诛。大夫不得世[5]，大夫不得废置君命[6]。立適[7]以长不以贤，立子以贵不以长，立夫人以適不以妾。天子不臣母后之党。亲近以来远，未有不先近而致远者也。故内其国而外诸夏，内诸夏而外夷狄，言自近者始也。

注释

1 封内：诸侯封国疆域以内。2 致天子之赋：收取天子的赋税。3 適：匹敌。4 君亲无将：君，君主。亲，父母亲。无将，不要怀着要弑杀的心。5 世：世袭。6 废置君命：弃置而不执行君主的命令。7 適：通"嫡"。

译文

《春秋》制定法则：天子祭祀天地，诸侯祭祀社稷，不在受封疆域之内的山川不可以祭祀。有天子在位，诸侯不能专有土地，不能擅自分封，不能擅自拘执天子派出的大夫，不能使用天子所用的乐舞，不能收取天子的赋税，不能和天子的尊贵相匹敌。不要怀着弑杀君父之心，若有这样的打算就应该被诛杀。大夫不能世代相袭，大夫不能不听从国君的命令。立嫡子为继承人，要以年长为先，不看是否贤明；立儿子要立出身高贵的，不看是否年长；立夫人要立嫡妻，不立妾。天子不以母亲和王后的亲族为臣。亲善近处的人以吸引远方的人，没有不先亲善近处的人而能吸引远方的人的。所以要先亲善自己国家内的人，然后才亲近中原各国，先亲近中原各国，然后才是夷狄之国，是说要从近处开始。

诸侯来朝者得褒，邾娄仪父称字[1]，滕薛称侯[2]，荆得人[3]，介葛卢得名[4]。内出言如，诸侯来曰朝，大夫来曰聘，王道之意也。[5]诛恶而不得遗细大，诸侯不得为匹夫兴师，不得执天子之大夫，执天子之大夫与伐国同罪，执凡伯言伐[6]。献八佾，讳八言六。[7]郑鲁易地，讳易言假。[8]晋文再致天子，讳致言狩。桓公存邢、卫、杞，不见《春秋》[9]，内心予之，行法绝而不予，[10]止乱之道也，非诸侯所当为也。《春秋》之义，臣不讨贼，非臣也。子不复仇，非子也。故诛赵盾贼不讨[11]者，不书葬，臣子之诛也。许世子止不尝药，而诛为弑父。[12]楚公子比胁而立，而不免于死。[13]齐桓晋文擅封，致天子，诛乱、继绝、存亡，侵伐会同，常为本主[14]。曰：桓公救中国，攘夷狄，卒服楚，至为王者事。晋文再致天子，皆止不诛，善其牧[15]诸侯，奉献天子而服周室。《春秋》予之为伯，诛意不诛辞之谓也。

注释

1 邾娄仪父称字：《春秋》隐公元年："公及邾娄仪父盟于眛。"《公羊传》云："曷为称字？褒之也。"仪父是附庸小国邾国的国君，《春秋》对国君的称呼有七等，"州不若国，国不若氏，氏不若人，人不若名，名不若字，字不若子"。邾国本应称名，《公羊传》认为《春秋》对其称字是褒扬他前来与鲁隐公结盟，说明有亲义慕贤、讲信修睦之意。邾国因仪父善行作为开端，逐渐会有更好的发展，因此褒扬仪父。2 滕薛称侯：《春秋》隐公十一年："春，滕侯、薛侯来朝。"《公羊传》云："其言朝何？诸侯来曰朝，大夫来曰聘。其兼言之何？微国也。"滕、薛皆小国，此处称侯，是因来朝而褒之。两国并在一起说，是因为二者都是小国。3 荆得人：《春秋》庄公二十三年："荆人来聘。"《公羊传》云："荆何以称人？始能聘也。"庄公二十三年，当楚成王元年，据《史记·楚世家》载，成王"初即位，布德施惠，结旧好于诸侯，使人献天子"。《春秋》此前称楚国只称荆，此处称荆人是提高了三个等级，表示褒扬楚国开始能够与诸侯聘问结好。4 介葛卢得名:《春秋》僖公二十九年:“春,介葛卢来。”《公羊传》云:“介葛卢者何?夷狄之君也。何以不言朝?不能乎朝也。”葛卢是介国的国君,因他不懂中原的朝礼,所以不称为“朝”,但他能来与鲁国结好,《春秋》就称名以示褒扬。详见《玉杯》篇注。5“内出言如”至“王道之意也”:《公羊传》隐公十一年:“诸侯来曰朝,大夫来曰聘。”何休注:“《春秋》王鲁,王者无朝诸侯之义,故内适外言如,外适内言朝聘。所以别外尊内也。”意思是从鲁国(内)去到别国(外),要称“如”,别国来鲁国,称“朝”或“聘”。6执凡伯言伐:《春秋》隐公七年:“冬,天王使凡伯来聘。戎伐凡伯于楚丘以归。”《公羊传》云:“凡伯者何?天子之大夫也。此聘也,其言伐之何?执之也。”凡伯是周天子的大夫,被派往鲁国聘问,结果被戎国在楚丘攻伐并俘虏(执)带走。《春秋》不说俘虏,而说攻伐,是因为不赞许夷狄俘虏中原诸侯。7献八佾,讳八言六:《春秋》隐公五年:“初献六羽。”六羽是指规格为六佾的羽籥舞。鲁国获赐可以在祭祀周公时使用天子才能使用的八佾之舞,鲁公作为诸侯可以用六佾,但此处是献给隐公夫人仲子的乐舞,实际上仍是僭越。董仲舒认为这里实际上使用了八佾,《春秋》为避讳而写作六佾,可能是公羊学派口传之说。8郑鲁易地,讳易言假:事见上文“郑鲁易地”注。“讳易言假”是依《穀梁传》的说法,“假不言以,言以非假也。非假而曰假,讳易地也。礼,天子在上,诸侯不得以地相与也”(桓公元年)。诸侯没有擅自交换土地的权力,郑伯用璧交换鲁国的朝宿邑,《春秋》记载这件事的时候就避讳说是假(借),但又说“以璧”,透露出实际不是假借。9桓公存邢、卫、杞,不见《春秋》:齐桓公曾经保护了邢国、卫国和杞国,并把卫国、杞国迁到别的地方另为筑城,使他们延续,但《春秋》未予记载。《公羊传》认为是因不赞许诸侯专封。10内心予之,行法绝而不予:《公羊传》认为《春秋》对齐桓公救护邢国之事,是内心赞成,但因礼法上没有规定,所以不在文辞上赞同。11诛赵盾贼不讨:《春秋》宣公二年:“秋,九月乙丑,晋赵盾弑其君夷獆。”《公羊传》载:“亲弑君者赵穿,则曷为加之赵盾?不讨贼也。何以谓之不讨贼?晋史书贼曰:‘晋赵盾弑其君夷獆。’赵盾曰:‘天乎!无辜!吾不弑君,谁谓吾弑君者乎?’史曰:‘尔为仁为义,人弑尔君,而复国不讨贼,此非弑君如何?’”晋灵公夷獆为赵穿所弑,赵盾回国后没有诛杀弑君者,晋国史官董狐书写晋史时就说是赵盾弑君。12许世子止不尝药,而诛为弑父:《春秋》昭公十九年:“冬,葬许悼公。”《公羊传》云:“止进药而药杀也。止进药而药杀,则曷为加弑焉尔?讥子道之不尽也。”详见《玉杯》篇注。13楚公子比胁而立,而不免于死:《公羊传》昭公十三年:“灵王为无道,作乾谿之台,三年不成,楚公子弃疾胁比而立之。”楚灵王无道,公子弃疾胁迫公子比为楚王,后又杀之,自立为楚平王。14本主:会盟的主持者,盟主。15牧:率领,统治。

译文

诸侯前来朝见的得到褒扬,邾娄仪父在《春秋》中称其字,滕、薛的国君被称为侯，荆被称为人，介国国君葛卢被称名。从鲁国出到别国要说“如”，诸侯前来拜见要说“朝”，大夫前来拜见要说“聘”，这是王道的意思。谴责丑恶，无论小大都不能遗漏，诸侯不能因个人的事发动军队，不能拘执天子的大夫，拘执天子的大夫，罪过如同攻伐别的国家，所以拘执凡伯说“伐”。鲁国举行典礼时献八佾舞，《春秋》不说“八佾”而说“六佾”。郑国用玉璧交换鲁国的土地，不说“交换”而说“借用”。晋文公两次招来周天子，不说“招来”，而说“巡狩”。齐桓公保存了邢国、卫国和杞国，不见《春秋》记载，内心里赞同这些行为，但因做法不合王法，所以不在文字上表示赞同，这是为了制止天下的混乱，这本不是诸侯应该做的事。《春秋》的法则是，大臣不讨伐弑君的贼子，就不是合格的臣子。儿子不为父亲复仇，就不是合格的儿子。所以谴责赵盾不讨伐弑君者，不记录灵公下葬，是对臣子的谴责。许世子止不替父尝药，（父亲吃了药后死了）就谴责他是弑父。楚公子比被胁迫而继承君位，最终不免于被杀。齐桓公晋文公擅自分封诸侯，招来天子，诛讨动乱，使将绝祀之族得以延续，使将灭亡之国得以保存，联合各国攻伐会盟的时候，常常作为盟主。《春秋》说：齐桓公挽救中原各国，抵御夷狄，最终使楚国臣服，做了王者当做的事。晋文公两次招来周天子，都不予记录且不谴责，这是褒扬他率领诸侯，尊奉天子而服事周王室。《春秋》称他们为伯，就是心里谴责但不在文字上谴责的说法。

鲁隐之代桓立[1]，祭仲之出忽立突，仇牧、孔父、荀息之死节，公子目夷不与楚国，此皆执权存国，行正世之义，守惓惓[2]之心，《春秋》嘉气义焉，故皆见之，复正之谓也。夷狄邾娄人、牟人、葛人，为其天王崩而相朝聘也，此其诛也。杀世子母弟，直称君，明失亲亲也。鲁季子之免罪，吴季子之让国，明亲亲之恩也。阍杀吴子馀祭，见刑人之不可近。[3]郑伯髡原卒于会，讳弑，[4]痛强臣专君，君不得为善也。卫人杀州吁[5]，齐人杀无知[6]，明君臣之义，守国之正也。卫人立晋，美得众也。君将不言率师，重君之义也。[7]

注释

1 鲁隐之代桓立：《春秋》隐公元年，经文不书隐公即位，是因隐公、桓公皆为惠公之子，隐公长而贤，桓公幼而贵，依礼当立桓公，然惠公死时，桓公年幼，故立隐公，隐公不欲即位而欲待桓公年长而让之。《公羊传》云：“凡隐之立，为桓立也。”2 惓惓（quán）：恳切诚挚。3 阍杀吴子馀祭，见刑人之不可近：事见《春秋》襄公二十九年：

“阍弑吴子馀祭。”馀祭是吴王寿梦次子，在位四年即被一个受过刑罚、仇视国君的守门人弑杀。任用受过刑罚的人担任驻守防卫王宫的职位是不合于古代礼制的，《公羊传》认为用非其人是导致馀祭被杀的直接原因，当引以为戒。4 郑伯髡原卒于会，讳弑：事见《春秋》襄公七年："郑伯髡原如会，未见诸侯；丙戌，卒于操。”郑伯髡原即郑僖公，因与大臣政见不合，被大夫子驷派人刺杀。《公羊传》认为《春秋》于此事记录郑僖公死亡地点是为了隐讳其为大夫弑杀的原因。5 卫人杀州吁：州吁是卫庄公庶子，庄公卒，桓公立，州吁弑桓公自立。州吁不得人心，大夫石碏杀州吁立公子晋，是为宣公。即下文所云“卫人立晋”。6 齐人杀无知：无知是齐僖公弟弟夷仲年之子，齐襄公从弟。无知弑杀襄公自立，齐国人杀无知，后公子小白即位，是为齐桓公。7 君将不言率师，重君之义也：《公羊传》隐公五年“卫师入盛”经文下云“君将不言率师，书其重者也”。即王者亲征，就不说“率师”，只突出统帅之名，是表示尊重王者的意思。

译文

鲁隐公代替桓公继位，祭仲驱逐公子忽立公子突为君，仇牧、孔父、荀息等人为气节而死，公子目夷（司马子鱼）不把国家让给楚国，这些都是执行权变保存国家，实行纠正世俗的正道，持守诚实恳切之心，《春秋》嘉赏这种正义，所以全都记载表现出来，这是为了恢复正道。把邾娄人、牟人、葛人视为夷狄，是因他们在周天子驾崩时相互朝聘，这是对他们的谴责。杀死世子和同母的兄弟，直接称他们为君，以表明他们没有做到善待亲族。鲁季子赦免其兄庆父的罪过，吴季子把国家让给兄弟阖闾，以此表明他们善待亲人的恩情。守门隶杀死吴子馀祭，表明受过刑罚的人是不能亲近任用的。郑伯髡原在诸侯会面时被杀，讳言被弑，是痛恨强臣专擅国君，使国君不能行善事。卫国人杀死公子州吁，齐国人杀死公孙无知，表明君臣的大义，坚守国家的正道。卫国人立公子晋为君，是赞美他能得到众人的拥戴。国君亲自领兵出征，不说率领军队，这是表示尊重国君的意思。

正月，公在楚，臣子思君，无一日无君之意也。诛受令[1]，恩卫葆[2]，以正图圉之平也。言围成，甲午祠兵，以别迫胁之罪，诛意之法也。[3]作南门，刻桷[4]，丹楹[5]，作雉门及两观[6]，筑三台，新延厩[7]，讥骄溢不恤下也。故臧孙辰请籴于齐，孔子曰[8]：“君子为国，必有三年之积。一年不熟乃请籴，失君之职也。”诛犯始者，省刑，绝恶，疾始也。大夫盟于澶渊，刺大夫之专政也。诸侯会同，贤为主，贤贤也。

注释

1 诛受令：疑当作“诛不受令”。2 恩卫葆：此句疑有误脱。按俞樾说，“葆”通“宝”，“俘”义，即施恩惠于卫国的俘虏。姑从俞说。3“言围成”至“诛意之法也”：“围成”事见《春秋》庄公八年：“甲午，祠兵。夏，师及齐师围成，成降于齐师。”鲁国想要违背礼制消灭同姓国盛国，又不敢暴露，就在春天的甲午之日举行祠兵的仪式，直到夏天才包围盛国的成地，最终和齐国一起灭掉了盛国。《春秋》隐讳了灭同姓国的恶行，不说盛国而只说成地，不说盛降于齐鲁，单说成降于齐师。但特意记载祠兵于甲午日，表明从祠兵到开战的时间过久了。4 刻桷（jué）：雕刻屋椽。桷，方形的椽子。5 丹楹：把柱子漆成红色。楹，柱子。6 作雉门及两观：雉门，诸侯宫三门（库门、雉门、路门）之一。鲁之雉门是公宫南门的中门。观，是宫殿门外左右两旁的高台上的建筑物，亦称阙。这里的两观是指在雉门两旁的观。事载《春秋》定公二年：“夏，五月壬辰，雉门及两观灾。”“冬，十月，新作雉门及两观。”7 新延厩：厩，马厩。延厩是马厩之名。庄公二十九年重新翻修了马厩，因为是饥荒之年，还要劳民伤财，因此被《春秋》记载讥讽。8 孔子曰：下引文与《公羊传》同。

译文

正月时，记载“襄公在楚国”，表示臣子思念国君，不能一天没有国君的意思。谴责不接受君命，恩惠卫国的俘虏，以此来使牢狱之事公平。记载“包围成地”和“甲午日整习军队”，以此区别这与胁迫罪的不同，这是在思想上谴责的笔法。记载（在不适当的时候）修筑南门，刻饰屋椽，丹漆房柱，修建雉门和两侧的观楼，修筑三个高台，翻修马厩，是批评修筑者骄纵奢侈，不知体恤百姓。因此，臧孙辰到齐国请求买粮，孔子说：“君子治理国家，一定要有三年所需口粮的储备。一年歉收就要到外边去请求买粮，是国君的失职。”对罪恶的开始阶段加以谴责，可以减省刑罚，杜绝罪恶，这是痛恨罪恶的肇始者。记载大夫在澶渊盟会，是讥刺大夫专擅国家政事。记载诸侯会盟议和，贤者做盟主，是称赞贤能的人。

《春秋》纪纤芥之失，反之王道。追古贵信，结言[1]而已，不至用牲盟而后成约。故曰：“齐侯卫侯胥命于蒲[2]。”《传》曰：“古者不盟，结言而退。”宋伯姬曰：“妇人夜出，傅母不在，不下堂。”曰：古者周公东征，则西国怨。桓公曰：“无贮粟，无障谷，无易树子，无以妾为妻。”[3]宋襄公曰：“不鼓不成列，不厄人。”[4]庄王曰：“古者杅不穿，皮不蠹，则不出。君子笃于礼，薄于利，要其人

不要其土，告从不赦，不祥。强不陵弱。”[5]齐顷公吊死视疾，孔父正色而立于朝，人莫过而致难乎其君，齐国佐不辱君命而尊齐侯[6]，此《春秋》之救文以质也[7]。救文以质，见天下诸侯所以失其国者亦有焉。潞子欲合中国之礼义，离乎夷狄，未合乎中国，所以亡也。[8]吴王夫差行强于越，臣人之主，妾人之妻，卒以自亡，宗庙夷，社稷灭，其可痛也。[9]长[10]王投死，於戏[11]，岂不哀哉！

注释

1 结言：口头结盟或订立誓约。2 齐侯卫侯胥命于蒲：《公羊传》桓公三年何休注：“胥，相也。时盟不歃血，但以命相誓。”“以不言盟也。”齐僖公、卫宣公在蒲地（卫国之地）结盟，结言为信但不歃血盟誓。3 “无贮粟”至“为妻”：见《公羊传》僖公三年。贮粟，即囤积粮食。障谷，障塞川谷以断水流。树子，即已被立为世子的嫡长子。4 不鼓不成列，不厄人：见《公羊传》僖公二十二年。厄，危难。厄人，即乘人危难攻打他。5 “古者”至“强不陵弱”：见《公羊传》宣公十二年。杅，同“盂”，盛浆水的食器。穿，破败。蠹，虫蛀、蚀坏。6 齐国佐不辱君命而尊齐侯：事见《春秋》成公二年。国佐，齐国大夫。7 此《春秋》之救文以质也：董仲舒以文质论朝代更迭改制规律。文指制度，文为礼，文过之弊即如秦之繁律苛政；质指礼之质、礼之本，即不拘外在形式的仁德仁心，质过之弊即宽柔无序。“救文以质”即以复归仁政来矫正礼制过度之弊。8 “潞子”至“所以亡也”：潞子，指春秋时潞子国，为赤狄的一支。鲁宣公十五年，晋国灭亡潞子国，俘虏其君潞子婴儿。因其君向慕中原礼义，欲革去夷狄之俗而未能完成就被灭亡，因此《春秋》为其哀悯感伤。9 “吴王夫差”至“其可痛也”：吴王夫差击败越国，越王勾践率其大夫文种等人赴吴求和，自愿称臣，以妻为吴王妾。后勾践复仇，卒灭吴国。10 长：年老。11 於戏：意同“呜呼”。

译文

《春秋》对于纤芥般细小的失误也要记载，是为了能够回返王道。追从古老的规则，看重诚信，口头上缔结盟约就可以，不必使用牺牲歃血等仪式才订立盟约。所以记载说：“齐侯、卫侯在蒲地彼此口头上结盟。”《公羊传》说：“古代不盟誓，只在口头上结盟就退兵。”宋伯姬说：“妇人夜晚外出，如果傅母不在身边，就不走下厅堂。”《公羊传》说：“古代周公向东征伐时，西部的人就会不满。”桓公说：“不要囤积粮食，不要阻断水流（使其他国家没有水用），不要轻易改立太子，不要把妾当作夫人一样。”宋襄公说：“不击鼓进攻没列好阵形的军队，不乘人之危发动进攻。”楚庄王说：“古时家中器皿不破裂、皮衣不蛀蚀，就不出去。君子笃守礼义，淡泊名利，只要敌人降服就不占领人家的土地；宣告臣服还不赦免，是不吉祥的。强大的不欺凌弱小的。”齐顷公悼念战死者、探视伤者；孔父严肃地站在朝廷之上，人们没有敢经过他身旁而向国君发难的；齐国的国佐没有辱没国君的使命而使齐侯受到尊敬。这些是《春秋》用本质来矫正流于形式的弊端。用本质矫正流于形式，也可看出天下诸侯之所以失去自己国家的原因。赤狄潞子想要融合中原的礼义，脱离夷狄，但并没能融合中原的礼义，这是它灭亡的原因。吴王夫差在越国行用强权，以越国国君为臣，以越国君主之妻为妾，最后自己灭亡了，宗庙被夷平，社稷被毁灭，多么令人痛惜！年老的王者自杀而死，哎呀，难道不可悲吗？

晋灵行无礼，处台上弹群臣，枝解宰人而弃之[1]，漏阳处父之谋，使阳处父死。[2]及患赵盾之谏，欲杀之，卒为赵盾所弑。晋献公行逆理，杀世子申生，以骊姬立奚齐、卓子，皆杀死，国大乱，四世乃定，几为秦所灭，从骊姬起也。楚平王行无度，杀伍子胥父兄。[3]蔡昭公朝之，因请其裘，昭公不与。吴王非之，举兵加楚，大败之。[4]君舍乎君室，大夫舍乎大夫室，妻楚王之母，贪暴之所致也。晋厉公行暴道，杀无罪人，一朝而杀大臣三人，明年，臣下畏恐，晋国杀之。[5]

注释

1 枝解宰人而弃之：枝，通“肢”。宰人，膳宰，掌管君主膳食的官员。此为晋灵公故事，灵公无道，随意虐杀膳宰官员，让人把尸体放在筐里扔掉。2 漏阳处父之谋，使阳处父死：漏，泄露。阳处父，晋国大夫。他曾谏言晋灵公废除不受民众爱戴的将领射姑，晋灵公却把这话泄露给射姑，导致射姑刺杀阳处父，之后射姑也逃奔到狄人那里。3 楚平王行无度，杀伍子胥父兄：楚平王听从宠臣太子少傅费无极的谮言，抢夺了为太子建迎娶的秦女嬴氏，又派太子建镇守城父。之后费无极诬陷太子建及太子太傅伍奢（伍子胥之父）密谋叛乱，太子建逃到宋国，伍奢及其子伍尚（子胥之兄）被杀。4 “蔡昭公”至“大败之”：蔡昭公朝见楚昭王时，携带了两块精美的玉佩与两件贵重漂亮的裘皮衣，献给昭王，昭王又回赠一半给蔡昭公。楚国的国相子常也想要，但蔡昭公没给，于是子常就在楚王面前进谗言，使得蔡昭公被扣留在楚国三年。蔡昭公弄清楚原因后，就把玉佩献给子常，获得自由，回国途中将玉扔到汉江中并发誓，后联合晋国讨伐了楚国，并联合吴国大败楚师于柏举。事见《左传》定公三年、四年，与本文所言有出入。5 “晋厉公行”至“杀之”：晋厉公早年听信三郤即晋国郤氏家族的三位将领郤锜（qí）、郤犨（chōu）、郤至的谗言，杀害了敢于直言进谏的伯宗，失去民心。后来又听信栾书的诬陷，诛杀了对晋国有功的三郤。最终被晋国两位重臣栾书和中行偃等人反抗并逮捕，拥立了新君。

译文

晋灵公行为无礼，在高台之上用弹丸射群臣，肢解膳宰将其装在筐里扔掉，泄露阳处父不要任命射姑为将的意见，使得阳处父被射姑杀死。直到因为讨厌赵盾不断进谏，想要杀死赵盾，最终被赵盾杀害。晋献公违逆正道，杀死太子申生，又为骊姬要立奚齐、卓子为君，他们全被杀，国家大乱，历经了四代君王才安定下来，差一点儿被秦国灭亡，这都是从骊姬开始的。楚平王行为不合法度，杀害伍子胥的父亲和兄长。蔡昭公朝拜楚国，（楚国令尹）想要蔡昭公的皮裘，昭公不给。吴王认为楚国不对，就发动军队对付楚国，并大败楚国。吴王住在楚王的宫殿里，吴国大夫住进楚国大夫的家，吴王以楚王的母亲为妻子，这都是楚平王贪婪暴戾招致的结果。晋厉公实行暴戾政策，屠杀没有罪过的人，一天之内杀死三名大夫，第二年，臣下都很畏惧，晋国人杀死了晋厉公。

陈侯佗淫乎蔡，蔡人杀之。[1]古者诸侯出疆必具左右，备一师，以备不虞[2]。今陈侯恣以身出入民间，至死闾里之庸，甚非人君之行也。[3]宋闵公矜妇人而心妒，与大夫万博。万誉鲁庄公曰：“天下诸侯宜为君者，唯鲁侯尔。”闵公妒其言[4]，曰：“此虏也。尔虏焉故[5]，鲁侯之美恶乎至？”万怒，搏闵公绝脰[6]。此以与臣博之过也。古者人君立于阴[7]，大夫立于阳[8]，所以别位，明贵贱。今与臣相对而博，置妇人在侧，此君臣无别也。故使万称它国卑闵公之意，闵公藉[9]万而身与之博，下君自置。有辱之妇人之房[10]，俱而矜妇人，独得杀死之道也。《春秋传》曰：“大夫不適[11]君。”远此逼也。

注释

1 陈侯佗（tuó）淫乎蔡，蔡人杀之：陈侯佗，即陈废公。据《公羊传》桓公六年记载，陈侯佗本篡弑即位，又淫于蔡侯考父之姑姊妹，后为蔡人所杀。2 不虞：没有意料到的事。虞，意料。3 “今陈侯恣”至“非人君之行也”：据《穀梁传》桓公六年载：“陈侯憙猎，淫猎于蔡，与蔡人争禽，蔡人不知其是陈君也，而杀之。”庸，通“佣”，佣作之人，指乡间帮佣的人。4 “宋闵公”至“妒其言”：宋闵公，名接。大夫万，南宫万，宋国大夫，以勇猛力大闻名，曾在与鲁国的战争中被鲁庄公俘虏过。博，博戏。宋闵公因大夫万当着宫中妇人的面称赞鲁庄公而心生嫉妒。5 尔虏焉故：故，缘故。意思是说大夫万是个俘虏，不知好歹。6 绝脰：折断脖子。脰，脖子。7 君立于阴：阴，北面。君王坐北朝南。8 阳：南面。9 藉：践踏，凌辱。10 房：当作“旁”。11 適：相当。

译文

陈国国君佗到蔡国淫乱，蔡国人杀死了他。古代诸侯走出本国疆界，一定带上左右护卫，配备一支军队，以防备出现意外情况。如今陈侯放纵地一个人出入于百姓中，以至于死在民间佣作之人手上，这绝对不是国君的行为。宋闵公在妇人面前矜夸，心里又好嫉妒，与大夫南宫万博戏。南宫万称赞鲁庄公说：“天下诸侯适合做国君的，只有鲁庄公一个。”宋闵公对这句话很是忌妒，说：“这人是个俘虏。你这俘虏怎么知道鲁侯的好坏？”南宫万大怒，和闵公搏斗起来，结果折断了闵公的脖子。这是因为和臣下博戏的过失。古代国君站立于北面，大夫站立在南面，是为了区分位次，表明尊贵和低贱的差别。现在国君和大臣面对面博戏，让妇女待在身旁，这是君臣没有分别。所以令南宫万称赞别的国君，表现出轻视闵公的意思，而宋闵公羞辱南宫万，又和他博戏，是降低自己君王的身份。又在妇人旁侮辱他，同时还在妇人面前自夸，于是招来杀身之祸。《春秋传》说：“大夫不可与国君等同。”就是说明要远离大臣对国君的逼迫。

梁内役民无已，其民不能堪，使民比地为伍，一家亡，五家杀刑。[1] 其民曰：“先亡者封[2]，后亡者刑。”君者将使民以孝于父母，顺于长老，守丘墓，承宗庙，世世祀其先。今求财不足，行罚如将不胜，杀戮如屠，仇雠其民，鱼烂而亡[3]，国中尽空。《春秋》曰：“梁亡[4]。”亡者自亡也，非人亡之也。虞公贪财，不顾其难，快耳悦目，受晋之璧、屈产之乘，假晋师道，还以自灭。[5] 宗庙破毁，社稷不祀，身死不葬，贪财之所致也。故《春秋》以此见物不空来，宝不虚出，自内出者，无匹不行，自外至者，无主不止，此其应也。楚灵王行强乎陈蔡[6]，意广以武，不顾其行，虑所美，内罢[7]其众。乾谿[8]有物女，水尽则女见，水满则不见。灵王举发其国而役，三年不罢，楚国大怨。有行暴意，杀无罪臣成然[9]，楚国大溃[10]。公子弃疾卒令灵王父子自杀而取其国。虞不离津泽[11]，农不去畴[12]土，而民相爱也。此非盈意[13]之过耶？

注释

1“梁内役民”至“杀刑”：梁，国名，故地在今陕西韩城南，亡于鲁僖公十九年。比地为伍，百姓相邻的五家连为一伍。据《公羊传》记载，梁君严刑峻法，一家犯罪，其他四家连坐，以至一国之中，没有不遭受刑罚的。2封：富足。3鱼烂而亡：指百姓忍受不了严苛的刑罚，纷纷逃亡，就像鱼的溃烂是从内部开始一样，国家的败亡也是从自身内部百姓叛逃开始的。4梁亡：《春秋》僖公十九年记载梁国灭亡只说了一句“梁亡”，意思是没有别的国家来攻打，就是自己灭亡了。5“虞公贪财”至“还以自灭”：虞公，虞国的国君。屈产之乘，北屈地方所产的宝马。《公羊传》僖公二年记载，虞国收受晋国的贿赂，借道给晋国攻打虢国，结果晋军回来时顺道把虞国也灭了。6楚灵王行强乎陈蔡：据《春秋》昭公八年、昭公十一年记载，楚灵王连续攻打并灭亡了陈国和蔡国。7罢：通“疲”，疲困。8乾谿：即乾溪，楚国地名，在今安徽亳州东南。9成然：楚国大夫。10懑(mèn)：愤懑，愤恨。11虞不离津泽：虞，掌管山泽苑囿、田猎的官员。津泽，渡口和川泽。12畴：田畴，田地。13盈意：纵欲满志。

译文

梁君对内役使百姓没完没了，百姓不能忍受，就让相邻的百姓每五家编为一伍，如有一家逃亡，五家都要杀掉。百姓说：“先逃走的富足了，后逃走的受刑。”做国君的应该令百姓孝敬父母，顺侍长辈和老人，守护先人的坟墓，接续宗庙，世代祭祀他们的先人。如今他贪求货财永远不知满足，实行刑罚好像总也罚不尽，杀人如同屠夫一样，将百姓视为仇人，国家像鱼从内部腐烂一样丧亡，国家完全空虚。《春秋》记载说：“梁国灭亡了。”这个国家灭亡是自己灭亡的，不是别人将它灭亡的。虞公贪图货财，不顾念自己将要遭到的祸难，只图耳目的愉悦，接受晋国的玉璧、北屈所产的宝马，将道路借给晋国军队，晋军在灭掉其邻国虢国之后，回来顺路就灭掉了虞国。虞国的宗庙被毁，社稷再也无人祭祀，国君死了都不能埋葬，这是他贪图货财导致的。因此《春秋》用它来表明财物不会凭空而来，宝贵之物不会无故出现，由自己内心产生的贪欲，如果没有外物诱惑与之相遇合，就不会施行出来，外物的诱惑，如果内在没有定力主宰，就不会自己停止，内外是彼此感应的。楚灵王对陈国、蔡国实行强权，想以武力扩张势力，不顾念自己的行为，心中只考虑喜爱的东西，对内使民众疲惫不堪。乾谿有神怪之女，当水流尽时就会出现，水满时就看不见。楚灵王就征集全国的民众服劳役来修筑高台，三年都没修完，楚国人对此十分怨恨。灵王又推行残暴的政策，杀死无罪的大臣成然，楚国人十分愤懑。公子弃疾于是让灵王父子自杀而取得楚国政权。管理山泽苑囿的官员不必离开渡口和川泽，农夫不必离开田地，百姓互相爱护。灵王的行为难道不是放纵自己为所欲为的过错吗？

鲁庄公好宫室，一年三起台。[1]夫人内淫两弟[2]，弟兄子父相杀[3]，国绝莫继，为齐所存[4]。夫人淫之过也。妃匹贵妾，可不慎邪？此皆内自强[5]，从心之败己[6]，见自强之败，尚[7]有正谏而不用，卒皆取亡。曹羁谏其君曰："戎众以无义，君无自適。"君不听，果死戎寇。[8]伍子胥谏吴王，以为越不可不取。吴王不听，至死伍子胥。还九年，越果大灭吴国。秦穆公将袭郑，百里、蹇叔谏曰："千里而袭人者，未有不亡者也。"穆公不听，师果大败殽中，匹马只轮无反者。[9]晋假道虞，虞公许之。宫之奇谏曰："唇亡齿寒，虞虢之相救，非相赐也。君请勿许。"虞公不听，后虞果亡于晋。[10]

注释

1 鲁庄公好宫室，一年三起台：鲁庄公喜好修治宫室，一年之内建了三座楼台，因此被《春秋》讥讽。2 夫人内淫两弟：鲁庄公夫人哀姜，与庄公的两个弟弟，庆父和公子牙私通淫乱。3 弟兄子父相杀：据《公羊传》闵公二年记载，庄公杀死公子牙，传位给子般，庆父又杀死自己的侄子子般和之后即位的闵公。4 为齐所存：庆父之乱后，齐国扶持了正直的大夫季友，并拥立鲁僖公回国即位，保存了鲁国的政权。5 此皆内自强：内心以自己为强，即自信太过。6 从心之败己：师心自用而导致自己失败。7 尚：倘若。8 "曹羁"至"死戎寇"：曹羁，春秋时曹国大夫。以，而。適，抵抗。曹国受到戎人入侵，曹羁认为戎人众多，武力强盛，又不守中原礼义，因此国君不宜亲自与其交战，要求代替曹君前往。三次劝谏，曹君都不听从，曹羁就自己逃去陈国，曹军果然被戎人打败。9 "秦穆公"至"无反者"：百里，百里奚。百里、蹇叔，都是秦国大臣。秦穆公想攻打郑国，不听二人劝阻，秦国军队果然不仅伐郑无果，还在殽之战中被偷袭的晋军打得大败。10 "宫之奇"至"亡于晋"：宫之奇，虞国大夫。上文所说晋国假道虞国讨伐虢国时，宫之奇劝谏虞公不要借道，认为虞虢两国唇亡齿寒。虞公贪图晋国所赠的良马和宝玉，没有听从宫之奇的谏言，果然为晋所灭。

译文

鲁庄公喜好宫室，一年之内三次修筑高台。他的夫人和两个弟弟淫乱，兄弟父子之间互相屠杀，国君之位都没人能继承，依靠齐国才得以保存政权。这是庄公夫人淫乱的过错。选择妃妾，难道可以不审慎吗？这些都是内心自信太过，师心自用导致失败的，发现自信太过导致的衰败，倘若有正确的谏言也不采用，最后都灭亡了。曹羁向曹国国君进谏说："戎狄兵众很多又不守中原的礼义，君王不要亲自与他们对阵。"曹君不听谏言，果然死在戎狄之手。伍子胥向吴王进谏，认为越国不可以不攻取，吴王不听谏言，还将伍子胥处死。越王回国九年，果然灭了吴国。秦穆公将要偷袭郑国，百里奚、蹇叔进谏说："远行千里去偷袭别人的，没有不失败的。"秦穆公不听，秦军果然在殽地被打得大败，连一匹马一只战车的车轮都没能回来。晋国向虞国借道攻打虢国，虞公答应借给晋国。宫之奇进谏说："嘴唇若是没有了，牙齿就会感到寒冷，虞、虢二国应互相救援，而不可互相出卖。请求国君不要答应借道。"虞国国君不听进谏，后来虞国果然被晋国灭亡。

《春秋》明此，存亡道可观也。观乎蒲社，知骄溢之罚。观乎许田[1]，知诸侯不得专封[2]。观乎齐桓、晋文、宋襄、楚庄，知任贤奉上之功。观乎鲁隐、祭仲、叔武[3]、孔父、荀息、仇牧、吴季子、公子目夷，知忠臣之效。观乎楚公子比，知臣子之道，效死之义。观乎潞子，知无辅自诅[4]之败。观乎公在楚，知臣子之恩。观乎漏言，知忠道之绝。观乎献六羽，知上下之差。观乎宋伯姬，知贞妇之信。观乎吴王夫差，知强陵弱。观乎晋献公，知逆理近色之过。观乎楚昭王之伐蔡，知无义之反。观乎晋厉之妄杀无罪，知行暴之报。观乎陈佗、宋闵，知妒淫之祸。观乎虞公、梁亡，知贪财枉法之穷。观乎楚灵，知苦民之壤[5]。观乎鲁庄之起台，知骄奢淫泆[6]之失。观乎卫侯朔，知不即召之罪。观乎执凡伯，知犯上之法。观乎晋郤缺之伐邾娄[7]，知臣下作福之诛。观乎公子翚，知臣窥君之意。观乎世卿[8]，知移权之败。故明王视于冥冥，听于无声，天覆地载，天下万国，莫敢不悉靖共[9]职受命者，不示臣下以知之至也。故道同则不能相先[10]，情同则不能相使，此其教也。由此观之，未有去人君之权，能制其势者也；未有贵贱无差，能全其位者也。故君子慎之。

注释

1 观乎许田：指"郑伯以璧假许田"事，参见上文"郑鲁易地"注。2 专封：此处应作"专地"。3 叔武：卫成公的弟弟。晋文公攻打卫国，卫国人赶走了卫成公，成公逃到楚国。晋文公立叔武为君，叔武怕成公因此不能归国，不想即位而让给别人。成公返国后却说叔武篡位，杀了叔武。4 自诅：诅，当作"作"。自作，即独断专行。5 壤：疑当作

“伤”。6 泆：放纵。7 晋郤缺之伐邾娄：郤缺，晋国大夫、将领。据《公羊传》文公十四年记载，郤缺率领有八百乘兵车的军队送邾娄文公次妃晋姬所生之子接菑回国，试图以强力迫使邾娄立庶子接菑即位。由于邾娄人要依礼立元妃齐女所生嫡子，拒不接受。郤缺最终没有动用武力，而依从了其国人的意愿。《春秋》字面上贬低郤缺，实际上是赞许他。8 世卿：即世代为卿者。是依血缘关系而得卿位，实际不合于礼，依礼制，应当选贤者为卿。以血缘世袭为卿者常有削夺国君权威，乃至篡弑的。9 靖共：共，通“恭”。恭谨。10 相先：居于领导地位。

译文

《春秋》彰明这些事，是要令国家存亡的道理可以为人观见。看到蒲社亡纣之事，可以知道骄横奢侈所受的惩罚。看到郑国用玉璧交换许田之事，可以知道诸侯不可以擅自交换土地。看到齐桓公、晋文公、宋襄公、楚庄王，可以知道任用贤能尊奉周天子的功效。看到鲁隐公、祭仲、叔武、孔父、荀息、仇牧、吴季子、公子目夷等人，就可以知道效忠国家之臣的功效。看到楚公子比的作为，可知为人臣子的原则、为国家捐躯的道义。看到赤狄潞子，可以知道没有贤臣辅佐而独断专行的失败。看到鲁襄公在楚国，可以知道人臣对君主的恩义。看到国君泄露忠臣的建议，可以知道忠诚之道的断绝。看到鲁国献演“六羽”之乐，可以知道地位尊卑的差别。看到宋伯姬，可以知道贞节妇人的诚信。看到吴王夫差的征讨，可以知道强国欺凌弱国的事实。看到晋献公，可以知道违背正理喜好女色的过失。看到楚昭王攻打蔡国，可以知道不行正义的结果。看到晋厉公随意杀害无辜，可以知道行为残暴的报应。看到陈侯佗、宋闵公，可以知道忌妒和淫乱的祸患。看到虞公和梁国灭亡，可以知道贪财枉法的困窘。看到楚灵王，可以知道役使百姓的伤害。看到鲁庄公修筑高台，可以知道骄横奢侈荒淫放纵的过失。看到卫侯朔，可以知道不服从天子征召的罪过。看到拘捕凡伯，可以知道冒犯君王的过错。看到晋郤缺攻伐邾娄国，可以知道臣下干涉国君废立所应受的谴责。看到公子翚，可以知道臣下窥探国君想法的危害。看到世袭的卿相，可以知道权力下移导致的失败。因此明智的君主能在事态不分明时就看得清，在声音还未发出时就听得清，天所覆盖、地所承载之处，天下万国，没有敢不恭谨尽职完成所受之命的，明智的君主不把自己了知的一切明示臣子。因此君臣所行之道相同就不能居于领导地位，情感相等同就不能相役使，这是作为君王的教法。由此看来，没有抛弃人君的权威还能控制形势的；没有贵贱没有差别还能保全自己地位的。所以君子应该审慎地对待这些事。

灭国上第七

导读

灭国事分为上下两篇，主题相同，皆言春秋时期诸侯衰败亡国的经验教训，似应本为一篇。上下篇总结出的亡国原因略有不同。上篇举卫侯朔、晋赵盾、楚王髡、虞公事，说明国君托其国于贤臣的必要，以及失贤臣之后果，强调君臣相辅对于国家安危的重要性。同时以音训的方法指出合格的王者要能使天下归往，合格的君主要能与臣民同群。小国若想在乱世中保住国家，要与诸侯会聚联盟，危难时才能得到救护。

王者，民之所往。君者，不失其群者也。故能使万民往之，而得天下之群者，无敌于天下。弑君三十六，亡国五十二。小国德薄，不朝聘大国，不与诸侯会聚，孤特不相守，独居不同群，遭难莫之救，所以亡也。非独公侯大人如此，生天地之间，根本微者，不可遭大风疾雨，立铄[1]消耗。卫侯朔固事齐襄[2]，而天下患之；虞虢并力，晋献难之[3]。晋赵盾，一夫之士也，无尺寸之土，一介之众也，而灵公据霸主之余尊，而欲诛之，穷变极诈，诈尽力竭，祸大及身。推盾之心[4]，载小国之位，孰能亡之哉？故伍子胥，一夫之士也，去楚，干[5]阖庐，遂得意于吴。所托者诚是，何可御邪？楚王髡托其国于子玉得臣[6]，而天下畏之；虞公托其国于宫之奇，晋献患之。及髡杀得臣，天下轻之；虞公不用宫之奇，晋献亡之。存亡之端，不可不知也。诸侯见加以兵，逃遁奔走，至于灭亡而莫之救，平生之素行可见也。隐代桓立[7]，所谓仅存耳，使无骇帅师灭极，内无谏臣，外无诸侯之救；载亦由是也[8]，宋、蔡、卫国伐之，郑因其力而取之。此无以异于遗重宝于道而莫之守，见者掇[9]之也。邓、榖失地，而朝鲁桓，[10]邓、榖失地，不亦宜乎？

注释

1 铄（shuò）：损耗，削弱。2 卫侯朔固事齐襄：卫侯朔，即卫惠公，卫宣公之子。他设计害死了自己的两个贤能的哥哥伋与寿，激起了国人的愤恨，即位后被在卫国主政的左右两公子赶走。卫侯朔就依附自己的舅舅齐襄公杀掉两公子复位。3 虞虢并力，晋献难之：晋献公意图吞并虞国和虢国，私下和荀息商议说："吾欲攻郭（虢），则虞救之；攻虞，则郭（虢）救之，如之何？愿与子虑之。"荀息就给他献计策，用屈产名马和垂棘之地的玉璧买通虞公，假道伐虢，回来顺道灭了虞国。4 推盾之心：与赵盾推心置腹，诚意任用。5 干：求，求取信任。6 子玉得臣：楚国大夫。曾受到楚王重用，数次建议楚王进攻中原各国。后因城濮之战为晋军大败，被楚王勒令自杀。7 隐代桓立：隐，指鲁隐公。桓，鲁桓公。隐公、桓公皆鲁惠公之子，隐公年长庶出，桓公年幼母贵，隐公被立为君是因为惠公死时桓公尚幼，恐诸大夫不能辅佐，遂先立隐公，待桓公年长后归政，故说“隐代桓立”。8 载亦由是也：载，亦作“戴”，春秋时期的小国，为郑国所灭。即下文所说，郑国借宋国、蔡国、卫国之力很容易就灭亡了载国。9 掇：拾取。10 邓、穀失地，而朝鲁桓：邓、穀，指邓国和穀国，都是春秋时期的小国，为楚国所灭。桓公七年，两国国君曾经朝见鲁桓公。

译文

王的意思，是天下百姓归往。君的意思，是不会失去自己的群众。因此能让百姓归往，得到天下群众的心的，就会天下无敌。《春秋》记载被弑杀的国君有三十六位，被灭亡的国家有五十二个。小的国家德行微薄，不朝覲聘问大国，不与各诸侯会聚结盟，孤立而不相互防守，单独行事不和群，遭遇祸难没有人救援，这就是国家灭亡的原因。不仅公侯大人如此，生于天地之间，根基浅微的事物，不能经受疾风暴雨，会立即消亡耗尽。卫侯朔服事齐襄公，天下都为此忧虑；虞国、虢国合力，晋献公也觉得为难。晋国的赵盾，只是一介卿士，没有一寸土地，一个兵众，而晋灵公凭借祖父晋文公的霸主余尊，想要诛杀赵盾，结果使尽权谋欺诈，用尽力气，大祸反而降临自身。如果灵公能诚心任用赵盾，即使只是小国之君，谁又能让他灭亡呢？因此伍子胥只是一介卿士，离开楚国，求得吴王阖闾任用，便在吴国得到重用。如果所依托的确实是贤人，谁还能够抵御？楚王髡将国事托付给子玉得臣，天下诸侯都畏惧楚国；虞公将国事托付给宫之奇，晋献公就对此担忧。到了楚王髡杀死子玉得臣，天下就轻视楚国；虞公不任用宫之奇，晋献公就灭亡了虞国。能使国家存续还是灭亡的根本，不可以不知道。诸侯被别国军队侵犯，就四处逃奔，以致灭亡也无人救助，从他平日的行为就可以发现。鲁隐公代替桓公继位，仅仅是为保存鲁国，隐公派遣无骇率领军队灭掉极国，极国内无人进谏，国外又无诸侯救援；载国的灭亡也是这样，宋国、蔡国、卫国攻打它，郑国借这些国家的力量灭亡了它。这与将宝物遗落在路上却无人看守没有什么不同，看见的人就会拾取。邓国、穀国失去国土，还要朝拜弑亲夺位的鲁桓公，邓国、穀国失去国土，不是应该的吗？

灭国下第八

导读

下篇先举纪、盛、谭、遂、曹等小国灭亡事，说明小国若想保全当认清形势依附大国的道理；又举鲁庄公、魏国、邢国为例说明小国孤高自许，不与大国结盟，导致国家陷于危难的恶果。文末则对齐桓公称霸而能遵循存亡继绝精神表示赞许，称其有“忧天下”之心，故能得诸侯遵从。令读者认识到荀子“仲尼之门，羞称五霸”等说法之外，儒家对诸侯称霸史事的多元观点和态度，有助于增进和丰富我们对儒家思想的理解。

纪侯之所以灭者，乃九世之仇也。[1]一旦之言，危百世之嗣，故曰大去。卫人侵成[2]，郑入成，及齐师围成，三被大兵，终灭，莫之救，所恃者安在？齐桓公欲行霸道，谭遂违命，故灭而奔莒。[3]不事大而事小。曹伯之所以战死于位[4]，诸侯莫助忧者，幽之会[5]，齐桓数合诸侯，曹小，未尝来也。鲁大国，幽之会，庄公不往。戎人乃窥兵于济西[6]，由见鲁孤独而莫之救也。此时大夫废君命，专救危者。

注释

1 纪侯之所以灭者，乃九世之仇：纪国为齐襄公所灭。周夷王三年，因纪侯的谮言导致周夷王“烹齐哀公于鼎”，哀公是襄公的九世祖，襄公以为齐哀公复仇为由，灭亡了纪国。纪侯因言论埋下祸端，因此下文说“一旦之言，危百世之嗣”。2 成：即“盛”，指春秋时的盛国，下同。3“齐桓公”至“灭而奔莒”：谭国不礼待依附齐国，遂国不参加齐国北杏之盟，齐桓公分别于鲁庄公十年、十三年灭掉谭国和遂国。4 曹伯之所以战死于位：曹伯，指曹僖公。据《公羊传》庄公二十四年记载，曹僖公在戎人入侵曹国时战死。参见《王道》篇注曹羁劝谏曹伯事。5 幽之会：幽，宋地。幽之会应指公元前667年，齐桓公在幽地召开的会盟。《春秋》庄公二十七年载：“夏六月，公会齐侯、宋公、陈侯、郑伯同盟于幽。”6 戎人乃窥兵于济西：据《春秋》庄公十八年载，鲁庄公曾追击西戎至济水之西。当时西戎并未侵伐中原，此为庄公预先防范之举。

译文

纪国之所以灭亡，是因为齐国要报九代以前结下的仇恨。纪侯一时的言论，危害了许多世以后的子孙，所以《春秋》记载称为“大去”。卫国侵犯盛国，郑国攻入盛国，以及齐军包围盛国，盛国三次遭遇大军，最终灭亡，没有一个国家救援，它所依靠的人在哪里？齐桓公要行霸道，谭国和遂国违抗齐国的想法，所以被灭亡，谭君出奔到莒国，这是由于不服事大国却去服事小国的原因。曹僖公之所以在君位上战死，诸侯没有人来帮他解忧，是因为诸侯在幽地盟会，齐桓公多次会合诸侯，曹国是小国，从来没有参加。鲁国是大国，幽地盟会，庄公不参加，戎人就发兵至鲁国济水西岸，由此可见鲁国孤单而没有人救援它。这个时候，大夫有废弃国君使命，擅自决定援助危难国家的。

鲁庄公二十七年，齐桓为幽之会，卫人不来。其明年，桓公怒而大败之。及伐山戎，张旗陈获以骄诸侯。于是鲁一年三筑台，乱臣比三起于内[1]，夷狄之兵仍灭于外[2]，卫灭之端，以失幽之会。乱之本，存亲内蔽。邢未尝会齐桓也，附晋又微，晋侯获于韩而背之，淮之会是也。[3]齐桓卒，竖刁、易牙之乱作。[4]邢与狄伐其同姓[5]，取之。其行如此，虽尔亲，庸能亲尔乎？是君也，其灭于同姓，卫侯燬灭邢是也。齐桓为幽之会，卫不至，桓怒而伐之。狄灭之，桓忧而立之[6]。鲁庄为柯之盟，劫汶阳[7]，鲁绝，桓立之。邢杞未尝朝聘，齐桓见其灭，率诸侯而立之，用心如此，岂不霸哉？故以忧天下与之。

注释

1 乱臣比三起于内：作乱的臣子接连三次出现在国内。比，并列，一个接着一个。详见《楚庄王》篇“庆父之乱”及《王道》篇“弟兄子父相杀”注。2 夷狄之兵仍灭于外：此句疑有误，如连下文则指闵公二年，狄人灭卫。3“邢未尝会”至“淮之会是也”：邢国最初依附晋国，晋惠公后被秦穆公打败并俘虏，邢国就背叛晋国，与齐、鲁等国在淮地结盟。4 齐桓卒，竖刁、易牙之乱作：齐桓公死后，其宠臣竖刁、易牙等人争权，不葬桓公，且杀害群臣，立公子无亏为君，致使太子昭逃往宋国，齐国因此发生内乱。5 邢与狄伐其同姓：同姓，同为姬姓。《春秋》僖公十八年载，邢、狄为救齐国共同讨伐卫国。邢、卫同为姬姓，所以说“伐其同姓”。6 桓忧而立之：齐桓公担忧卫国灭亡，立卫文公为国君。7 劫汶阳：《公羊传》庄公十三年载，鲁庄公与齐桓公在柯地会盟时，鲁国的曹沫执剑胁迫齐桓公答应归还鲁国汶水北岸的城池，桓公事后并未食言，如约归还了汶阳之田。

译文

鲁庄公二十七年，齐桓公召集幽地盟会，卫国不来参加。第二年，齐桓公发怒，大败卫国。到齐国攻打山戎时，齐桓公铺陈摆设缴获的旗帜和战利品，夸耀给诸侯看。在这个时期，鲁国一年三次修筑高台，国内臣子接连三次作乱，国外夷狄灭亡了卫国。卫国被灭的起因，是不赴幽地的盟会。鲁国动乱的根本是亲族内部的弊端。邢国从未与齐桓公会面盟誓，依附晋国，晋国当时国力微弱，晋惠公在韩地被秦国俘虏，邢国就背离晋国，参加淮地的盟会。齐桓公死去，竖刁、易牙作乱。邢国和狄人一起攻打同姓的卫国，并占领了卫国。邢国这种做法，即便想亲近别人，怎么还能亲近呢？这样的国君，最终会被同姓的国家灭亡，卫侯燬灭亡邢国就是这样。齐桓公召集幽地的盟会，卫国不到会，齐桓公发怒并发兵攻打它。狄人要灭亡卫国，齐桓公就担忧而重新扶立卫君。鲁庄公召集柯地的盟会，劫持齐桓公夺回汶阳之田，鲁国因内乱没有人继承君位，齐桓公帮助鲁国扶立鲁襄公。邢国、杞国从未朝拜过齐国，齐桓公见到邢、杞将要灭亡，便率领诸侯为它们确立了继承人，像这样的用心，岂能不在诸侯中称霸？桓公因心忧天下而被《春秋》称许。

盟会要第十

导读

宋王尧臣等《崇文总目》收录本篇标题作“会盟要”。依照周礼，诸侯不是朝觐周天子的时候不能离开国境，所以《春秋》记载会盟，多是表示憎恶的意思，因为诸侯自作主张结盟，违背礼制。本篇重点并不在批判会盟，而是强调王道的实现要以绝细恶为前提，提出天下无患、人性善、风化清廉、王道兴盛的理想政治实现阶梯，并强调《春秋》具有绝细恶、正是非的功能。

至意虽难喻[1]，盖圣人者贵除天下之患。贵除天下之患，故《春秋》重而书天下之患遍矣。以为本于见天下之所以致患，其意欲以除天下之患，何谓哉？天下者无患，然后性可善；性可善，然后清廉之化流；清廉之化流，然后王举道，礼乐兴，其心在此矣。《传》曰：“诸侯相聚而盟。”君子修国曰：此将率为也哉。[2]是以君子以天下为忧也。患乃至于弑君三十六，亡国五十二，细恶不绝之所致也。辞已喻矣，故曰：立义以明尊卑之分；强干弱枝以明大小之职；别嫌疑之行，以明正世之义；采摭托意[3]，以矫失礼；善无小而不举，恶无小而不去，以纯其美；别贤不肖，以明其尊。亲近以来远，因其国而容天下，名伦等物[4]，不失其理。公心以是非，赏善诛恶而王泽洽[5]，始于除患，正一而万物备。故曰大矣哉其号，两言[6]而管天下，此之谓也。

注释

1 至意虽难喻：至意，极致高明的深意。喻，明白、理解。2 此句当作“君子曰：此将率为修国也哉。”意思是，君子认为：这是要率众修治自己的国家。3 采摭（zhí）托意：摭，拾取。择取历史事件来寄托心意。4 名伦等物：给人事安立名号伦理等级秩序。5 洽：遍及，普遍。6 两言：指“褒贬”二字。

译文

圣人极致高明的深意虽然难于明白，但大概圣人是会重视铲除天下祸患的。重视铲除天下祸患，所以《春秋》也重视并详尽周遍地记载天下的祸患。认为将展现天下之所以招致祸患的原因作为根本，意在想要铲除天下的祸患，这是什么意思呢？天下没有祸患，然后人性才能成善；人性成善，然后清廉的教化才能流行；清廉的教化流行，王道才能施行，礼乐才能兴盛，圣人的用心就在这里了。《公羊传》说:“诸侯聚会盟誓。”君子认为:这是要率众修治自己的国家。所以君子把天下的事作为自己所忧虑的事。祸患达到三十六位君主被弑杀，五十二个国家被灭亡，这是由于没有断绝小的恶行的结果。言辞已经表达清楚了，因此说:建立正义以辨明尊卑的区别;使树干强大使树枝弱小，以辨明上下的职责;区分有嫌疑的行为，以彰明匡正社会风气的道义;择取史事以寄托自心，以此矫正失礼的行为;善事不因其小就不列举，恶事不因其小就不消除，以使美德更纯净;区别贤能和无能的人，以表明尊重贤者。亲近身边的人以招徕远方的人，借自己的国家而包容整个天下，安顿人伦名号秩序，不失固有的理序。以公心来正是非，奖赏善行而诛讨恶行，君王的恩泽就能流布天下，从铲除祸患开始，起始端正了，所有事都会完备。所以说《春秋》的名号真是伟大，褒、贬两个字就可以管理天下，说的就是这个道理。

正贯第十一

导读

本篇所谓的“正贯”，是指贯通于《春秋》记事的大义。春秋笔法纷繁复杂，而贯通其间的道理却是一致的，篇中即详述春秋的不同用辞笔法中蕴含的大义原则。如差贵贱、别绝属（分辨当为与不当为）、明职分、载贤良、应变化、顺伦类等，要能了解百姓的性情状况，才能引导教化，君民和谐，才能实现天下大治。

《春秋》，大义之所本耶！六者之科[1]，六者之旨[2]之谓也。然后援天端[3]，布流物，而贯通其理，则事变散其辞矣。故志得失之所从生，而后差贵贱之所始矣；论罪源[4]深浅，定法诛，然后绝属之分别矣[5]；立义定尊卑之序，而后君臣之职明矣；载天下之贤方[6]，表谦义[7]之所在，则见复正焉耳；幽隐不相逾[8]，而近之则密矣，而后万变之应无穷者，故可施其用于人，而不悖其伦矣。

注释

1 六者之科：六种类别。2 旨：意旨，意图。3 天端：天道的端始。4 源：当作“原”，追究、推究。5 绝属之分别矣：绝，断绝。属，连续。应该断绝还是应该延续的区分就清楚了。6 贤方：贤良方正的人。7 谦义：谦让的美德。他本作“兼义”，即道义。义，在这里指美德。8 逾：遥远。

译文

《春秋》，是大义的根据啊！有六种分类，讲的是六种不同的宗旨。然后援引天道的端始，散布于流动的万物，而贯通其间的道理，在所记录的史事中变化分散的各类用辞里。因此记载得失产生的来源，然后能区分贵贱差别的来由；根据罪行程度的深浅，依法确定惩罚，然后就能明确应该断绝和继续的行为的区别；树立大义以确定尊卑的次序，然后君臣的职分就清楚了；记载天下贤良方正之人，表述谦让美德所在之处，人们的认知就能恢复正道；对幽隐之事不要远离，靠近就可以知晓其隐秘，然后就可以应对变化万千、无穷无尽的事物，因此可以将其施用于各色人物，而不违背其伦类了。

是以必明其统[1]于施之宜。故知其气矣，然后能食[2]其志也；知其声矣，而后能扶其精也；知其行矣，而后能遂其形也；知其物矣，然后能别其情也。故

倡而民和之，动而民随之，是知引其天性所好，而压其情之所憎者也。如是则言虽约，说必布矣；事虽小，功必大矣。声响盛化运于物[3]，散入于理，德在天地，神明休[4]集，并行而不竭，盈于四海而讼咏[5]。《书》曰："八音克谐，无相夺伦，神人以和。"[6]乃是谓也。故明于情性，乃可与论为政，不然，虽劳无功。夙夜是寤，思虑惓[7]心，犹不能睹，故天下有非者。三示当中，孔子之所谓非，尚安知通哉？[8]

注释

1 统：统类，统领纲要。2 食（sì）：养，培养。3 声响盛化运于物：声响盛化，语言教化。盛化，美好的教化。物，当指民。4 休：美好，吉庆。5 讼咏：即"颂咏"，歌颂。6 "八音"至"以和"：出自《尚书·舜典》。八音，指以金、石、土、革、丝、木、匏、竹等八种材料制造的乐器，是古代乐器的统称。克，能。谐，和谐。夺，失掉。伦，次序。7 惓（juàn）：疲倦，劳累。8 "三示当中"至"知通哉"："三示当中"文义不通，当作"三不当乎"。三指上述性情、言语、行事三事。三者不当，是孔子所非议的，怎么还能说是通达治国之道呢？

译文

因此一定要明了适宜于施治的统领纲要。知晓他的气质，然后才能培养他的意志；知晓他的语言，然后才能扶助他的精神；知晓他的行动，然后才能成就他的形体；知晓他的事情，然后才能辨别他的情感。因此能够倡导什么百姓就附和响应什么，行动什么百姓就跟随什么，这是因为知道引导人们天性所喜欢的，而抑制人们情感所憎恶的。这样就会政令虽简约，内容却一定可以流布很广；事情虽然小，功业却一定很大。语言教化运行于万民当中，散布于各种事理之中，德行存在天地之间，神明美好地汇集，各种举措同时施行而不竭尽，充盈于四海而天下都歌颂吟咏。《尚书》说："各种乐音都能和谐，不失掉节奏次序，神与人都能和谐相处。"说的就是这个道理。因此只有明了人民性情的人，才可以同他谈论如何为政，否则，即使勤于劳作也得不到功劳。日夜不眠，也只是思虑而令身心疲惫，还是不能发现要领，所以天下会有人批评。三个方面做得都不恰当，为孔子所批评，还能说他通晓治国之道吗？

十指第十二

导读

十指为董仲舒总结《春秋》之概要。本篇列为六科十指，公羊家何休则列为三科九指，二者有别。所举十事既是根据《春秋》笔法总结的史事兴衰成败之经验，也是《春秋》学者对于现实政治的期待与政治理念的铺陈。十指当中最为根本的，仍然是儒家的仁义之道，行仁义之道，才能实现阴阳和调、万物理顺的理想政治局面。

《春秋》二百四十二年之文，天下之大，事变之博，无不有也。虽然，大略之要有十指[1]。十指者，事之所系也，王化之所由得流也。举事变，见有重焉，[2]一指也。见事变之所至者，一指也。因其所以至者而治之，一指也。强干弱枝，大本小末，[3]一指也。别嫌疑，异同类[4]，一指也。论贤才之义[5]，别所长之能，一指也。亲近来远，同民所欲，一指也。承周文而反之质[6]，一指也。木生火，火为夏，天之端，[7]一指也。切刺讥之所罚[8]，考变异之所加，天之端，一指也。举事变，见有重焉，则百姓安矣。[9]见事变之所至者，则得失审矣。因其所以至而治之，则事之本正矣。强干弱枝，大本小末，则君臣之分明矣。别嫌疑，异同类，则是非著矣。论贤才之义，别所长之能，则百官序矣。承周文而反之质，则化所务立矣。亲近来远，同民所欲，则仁恩达矣。木生火，火为夏，则阴阳四时之理相受而次矣。切刺讥之所罚，考变异之所加，则天所欲为行矣。统此而举之，仁往而义来，德泽广大，衍溢于四海，阴阳和调，万物靡不得其理矣。说《春秋》者凡用是矣，此其法也。

注释

1 十指：指，通“旨”，主旨、要旨。十种要旨，即十个重要原则。2 举事变，见有重焉：举出事情的变化，看出所重视的方面。3 强干弱枝，大本小末：天子（中央）是干、本，诸侯（地方）是枝、末。强干弱枝、大本小末，都是要加强中央集权。4 异同类：他本作“异同异”，区别同与异。5 论贤才之义：义，同“宜”，适宜。较论贤才各自适宜的领域。下文“别所长之能”意同。6 承周文而反之质：汉朝继承周朝之后，应矫正周朝文饰之过，而返回到质朴的状态。7 木生火，火为夏，天之端：钟肇鹏《校释》认为文有脱误，应作“木生火，火为夏，木为春，天之端”。按照五行学说，火由木而生，五行之木对应四时之春，春为一年之首，万物之本，所以说是天之端，即天时之端始。8 切刺讯之所罚：切，审察。审察被刺讥的之所以受惩罚（的原因）。9 见有重焉，则百姓安矣：此处的"见有重焉"是指"重民"，所以说"百姓安矣"。

译文

《春秋》记载了二百四十二年的文字，天下之广大，世事变化之博杂，没有不记录的。虽然如此，大体上的要旨有十种。十种要旨，是事情所维系的，是君王教化得以流布的缘由。列举事情的变化，见出有所侧重，这是第一种要旨。发现事情变化所导致的结果，这是第二种要旨。依循这种变化结果的原因而治理它，这是第三种要旨。要增强主干，削弱枝叶，扩大根本，减小枝末，这是第四种要旨。辨别因相似而有嫌疑的，区分同类与差异，这是第五种要旨。较论贤才各自适宜的工作，区别他们所擅长的才能，这是第六种要旨。亲近邻近的人，招徕远方的人，与百姓的欲求一致，这是第七种要旨。继承周代的文道之后而归返于质道，这是第八种要旨。木生火，火为夏，这是天时（一年）的端始，这是第九种要旨。审察被刺讥的之所以受惩罚的原因，考察灾异之所以降临的原因，这是天道的端始，这是第十种要旨。列举事件的变化，有所侧重，百姓就会安定。发现事情变化导致的结果，举措的得失就清楚了。依循事物变化结果的原因而治理它，事物的根本就能得到端正。增强主干，削弱枝叶，扩大根本，减小枝末，君臣的职分就清楚了。辨别因相似而有嫌疑的，区分同类与差异，是非的区别就明显了。较论贤才各自适宜的工作，区别他们所擅长的才能，百官的序列就安排适当了。继承周代的文道之后而归返于质道，教化所要达到的目标就确立了。亲近邻近的人，招徕远方的人，与百姓的欲求一致，仁德恩惠就会通达于天下。木生火，火为夏，阴阳四时内在相生的理路次序就清晰了。审察被刺讥的之所以受惩罚的原因，考察灾异之所以降临的原因，则上天所要做的事就能施行。综合起来而施行，对人施行仁爱，对己讲求道义，德行泽被广大，推衍于四海，阴阳协调和顺，世上万物没有不合于理的。讲说《春秋》的人使用的就是这些，这就是《春秋》记事的原则。

重政第十三

导读

本篇篇名与文章前两段内容似不相符，苏舆本依钱塘说，以第一段为《玉英》篇文字，第二段可能为后人辑佚而成。今文重点强调了仁义之说，将政治视为普通人命运中的“变命”，一生遭遇幸福还是痛苦危难，与统治者的施政息息相关，以此告诫执政者要重政之本，省察自己的政治举措为百姓带来什么影响。

惟圣人能属万物于一，而系之元也。终不及本所从来而承之，不能遂其功。是以《春秋》变一谓之元。元，犹原也，其义以随天地终始也。故人唯有终始也，而生死必应四时之变。故元者为万物之本。而人之元在焉。安在乎？乃在乎天地之前。故人虽生天气及奉天气者，不得与天元本、天元命，而共违其所为也。故春正月者，承天地之所为也。继天之所为而终之也。其道相与共功持业，安容言乃天地之元？天地之元奚为于此恶施于人？大其贯承意之理矣。[1]

能说鸟兽之类者，非圣人所欲说也。圣人所欲说，在于说仁义而理之，知其分科条别，贯所附[2]**，明其义之所审，勿使嫌疑，是乃圣人之所贵而已矣。不然，传于众辞**[3]**，观于众物，说不急之言而以惑后进者，君子之所甚恶也，奚为以哉？圣人思虑不厌，昼日继之以夜，然后万物察者，仁义矣。由此言之，尚自为得之哉。故曰：於乎！为人师者，可无慎邪？夫义出于经，经，传大本也。**[4]**弃营劳心**[5]**也，苦志尽情，头白齿落，尚不合自录**[6]**也哉？**

注释

1 本段依苏舆本为重出，详注参见《玉英》篇注。2 贯所附：贯通所附属的事物。3 传于众辞：疑为“傅于众辞”，附会众人之口。傅，附会。4 经，传大本也：经书是传的根本。5 弃营劳心：放弃钻研经书而劳心苦思。6 自录：录，按段玉裁《说文解字注》“虑之假借也”。即自我反省思虑。

译文

只有圣人能够将万物归属为“一”，而系属于“元”。最终不能归本于其所从来者而承贯之，就不能成功。所以《春秋》将“一”改称为“元”。元，就是本原，它的含义随天地而终始。所以人生是有始有终的，而生死一定与四季的变化相适应。因此，元是万物的本原。而人的本原也在其中。在什么地方？

在天地产生之前。所以人虽生于天气并奉行天气，却不能和上天同时以元为本，遵奉天命，而共同违背自己的本原。所以书写“春天正月”，是圣人承顺天地的所为。也是继承上天的安排而终结。其间的法则是二者共同成就功业，怎么说是天地的本原呢？天地之元为什么在这里，又施予了人类什么呢？这是张大圣人能够顺承上天的道理。

能解说鸟兽的类别，这不是圣人所要说明的道理。圣人所要说明的，在于阐述仁义并分析它的条理，知道仁义的分类与差别，并贯通附属于仁义的事物，阐明并周详分析其义理，不致（因事理相近而）产生嫌疑，这就是圣人所看重的。不然的话，附会众多言辞，观察众多事物，讲一些不切实际的话，而迷惑后学的人，是君子特别厌恶的，又有什么用呢？圣人思考问题不知厌足，从白天继续到夜晚，而后能够明察万物之理，正是仁义。由此说来，圣人尚且要自己为学才能有所收获。因此说：唉！做别人老师的，可以不审慎吗？仁义出于经文，经文是传的根本。放弃钻研经书而去劳心思虑，苦其心志竭尽其情，弄得头发苍白牙齿摇落，还不知道自我反省思虑吗？

人始生有大命[1]，是其体也。有变命[2]存其间者，其政也。政不齐[3]则人有忿怒之志，若将施危难之中，而时有随、遭[4]者，神明之所接[5]，绝属[6]之符也。亦有变其间，使之不齐如此，不可不省之，省之则重政之本矣。

撮[7]以为一，进义[8]诛恶，绝之本，而以其施[9]，此与汤武同而有异。汤武用之治往故[10]。《春秋》明得失，差贵贱，本之天王之所失天下者，使诸侯得以大乱之说，而后引而反之[11]。故曰博而明，深而切矣。

注释

1 大命：即正命，上天所赋之命。2 变命：随行为或遭遇而变化的命运。天命为主，又因具体情况而生变，即变命。3 政不齐：政治不整齐清明。4 随、遭：随，随命，随行为命，行善得善、行恶得恶的命运。遭，遭命，即遭遇意外之命，行善而遇恶，行恶而得福。5 神明之所接：神明所感应到的。接，接应、感应。6 绝属：断绝和继承。绝，断绝。属，续。7 撮：归纳，概括。8 义：当作“善”。9 以其施：以《春秋》之道施行教化。10 汤武用之治往故：汤、武用这个方法来治理人民，追究人民过去的事。11 引而反之：引导他们返回正道。

译文

人一出生就赋有“正命”，这是人的本然状态。也有“变命”存在于人生之中，这是政治造成的。政治不整齐清明，人们就会有忿怒的心志，就像是在危难之中施行活动，就时常有“随命”和“遭命”一样，这是神明所感应到的，断断续续的征兆。其间也有变化，是政治不清明导致的，不能不省察它，省察它就是注重政治的根本了。

概括为一句话，嘉奖善行、谴责恶行，断绝恶行的根源，并用《春秋》的原则施行教化，这与商汤和周武王之治相同又相异。商汤和周武王用这一思想来治理既往的事情。《春秋》则阐明得失，区别贵贱，是探索天子之所以失去天下，而诸侯能够扰乱天下的根源的学说，而后援引此理使天下返归正路。所以说《春秋》的道理是广博而高明，深刻而切中要害的。

二端第十五

导读

本篇将小与大、显与微视为《春秋》大义中抽绎的两个要义，并加以阐发。小与大、显与微实际是指执政者要谨于政事的开端，不要等到小事变成大事，微细的征兆变成无法挽回的后果。而征兆指的是天象灾异等，即君主如果执政不当，会发生自然灾害或特异的现象，就是上天对于君主的谴告，应当引起重视，从而反躬省察，改正自身。这一说法一方面是出于《春秋》阐发的政治哲学的历史经验特征，一方面是汉代特有的天人感应思想。

《春秋》至意有二端[1]，不本二端之所从起，亦未可与论灾异也，小大、微著之分也。夫览求微细于无端之处，诚知小之将为大也，微之将为著也。吉凶未形，圣人所独立[2]也，虽欲从之，末由也已，此之谓也。[3]故王者受命，改正朔，不顺数而往，必迎来而受之者，[4]授受之义也。故圣人能系心于微而致之著也。是故《春秋》之道，以元之深正天之端，以天之端正王之政，以王之政正诸侯之即位，以诸侯之即位正竟内之治，五者俱正而化大行。[5]故书日蚀、星陨、有蜮、山崩、地震、夏大雨水、冬大雨雹、陨霜不杀草、自正月不雨至于秋七月、有鸜鹆来巢，[6]《春秋》异之，以此见悖乱之征。是小者不得大，微者不得著，虽甚末，亦一端。孔子以此效[7]之，吾所以贵微重始是也。因恶夫推灾异之象于前，然后图安危祸乱于后者，非《春秋》之所甚贵也。然而《春秋》举之以为一端者，亦欲其省天谴而畏天威，内动于心志，外见于事情，修身审己，明善心以反道者也，岂非贵微重始、慎终推效者哉？

注释

1 二端：两个要点。即下文"小大""微著"。2 立：疑当作"知"。3"虽欲"至"谓也"："虽欲从之，末由也已"出自《论语·子罕》，当与"此之谓也"一起窜入此处。4"不顺数"至"受之者"：不依据原来月份顺序进行，而是根据上一朝所建立的正朔来加以改变。5"是故《春秋》之道"至"化大行"：苏舆《义证》将此段移至《玉英》篇，原处保留，今从苏说。6"故书日蚀"至"鸜鹆来巢"：蜮（yù），古代传说中一种能含沙射人影，致人生病乃至死去的动物。其他见《王道》篇注释。7 效：效验，证明。

译文

《春秋》至深的要义有两条，不探求这两个要义是如何开始的，也就无法与他讨论灾异，这两个要义就是小与大、微细和显著之间的区别。在事物尚未萌生之处寻找细微的征兆，确实可知小事将会演变为大事，细微的将成为显著的。是吉是凶尚未显现形迹的时候，只有圣人能够察知，（即使想要跟从他，也无从入手，说的就是这个道理。）所以君王禀受天命，改换正朔，不依照原来的月份顺序，而依照上一个朝代所用的正朔而加以改变，这是表示（上天与人之间）授予和接受的含义。所以圣人能留心细微的征兆而使之意义显著。因此《春秋》的原则，用“元”来端正天时的开端，用天时的开端来端正君王的政事，用君王的政事来确定诸侯即位，用诸侯即位来端正国内的统治。这五者都端正了，教化就可以广泛实现。所以记载日食、流星陨落、蜮虫出现、山崩、地震、夏季降暴雨、冬天下大冰雹、降严霜却未冻死野草、从正月一直到秋天七月不下雨、有鹳鹆鸟来筑巢，《春秋》认为这些事都很异常，由此见到悖乱的征兆。这就是小事不至于变成大事，细微的征兆不至于变成显著的征兆，即使非常细微，也是一个要义。孔子就是用这个方法验证的，我之所以看重细微的征兆又重视事物的端始也是因为这个原因。因厌恶事先去推演灾异的征象，然后又希图祸乱发生之后能够安定，这不是《春秋》所推重的。然而《春秋》列举这种情况并视为一个要义，也是想让他们省察上天的谴告，进而敬畏上天的威严，于内震动己心，于外展现于事情，修养自身，审视自己，彰明善心以返归正道，难道不是看重细微征兆、重视端始、审慎对待结果并推验效果吗？

符瑞第十六

导读

本篇篇名为符瑞，实际上指讲“西狩获麟”为孔子承受天命一事，所以董仲舒所说的符瑞并非为权力献媚，而是为儒家王道政治理想确立权威性。篇中再次强调孔子作《春秋》是为王道的提出，这一王道既是对先王之道的延续，也是对天道的秉承。文末提到君主与宰相共同统领百官的说法，与黄老诸篇君主独具权势，臣子唯知效忠不同。

有非力之所能致而自至者，西狩获麟[1]，受命之符[2]是也。然后托乎《春秋》正不正之间，而明改制之义。[3]一统乎天子，而加忧于天下之忧也，务除天下所患。而欲以上通五帝，下极[4]三王，以通百王[5]之道，而随天之终始，博[6]得失之效，而考命象之为，极理以尽情性之宜，则天容遂矣[7]。百官同望异路，一之者在主，率之者在相。[8]

注释

1 西狩获麟：《春秋》哀公十四年载，“春，西狩获麟”。依《公羊传》说，麒麟为仁兽，而出现于乱世，被狩猎者捕获，引发孔子“吾道穷矣”的感伤，作《春秋》遂于此搁笔。2 符：征兆。3“托乎《春秋》”至“之义”：孔子托名《春秋》矫正不端正的世事，来显明改制的大义。4 极：同“及”，达到。5 百王：依苏舆《义证》，当指“五帝三王以前，九皇六十四民之类”，都是传说中的圣王。6 博：博得，博取。7 天容遂矣：容，面目。天容，指天象。遂，达成。8“百官”至“在相”：疑为他篇脱文。

译文

有不是人的力量所能达到的而自己来到的事，如在鲁国西边狩猎，捕获一只麒麟，这是孔夫子接受天命的征兆。然后孔子假托《春秋》的名分矫正不端正的世事，以此表明改制的大义。万事统管于天子，对天下的忧患就更加忧虑，致力于铲除天下的忧患。而想要向上通于五帝，向下达于三王，以此贯通百王的治国之道，而跟随于天道的终始，博取得失的效验，考察天命征象的含义，极尽道理以尽显人的善良情性，天象（显现的目的）也就达成了。百官道路相异而瞩望相同，统一他们的是君主，率领他们行路的是宰相。

俞序第十七

导读

本篇为全书关键的一篇，一般认为本篇可能为原书自序。篇名如徐复观先生说，"俞"应读为"腧"，即中医经络中的腧穴，为经络之气输注的关要，"神气之所游行出入的门户"，即关要、门户之意，则本篇是对春秋学宗旨、概要的揭示。篇章内容正为春秋大义"出入"的关要，即由《春秋》阐发出治国之道。明确提出孔子作《春秋》是为了梳理史事，以便"因其行事，加乎王心"，借史事之成败，阐明顺逆之理，以便实现"教化流行，德泽大洽，天下之人，人有士君子之行"的理想王道。

仲尼之作《春秋》也，上探正天端王公之位[1]，万民之所欲，下明得失，起贤才，以待后圣。故引史记[2]，理往事，正是非，见王公[3]。史记十二公[4]之间，皆衰世之事，故门人惑。孔子曰："吾因其行事，而加乎王心焉。以为见之空言，不如行事博深切明。"[5]故子贡、闵子、公肩子[6]言其切而为国家资也。其为切而至于杀君亡国，奔走不得保社稷，其所以然，是皆不明于道，不览于《春秋》也。故卫子夏[7]言："有国家者，不可不学《春秋》。不学《春秋》，则无以见前后旁侧之危，则不知国之大柄、君之重任也。故或胁穷失国[8]，掩杀于位[9]，一朝至尔。苟能述《春秋》之法，致行其道，岂徒除祸哉？乃尧、舜之德也。"故世子[10]曰："功及子孙，光辉百世，圣人之德，莫美于恕。"故予先[11]言："《春秋》详己而略人，因其国而容天下。"

注释

1 上探正天端王公之位：当作"上探天端，正王公之位"。2 史记：此指鲁国史书所记之事。3 见王公：苏舆《义证》疑"王公"二字有误，应为"见王心"，即表现君王的思想。或"见"为"剌"之误。译从原文。4 十二公：指孔子《春秋》所载鲁隐公至哀公十二位国君。5 "吾因其行事"至"博深切明"：行事，历代君王所行之事。借叙述历代君王所行之事，寓以王道之心。仅仅通过理论表述，不如通过实际的行事来阐发道理更为深刻确切。6 公肩子：孔子弟子，公肩当为复姓。7 子夏：卜商，本为晋国温人，温为魏所灭，后人误魏为卫，故称卫子夏。孔子重要弟子，《论语》多载其言，《春秋》后亦授子夏。8 胁穷失国：被胁迫得走投无路失去国家。9 掩杀于位：被突然袭击而杀害。10 世子：即周人世硕，当为孔门后学，作有《养书》等。《论衡·本性》提到世硕"以为人性有善有恶"。11 予先：依俞樾说，当作"子先"，不详何人，疑为孔子弟子。

译文

孔子写作《春秋》，向上探索天道的开端，端正王公的位置，顺应万民的愿望，向下阐明得失，起用贤能之人，以待后世的圣人。所以引用史书记载，梳理过往的事，端正是非，表现王公的行为。所记十二位君主之间的历史，全为衰世之事，所以孔门弟子感到迷惑不解。孔子说："我借叙述历代君王所行之事，并寓以王道之心。认为通过理论表述，不如通过实际的行事来阐发道理更为深刻确切明显。"所以子贡、闵子、公肩子认为《春秋》切要而可资为治国之鉴。它的切要，是记载了弑杀国君、国家灭亡，君主逃奔在外不能保守社稷，这些君主之所以到这种地步，全是因为不明了为君之道，不览读《春秋》的原因。所以卫子夏说："有国有家的君主、大夫不能不学习《春秋》。不学习《春秋》，就不能发现前后和身旁的危险，就不能知晓国家安危的柄要和君主的重任。因此有的被胁迫走投无路而失去国家，有的被突然袭击而杀害，在一天之内就能突然到来。如果能够绍述《春秋》的法则，实行它的道理，哪里仅仅是能消除祸患呢？这是尧、舜的德行。"所以世硕说："功业施及子孙后代，光辉照耀百世，圣人的美德，没有比'恕'道更美好的。"所以子先说："《春秋》详细记载鲁国的事，简略记载别国的事，治理好自己的国家而后能容有天下。"

《春秋》之道，大得之则以王，小得之则以霸。故曾子、子石[1]盛美齐侯安诸侯，尊天子。霸王之道，皆本于仁。仁，天心，故次之以天心。爱人之大者，莫大于思患而豫防之，故蔡得意于吴，鲁得意于齐，而《春秋》皆不告。[2]故次以言："怨人不可迩，敌国不可狎，攘窃之国不可使久亲，[3]皆防患、为民除患之意也。"不爱民之渐，乃至于死亡，故言楚灵王、晋厉公生弑于位，不仁之所致也。故善宋襄公不厄人，不由其道而胜，不如由其道而败，《春秋》贵之，将以变习俗而成王化也。故子夏言："《春秋》重人，诸讥皆本此。或奢侈使人愤怨，或暴虐贼害人，终皆祸及身。"故子池言："鲁庄筑台，丹楹刻桷，晋厉之刑刻意[4]者，皆不得以寿终。"上奢侈，刑又急，[5]皆不内恕，求备于人。[6]故次以《春秋》，缘人情，赦小过，而《传》明之曰："君子辞也。"孔子明得失，见成败，疾时世之不仁，失王道之体，故缘人情，赦小过，《传》又明之曰："君子辞也。"孔子曰："吾因行事，加吾王心焉。"假其位号，以正人伦，因其成败，以明顺逆[7]。故其所善，则桓、文行之而遂；其所恶，则乱国行之终以败。

故始言大恶，杀君亡国，终言赦小过，是亦始于麤粗[8]，终于精微。教化流行，德泽大治，天下之人，人有士君子之行而少过矣，亦讥二名[9]之意也。

注释

1 子石：世硕的字。孔子另一弟子公孙龙亦字子石。2“蔡得意于吴”至“皆不告”：《春秋》定公四年，楚人围蔡，蔡侯联合吴国大败楚国，可谓“蔡得意于楚”。僖公二十六年齐人伐鲁北鄙，鲁人乞师于楚，最终借楚军“伐齐取穀”，可称“鲁得意于齐”。《春秋》皆不告，是指《春秋》皆不记载这两件事，表示不赞许。3“怨人不可迩”至“使久亲”：怨人、敌国、攘窃之国，皆指敌对之国。迩、狎、亲，皆亲近之意。敌对之国不可与其亲近，因为会对自己国家和民众不利。4刻意：刻薄残忍的心意。5上奢侈，刑又急：上，通“尚”。崇尚奢侈，刑罚严峻。6皆不内恕，求备于人：在内没有宽恕仁爱之心，对他人却求全责备。7顺逆：顺逆于理，即合理与不合理。8麤粗：粗疏。麤，“粗”的异体字。9讥二名：二名，两个字的名字。《公羊传》认为两个字的名字不符合礼仪。

译文

《春秋》的道理，能掌握大部分就能称王天下，掌握小部分就能称霸。所以曾子、子石盛赞齐侯能安抚诸侯，尊奉周天子。称王称霸的道理，全以仁为本。仁是天之心，因此接着讨论天心。爱护人民最大的表现，没有比担心忧患并加以预防更大的，所以蔡国讨伐吴国而得意，鲁国打败齐国而得意，《春秋》全不宣告（因为没有仁心）。因此接着说：“不可亲近有怨恨之人，不可亲近敌对的国家，不能长久亲近有夺取风气的国家，这些都是防备忧患、为百姓铲除忧患的意思。”不爱护人民，逐渐发展以至于死亡，所以说楚灵王、晋厉公在位时被弑杀，是不仁招致的结果。所以赞许宋襄公不逼害人，不行正道而得胜，不如行正道而失败，《春秋》看重襄公的行为，要用它来移风易俗，成就王道的教化。所以子夏说：“《春秋》爱重人民，各种讥刺都以此为本源。有的君主因奢侈使民众愤恨，有的君主残暴伤害民众，最终都是灾祸危及自身。”所以子池说：“鲁庄公修筑高台，用红色的柱子和刻饰花纹的椽子，晋厉公的刑罚刻薄残忍，都不得寿终。”崇尚奢侈，用刑严峻，都对内不行恕道，对他人却求全责备。所以接着讲《春秋》，依照人情，赦免小的过错，《公羊传》阐明说：“这是君子（避讳）的用辞。”孔子阐明得失，展现成败的原因，嫉恨当时社会的不仁、失去王道的本体，所以依照人之实情，赦免小的过错。《公羊传》又阐明说：“这是君子的用辞。”孔子说：“我借叙述历代君王所行之事，寓以王道之心。”

借助周代的地位、称号，来端正人伦，借助国家成败，来阐明顺理还是逆理。所以《春秋》所赞许的，齐桓公、晋文公施行后便有了成功的结果；它所厌恶的，动乱国家施行后最终就失败了。所以由记载大的恶事如弑杀国君、灭亡国家开始，以赦免小的过错结束，这也是从粗疏开始，以精微告终。教化得到流传实行，恩德泽被和洽，天下的人，人人都有君子的行为，过错很少，这也是《春秋》讥刺人取两个字的名字的意思。

离合根第十八

导读

篇名含义不详，内容与《天地之行》篇有重叠。本篇与后《立元神》《保卫权》两篇选文皆具有浓厚的黄老学派语言特征。本篇主要讲君臣关系，其君臣分立、各法天地之道的说法，既有黄老君主藏形驭下、臣子暴形尽忠的“驭民之术”，又试图将“任群贤”“泛爱群生”的儒家价值观融入，体现了西汉早期儒学与其他学说思想碰撞融合的痕迹。

天高其位而下其施，藏其形而见其光。高其位，所以为尊也；下其施，所以为仁也；藏其形，所以为神[1]；见其光，所以为明。故位尊而施仁，藏神而见光者，天之行也。故为人主者，法天之行，是故内深藏，所以为神；外博观，所以为明也；任群贤，所以为受成[2]；乃不自劳于事，所以为尊也；泛爱群生，不以喜怒赏罚，所以为仁也。故为人主者，以无为为道，以不私为宝。立无为之位而乘[3]备具之官，足不自动而相者[4]导进，口不自言而摈者赞辞[5]，心不自虑而群臣效当[6]，故莫见其为之而功成矣。此人主所以法天之行也。

为人臣者法地之道，暴其形，出其情以示人，高下、险易、坚耎[7]、刚柔、肥臞[8]、美恶，累可就财[9]也。故其形宜不宜，可得而财也。为人臣者比[10]地贵信而悉见其情于主，主亦得而财之，故王道威而不失。为人臣常竭情悉力而见其短长，使主上得而器使之，而犹地之竭竟其情也，故其形宜可得而财也。

注释

1 神：神妙。2 受成：受用成果。3 乘：凭借。4 相者：辅助的人。相，辅助。5 摈者赞辞：摈者，助手。赞辞，帮助表达内心要说的话。赞，帮助。6 效当：尽力实行。当，实行。7 耎（ruǎn）：软弱。8 臞（qú）：亦作“癯”，瘦。9 财：通“裁”，裁定、分辨。10 比：同一样。

译文

上天的位置很高却向下布施雨露，隐匿自己的形体却能见到它的光亮。位置很高，是为表示尊贵；往下布施雨露，是为施行仁德；隐匿自己的形体，是为显得神妙；显现光亮，是为表示圣明。所以位置高而能施仁德，隐匿神形而显现光亮，这是上天的行为。因此做君主的应当效法上天的行为，所以内心思想深藏，以此显得神妙；在外广博观察，以此能够明察；任用众多贤能，以此受用成果；而不必自我操劳事务，以此能够成为尊长；泛爱众生，不以自己的喜怒来实行赏罚，以此施行仁政。因此做君主的，以无为作为治国的根本原则，以不谋私利作为宝物。立于无为的位置，凭借完备的官制，自己不用亲自走路，辅助的人就将宾客引进来，自己不用亲自说话，接待引导宾客的人就帮助宣布，自己不用亲自考虑问题，群臣就会尽力去实行，所以没人见到他亲自做什么事，而功业已经完成了。这是君主效法上天行为的结果。

做臣下的应当效法大地的做法，显露自己的形体，表达出自己的实情，以展示给别人，高或低，险峻或平坦，坚定或软弱，刚强或柔和，肥胖或瘦弱，美善或丑恶，全都可以被分辨裁决。所以人臣的形器合适与否，都可以分辨清楚。做大臣的，要和大地一样，以诚信为重，而全部展现自己的实情给君主，君主也能根据他的特征做出裁断，因此王道威严而不丧失。做人臣的常要尽心竭虑并展现自己的缺陷和长处，让君主能够根据他的才能而加以任用，犹如大地竭尽自己的实情，所以它的形器合适与否可以得到裁定了。

立元神第十九

导读

本篇单讲君主行为方式的重要性，强调君主为“国之本”，为“万物之枢机”。与《离合根》篇相类似的是，借用了黄老学派的崇本思想，但本篇却注入了更多儒家思想的成分。将事祖孝悌、教化礼乐等儒家特有的理念，融入了黄老的治国体系中。

君人者，国之元，[1]发言动作，万物之枢机[2]。枢机之发，荣辱之端也，失之豪厘，驷不及追。故为人君者，谨本详始，敬小慎微，志如死灰，形如委衣[3]，安精养神，寂莫无为。休形无见影，掩[4]声无出响，虚心下士，观来察往[5]。谋于众贤，考求众人，得其心遍见其情，察其好恶，以参忠佞，考其往行，验之于今，计其蓄积，受于先贤，释其仇怨，视其所争，差其党族，所依为臬[6]，据位治人，用何为名[7]，累日积久，何功不成？可以内参外，可以小占大，必知其实，是谓开阖[8]。君人者，国之本也。夫为国，其化莫大于崇本，崇本则君化若神[9]，不崇本则君无以兼人[10]。无以兼人，虽峻刑重诛，而民不从，是所谓驱国而弃之者也，患孰甚焉！

注释

1 君人者，国之元：元，意同“本”，根本。此处是将君主视为国家的根本。2 枢机：关键，要害。3 形如委衣：形，形体、身体。委，堆积、陈设。指国君的身形应该像陈设的衣服一样。4 掩：掩藏。5 观来察往：观察往来言行。6 臬（niè）：标准。一说，疑为“宗”字之误，宗旨。7 用何为名：当作“何用为名”。一说，当作“用言为名”，意为依其言论考查其成绩，听言责实的意思。8 开阖：阖，闭合。开阖，意为“开阖（捭阖）之术”，指考察使用官员的方法。9 崇本则君化若神：崇奉根本，君主的教化就会有神妙的效果。10 兼人：同时得到人，意即团结人。

译文

为人君主的人，是国家的元首，说话办事，是万民的枢钮关键。枢钮关键的发动，是荣辱的开端，失误一毫一厘，四匹马驾的车也来不及追上。所以做人君的，要恭谨严肃地对待事物的根本，周详地对待事物的开始，恭敬地处理微小的事物，谨慎地体察细微的事情，内心如同死灰一样不为周围所动，形体如同陈设的衣服一样无所作为，安养精神，寂静无为。休息形体看不见身影，掩住声音不发出声响，虚心待人礼敬士人，观察他们的来往言行。遇事与众位贤能谋议，并在百姓中考察，得到他们的用心，并普遍了解他们的实情，察见他们的好恶，来参验是忠诚还是邪佞，考察他们的过往行为，用现在的行为来验证，计算他们的所有行为，有多少是承受于先贤的，消释他们的怨仇，看他们争夺什么，使他们的亲族有差等，看他们所依循的标准是什么，按照他们的职位管理人民，依据他们的名位考查成绩，天长日久，什么功业不能完成呢？可以用内心参验外在表现，可以由小事预测大事，必定能知晓他们的实情，这就是考察任用官员的方法。统治国家的人，是国家的根本。管理国家，其做法没有比崇尚根本更重要的，崇尚根本，君王的教化就会顺利如神，不崇尚根本，国君就不能团结人。不能团结人，即使用严刑重罚，百姓也不会跟从，这等于把自己的国家抛弃掉，祸患哪有比这更严重的！

何谓本？曰：天、地、人，万物之本也。天生之，地养之，人成之。天生之以孝悌，地养之以衣食，人成之以礼乐，三者相为手足，合以成体，不可一无也。无孝悌，则亡其所以生；无衣食，则亡其所以养；无礼乐，则亡其所以成也。三者皆亡，则民如麋鹿，各从其欲，家自为俗。父不能使子，君不能使臣，虽有城郭，名曰虚邑。如此，其君枕块而僵[1]**，莫之危而自危，莫之丧而自亡，是谓自然之罚。自然之罚至，裹袭石室，分障险阻，**[2]**犹不能逃之也。明主贤君必于其信，是故肃慎三本**[3]**：郊祀致敬，共事祖祢，举显孝悌，表异孝行，所以奉天本也；**[4]**秉耒躬耕，采桑亲蚕，垦草殖谷，开辟以足衣食，所以奉地本也；**[5]**立辟雍庠序，修孝悌敬让，明以教化，感以礼乐，所以奉人本也。**[6]**三者皆奉，则民如子弟，不敢自专，邦如父母，不待恩而爱，不须严而使，虽野居露宿，厚于宫室。如是者，其君安枕而卧，莫之助而自强，莫之绥**[7]**而自安，是谓自然之赏。自然之赏至，虽退让委国而去，百姓襁负其子随而君之，**[8]**君亦不得离也。故以德为国者，甘于饴密，固于胶漆，是以圣贤勉而崇本而不敢失也。君人者，国之证**[9]**也，不可先倡，感而后应。故居倡之位，而不行倡之势，不居和之职，而以和为德，常尽其下，故能为之上也。**

注释

1 枕块而僵：块，土块。僵，僵死。贾谊《新书·先醒》提到虢君的故事，虢君无道，国破逃亡，枕于车夫膝盖而眠，车夫乃以土块代之，而后逃走，虢君即饿死。2 裹袭石室，分障险阻：当作“重袭石室，介障险阻”。语出《淮南子·览冥训》：“重袭石室，界障险阻，其无所逃之。”袭，套在外边的衣服。3 肃慎三本：肃慎，恭敬谨慎。三本，指天、地、人三者，万物的根本。4“郊祀致敬”至“奉天本也”：行郊祀礼向上天表达敬意，恭敬事奉祖先宗庙，表彰倡导孝行等，这些是事奉上天的根本。共，通“恭”，恭敬。祖祢，此指奉祀祖先的宗庙。祖，祖先庙。祢，父庙。这里把崇奉祖先神即孝道归入天道，认为行孝即是奉天。5“秉耒躬耕”至“奉地本也”：秉耒，手执农具。耒，犁一类的原始农具。皇帝亲自躬耕、皇后亲自采桑养蚕，表示重视农业，为奉地道之本。6“立辟雍庠序”至“奉人本也”：辟雍、庠序，周礼中，皇室、贵族子弟的学校为辟雍。乡校为庠，里校为序。重视教育，实行礼乐教化皆为人道之事，所以是奉人道的根本。7 绥：安抚。8“退让委国”至“随而君之”：委，委弃、丢弃。《礼记·曲礼》孔颖达疏：“应进而迁曰退，应受而推曰让。”指有德者退让当得之位，民众亦不舍离。9 证：本为“征”，征验。宋人避讳改。

译文

什么叫作根本？回答是：天、地、人，是万物的根本。上天生出万物，大地长养万物，人类成就万物。上天用孝悌生出万物，大地用衣食长养万物，人类用礼乐成就万物，天、地、人三者互相辅助如同手足，合起来成为一个整体，不可缺少一个。没有孝悌，就失去了出生的根本，没有衣食，就失去了长养的条件，没有礼乐，就失去了成就的依据。三者全都失去，民众就会像麋鹿野兽一样，各自跟随自己的欲望行事，各自依随自家的习俗，父亲不能使唤儿子，君主不能驱使臣下，即使有城墙，也只能叫作虚城。像这样，国君头枕土块而僵死在野外，没有人危害他而自己危害自己，没有人灭亡他而自己灭亡了自己，这就叫作自然的惩罚。自然的惩罚降临，即使住在双层石制的屋子里，有界隔的屏障和险关阻碍，也不能逃脱它。贤明的君主必定对这个道理完全相信，所以严肃审慎地对待天、地、人三个根本：举行郊祀致敬于天，恭敬事奉祖先宗庙，举荐显扬孝悌的人，表彰凸显孝悌之行，这是尊奉天道的根本；皇帝手持耒耜之类农具亲自耕种，皇后亲自采桑养蚕，除草播谷，开辟农地以丰衣足食，这是尊奉地道的根本；建立各级学校，修习孝悌、恭敬、礼让，用教化使人明智，用礼乐使人感动，这是尊奉人道的根本。三者全都尊奉，百姓就如同自己的子弟一般，做事不敢独自专断，国君如同百姓的父母一样，不用等到特意施恩才爱护民众，不用态度严厉百姓也乐意被驱使，即使自己居于野外，宿于露天，也胜过住在宫室中。像这样，国君就可以高枕无忧，没有谁帮助，自己就会强盛，没有谁安抚，自己就会安定，这就是所说的自然的奖赏。自然的奖赏来到后，即使国君退让君位，委弃国家而离开，百姓也要背着孩子，追随着认他为君，国君也没有办法离开了。因此以德治国的，比蜜糖还要甜，比胶漆还要牢固，所以圣君贤主都勤勉地尊崇根本，不敢有所缺失。君主是国家的征验，不可先行倡导，要有所感发然后才给予响应。因此居于倡导的位置却不做出倡导的姿态，不居于应和的位置却有应和的美德，经常使臣下竭尽所能，所以能做他们的上司。

体国[1]之道，在于尊神[2]。尊者所以奉其政也，神者所以就其化也，故不尊不畏，不神不化。夫欲为尊者在于任贤，欲为神者在于同心。贤者备股肱，则君尊严而国安；同心相承，则变化若神；莫见其所为而功德成，是谓尊神也。

天积众精以自刚，圣人积众贤以自强。天序日月星辰以自光，圣人序爵禄以自明。[3]天所以刚者，非一精之力；圣人所以强者，非一贤之德也。故天道务盛其精，圣人务众其贤。盛其精而壹[4]其阳，众其贤而同其心。壹其阳然后可以致其神，同其心然后可以致其功。是以建治之术，贵得贤而同心。

注释

1 体国：治理国家。2 尊神：地位尊贵和才智神妙。3“天序”至“以自明”：苏舆《义证》引《白虎通·封公侯》：“天虽至神，必因日月之光；地虽至灵，必有山川之化；圣人虽有万人之德，必须俊贤。”又引《盐铁论·相刺》：“天设三光以照记，天子立公卿以明治。”皆要求君主任用贤能，依赖贤能治国。序，以……为序，排列。4 壹：专一。

译文

治理国家的方法，在于地位尊贵和才智神妙。地位尊贵，所以能令人奉行政令；才智神妙，所以能成就他的教化。所以地位不尊贵人就不会敬畏，才智不神妙人就不会被教化。想要使地位尊贵的人，就在于任用贤能；想要使才智神妙的人，就在于同心同德。贤能者齐备如同股肱臂膀，国君就尊贵威严而国家就安稳；君臣同心同德，教化的实现就有如神明；没有人看到他做了什么，而功业德行都已成就，这就是所谓的尊贵与神妙。

上天积聚了众多精气以令自身刚强，圣人聚集了众多贤能以令自身强大。上天排列日月星辰之序以使自身光明，圣人排列爵禄等级以使自身明智。上天之所以刚强，并非仅靠一种精气的力量；圣人之所以强大，不是仅靠一个贤才的德行。所以天道致力于使精气盛多，圣人致力于使贤能众多。精气盛多而专一于阳气，贤能众多而令他们同心同德。阳气专一可以达致神妙，同心同德可以成就功业。所以建邦治国的办法贵在得到贤能之才并与之同心合德。

为人君者，其要贵神。神者，不可得而视也，不可得而听也，是故视而不见其形，听而不闻其声。声之不闻[1]，故莫得其响；不见其形，故莫得其影。莫得其影，则无以曲直也；莫得其响，则无以清浊[2]也。无以曲直，则其功不可得而败；无以清蚀，则其名不可得而度[3]也。所谓不见其形者，非不见其进止之形也，言其所以进止不可得而见也。所谓不闻其声者，非不闻其号令之声也，言其所以号令不可得而闻也。不见不闻，是谓冥昏[4]。能冥则明，能昏则彰。能冥能昏，是谓神人。君贵居冥而明其位，处阴而向阳[5]，恶人见其情而欲知人之心，是故为人君者执无源之虑，行无端之事，以不求夺[6]，以不问问[7]。吾以不求夺，则我利矣，彼以不出出[8]，则彼费[9]矣。吾以不问问，则我神矣；彼以不对对，则彼情[10]矣。故终日问之，彼不知其所对；终日夺之，彼不知其所出。吾则以明，而彼不知其所亡。故人臣居阳而为阴，人君居阴而为阳。阴道尚形而露情，阳道无端而贵神。

注释

1 声之不闻：当作“不闻其声”，下文云“所谓不闻其声者，非不闻其号令之声也，言其所以号令不可得而闻也”可为证。2 清浊：是古人分析声音的一种分类，大致清相当于清亮，浊则为雄浑。3 度：测度，度量。4 冥昏：幽暗。5 处阴而向阳：指君主立于阴位，而能够制衡居于阳位的臣子。《王道》篇有“古者人君立于阴，大夫立于阳”之说。《管子·心术》云：“人主者立于阴，阴者静，故曰动则失位，阴则能制阳矣，静则能制动矣。”6 以不求夺：不用要求别人就能获得所要的东西。7 以不问问：不用询问就能获得答案。8 彼以不出出：臣子不付出而实际上已经付出了。9 费：花费，损耗。10 情：显露实情。

译文

做国君的，其关健在于以神妙为贵。神妙，是看不见，也听不到的，所以看却见不到他的形体，听却听不到他的声音。声音听不见，所以没人能听得到他的声响；形体看不见，所以没人能见到他的影子。没人能见到他的影子，就没有办法评判他的曲直；没人能听到他的响声，就没有办法评判他的清浊。没有办法评判曲直，他的功业就不会失败；无法评判清浊，他的名声就无法被测度。所说的不能见到形体，并非不能见到他前进、停止的形影，而是说他前进、停止的原因不能了知；所谓听不到他的声音，并非听不到他发号施令的声音，而是他所以发号施令的原因不能了知。看不见、听不到，就是所谓的幽暗。能幽深就能显明，能昏暗就能彰显。能幽深又能昏暗，就是所谓的神妙之人。人君贵在处于幽暗之中而能显明他的地位，处在阴位面向阳面，厌恶别人发现他的心思，却要知道别人的想法，所以做国君的人执持无根源的思虑，行无端由的事情，不用要求就能夺得，不用询问就能了知。君主以不要求的方式夺得，是有利的，臣子以不付出的方式付出了，其实已经耗费了精力。君主以不发问的方式发问，是神妙的；臣子以不回答的方式回答，其实已经露出了真相。因此君主终日都在向臣子发问，他却不知道自己回答的是什么；终日在向他夺取，他却不知道自己付出了什么。君主已经明白了，而臣子却还不知道自己失去了什么。所以人臣居处阳位却为阴，君主居处阴位却为阳，人臣之道注重显现形体显露实情，人君之道则不露端倪而行事神妙。

保位权第二十

导读

本篇主题仍为君主驾驭臣民的统驭之术，但在君何以禁制臣民的手段中融入儒家的价值观，使得全文结论走向与黄老思想相反的方向去了。如黄老道家强调无欲，本篇却以民无欲（所好）则君无以禁制为由，顺利推导出民要有欲，儒家强调的尊卑之制、贵贱之差也因此具有必要性，由此而反证了黄老学说的无欲思想。后文用同样的方法论证了君臣虽须分职而治，君欲隐其形迹来治国，就须因国为身，因臣为心，而非一人独断，最终推导出儒家主张的君臣相辅的治国方式。

民无所好，君无以权[1]也。民无所恶，君无以畏也。无以权，无以畏，则君无以禁制也。无以禁制，则比肩齐势[2]而无以为贵矣。故圣人之治国也，因天地之性情、孔窍[3]之所利，以立尊卑之制，以等贵贱之差。设官府爵禄，利五味，盛五色，调五声，以诱其耳目，自令清浊昭然殊体[4]，荣辱踔然相驳[5]，以感动其心，务致民令有所好。有所好，然后可得而劝也，故设赏以劝之。有所好，必有所恶，有所恶，然后可得而畏也，故设罚以畏之。既有所劝，又有所畏，然后可得而制[6]。制之者，制其所好，是以劝赏而不得多也。制其所恶，是以畏罚而不可过也。所好多则作福，所恶多则作威。作威则君亡权[7]，天下相怨；作福则君亡德，天下相贼。故圣人之制民，使之有欲，不得过节，使之敦朴，不得无欲。无欲有欲，各得以足，而君道得矣。国之所以为国者，德也；君之所以为君者，威也。故德不可共，威不可分。德共则失恩，威分则失权。失权则君贱，失恩则民散。民散则国乱，君贱则臣叛。是故为人君者，固守其德，以附其民；固执其权，以正其臣。

注释

1 权：应作“劝”，劝勉、鼓励。2 比肩齐势：地位平等、权势齐平。比肩，一般高，即地位平等。比，并列。3 孔窍：耳、鼻、口、目等五官，比喻官能欲望。4 清浊昭然殊体：声音的清浊清晰区别。清浊，琴弦或松或紧发出的声音为清浊不同。殊体，异体。5 荣辱踔然相驳：意即要明辨赏罚。踔，同“灼”，明显。相驳，互相交杂、互相不同。6 制：节制。7 作威则君亡权：作威，指臣子擅行刑罚。这会导致君主丧失权力。

译文

百姓没有所喜好的，君主便无从劝勉。百姓没有所厌恶的，君主便无法使他们畏惧。无从劝勉，无法使人畏惧，君主就没有办法施以禁止和节制。无法施以禁止与节制，君主和百姓地位相等而权势齐平，就没有办法令自己尊贵。所以圣人治理国家，因顺民众天然的性情、五官的欲求，来建立尊卑的制度，以区别身份贵贱的差别。设置官府和爵位俸禄，利用不同的口味，丰富不同的色彩，调和不同的声音，来诱导百姓的耳目，使清浊的音律明显地有差别，恩荣与责辱明显不同，以使百姓的心受到震动，务必让百姓有所喜好。有所喜好，然后才能受到劝勉，所以设置奖赏来劝勉百姓。有所喜好，就一定会有所厌恶，有所厌恶，然后才能使他们畏惧，所以设置惩罚来使百姓畏惧。有了劝勉的手段，又有了使他们畏惧的手段，然后才可能进行节制。节制，就是节制人们所喜好的，所以劝勉奖赏不能太多。节制人们所讨厌的，所以惩罚畏惧也不能太过。所喜好的奖赏多了，大臣就会专擅行赏的权力；所讨厌的惩罚多了，大臣就会专擅刑罚的权力。大臣专擅刑罚的权力，君主就可能失去政权，天下人就会怨恨他；大臣专擅行赏的权力，君主可能失去恩德，天下人就会贼害他。所以圣人节制百姓，让他们有所欲求，但不能超过节度，让他们敦厚纯朴，但不能没有欲求。没有欲求和有欲求，各自都能得到满足，为君之道就有所得了。国家之所以成为国家，是因为有恩德；君主之所以成为君主，是因为有威势。所以恩德不能君臣共有，威势不能分散。恩德共有了就会失去民众的感恩，威势分散了就会失去权力。失去了权力，君主就低贱，失去了恩德，民众就会离散。民众离散国家就要动乱，君主低贱大臣就会背叛。因此做君主的，一定要牢牢守住自己的恩德，以使民众归附；一定要牢固地执掌自己的权柄，以使大臣端正。

声有顺逆，必有清浊，形有善恶，必有曲直。故圣人闻其声，则别其清浊，见其形，则异其曲直。于浊之中，必知其清；于清之中，必知其浊；于曲之中，必见其直；于直之中，必见其曲。于声无小而不取，于形无小而不举。不以著蔽微，不以众掩寡，各应其事以致其报[1]。黑白分明，然后民知所去就[2]，民知所去就，然后可以致治，是为象则[3]。为人君者居无为之位，行不言之教，[4]寂而无声，静而无形，执一无端，为国源泉。因国以为身，因臣以为心。以臣言为声，以臣事为形。有声必有响，有形必有影。[5]声出于内，响报于外；形立于

上，影应于下。响有清浊，影有曲直，响所报非一声也，影所应非一形也。故为君，虚心静处，聪听其响，明视其影，以行赏罚之象。其行赏罚也，响清则生清者荣，响浊则生浊者辱，影正则生正者进，影枉则生枉者绌[6]。擥[7]名考质，以参其实。赏不空施，罚不虚出。是以群臣分职而治，各敬而事，争进其功，显广其名，而人君得载其中，此自然致力之术也。圣人由之，故功出于臣，名归于君也。

注释

1 各应其事以致其报：各自与其所做的事相对应，得到相应的结果回报。2 去就：远离与接近。3 象则：指法则。象，法象、效法、模仿。4 为人君者居无为之位，行不言之教：语出《老子》第二章“是以圣人处无为之事，行不言之教”。本意是圣明的君主不有为造作，不施行以主观臆断发号施令的教化。5 有声必有响，有形必有影：指君主发出声音一定会产生影响，有形迹也必定会有反映。所以君主施政一定要对自己的言行极其谨慎。6 绌：通“黜”，免黜、贬退。7 擥（lǎn）：同“揽”，揽取。

译文

声音有顺从和悖逆，就一定有清有浊；形有善有恶，就一定表现出有曲有直。所以圣人听到他的声音，就能分辨清浊，见到形象后，就能分别曲直。在浊当中，必定能分辨出它的清；在清当中，必定能分辨出它的浊；在弯曲之中，必定能见到它的直；在直当中，必定能见到它的曲。不因声小而不取，不因形象小而不举用。不以显著的遮蔽隐微的，不以众多的掩盖寡少的，各自适应各自的事而得到相应的回报。黑白分明，然后百姓就知道该远离的和该亲近的，百姓知道该远离的和该亲近的，然后可以达到天下大治，这就是治国的法则。做人君的居处在无为的位置，实行不言的教化，寂止而无声响，安静不显露形迹，执守专一不偏于一端，成为治国的源泉。以国家作为身体，以臣子作为心腹。以臣子的言论来发声，以臣子的行事为形迹。有声音必定有回响，有形迹必定有反映。声音发自于内，回响报返于外；形体立于上方，影子映现于下方。回响有清有浊，影子有曲有直，回响所回应的不是一种声音，影子所映现的不是一种形体。所以做君主的，要使自己内心虚灵静处无为，灵敏地听到响声，明敏地察看影像，以便实行奖赏和惩罚的法则。在实行奖赏和惩罚时，回响声清亮的要令行事清静的官员得荣耀，回响声混浊的要令行事污浊的官员受责辱，影子端正的要令做事端正的官员得提升，影子不正的要令做事不端正的官员受罢黜。依据名声来考察他的实质，以便参验他的实际作为。奖赏不凭空施予，惩罚也不无根据地发出。因此群臣能够各依职分进行治理，各自敬慎自己的事业，争着进献自己的功绩，显扬扩大自己的名声，而人君就可以安坐其中，这是让群臣自然效力的办法。圣人按照这样去做，所以功业由群臣做出，名声却归于君主。

三代改制质文第二十三

导读

本篇讨论了王朝变更中制度革新的规律，三代是指夏、商、周三代，质文是指制度是以质朴还是以文烦为特征。三代之制以三正、黑白赤三统为序，三统又与天地、仁义、质文、阴阳等相匹配，又称为四法。董仲舒的四法说，看似与当时流行的五行相胜等王朝递嬗理论相似，实际上却始终不离仁义的核心，而只在具体仪节上增益减损，坚守儒家以德配命的权力正当性原则，保持哲学在面对权力时的批判性，不陷入无谓的权力递嬗规律总结。

《春秋》曰："王正月。"《传》曰[1]："王者孰谓？谓文王[2]也。曷[3]为先言王而后言正月？王正月也。"何以谓之王正月？曰：王者必受命而后王。王者必改正朔，易服色[4]，制礼乐，一统于天下，所以明易姓非继人，通以己受之于天也。[5]王者受命而王，制此月以应变，故作科[6]以奉天地，故谓之王正月也。

注释

1《传》曰：《传》，指《公羊传》。下引文出自《公羊传》。2 文王：指周文王。按《公羊传》的说法，文王始受天命，创设礼制，孔子跟从周朝，所以以文王之法为正宗。3 曷：何，为什么。4 易服色：改易所崇尚的服饰颜色。夏代崇尚黑色，商代崇尚白色，周代崇尚赤色。5 "所以明易姓"至"天也"：用以表明换了一个新的姓氏的王朝，并不是继承自前代的王朝，而是从上天那里接受的天命。6 作科：制作科条、条规。

译文

《春秋》记载说："王正月。"《公羊传》解释说："王指的是什么人呢？指的是周文王。为什么先说'王'而后再说'正月'？因为这是周文王历法的正月。"为什么称之为"王正月"？回答说：称王者一定受命于天而后才称王。称王的人一定要改变历法，改易礼服的颜色，制定新的礼乐，使天下一致，用以表明王朝易姓，并非从什么人那里继承，而完全是自己受命于天的。称王者是受天命而称王的，制定正月来顺应上天的变革，所以制定制度科条以便奉事天地，因此称作王正月。

王者改制作科奈何？曰：当十二色，历各法而正色[1]。逆数三而复[2]，绌三

之前曰五帝[3]，帝迭首一色[4]，顺数五而相复[5]，礼乐各以其法，象其宜[6]。顺数四而相复[7]。咸作国号，迁宫邑[8]，易官名，制礼作乐。

注释

1 历各法而正色："各法而正色"应作"各法其正色"，"而"为"其"字之误。指新王朝要改变立法，依照顺序从寅月（农历正月）、丑月（农历十二月）、子月（农历十一月）中选取一个月为正月，并以选定那个月的颜色为本朝崇尚的颜色。2 逆数三而复：逆着子、丑、寅的顺序来循环往复。3 绌三之前曰五帝：贬退三代之前的帝王称之为五帝。绌，通"黜"，贬斥。五帝，指黄帝、颛顼、帝喾、帝尧、帝舜。4 帝迭首一色：迭，更迭、轮流。指五帝轮流以一种颜色为首。5 顺数五而相复：顺着五行的顺序而循环往复。6 礼乐各以其法，象其宜：各以其法度，制定相适宜的礼乐。7 顺数四而相复：四，指下文所说的夏、商、质、文。顺着夏、商、质、文四法的次序而循环往复。8 迁宫邑：指新王朝要迁移都城。

译文

称王者是怎样改革制度、制定科条的呢？回答说：在（十二个月对应的）十二种颜色中，依照各种历法的顺序选取一种颜色为正色。逆着子、丑、寅三正的顺序而循环往复，贬退三代以前的君王称为五帝，五帝轮流以一种颜色为首色，顺着木、火、土、金、水五行的顺序循环往复，按照五行制定相适宜的礼乐制度。顺着夏、商、质、文四法的顺序循环往复。每个新的王朝都要制定新的国号，迁移都城，更改官制名称，制定礼乐制度。

故汤受命而王，应天变夏作殷号，时正白统[1]，亲夏故虞[2]，绌唐谓之帝尧[3]，以神农为赤帝[4]，作宫邑于下洛之阳，名相官曰尹[5]，作《濩乐》[6]，制质礼以奉天。

注释

1 时正白统：对应的天时正当以白色为正色的白统。2 亲夏故虞：亲近夏代，而以虞舜为故国。舜为有虞氏，尧为陶唐氏，舜代尧立，称为虞舜。3 绌唐谓之帝尧：贬退唐尧称之为帝尧。即前文所说贬退三代以前的君王称为五帝。4 以神农为赤帝：神农、赤帝，传说中的古代帝王，姜姓，又称炎帝，五德说以之为火德。5 名相官曰尹：辅相官名命名为尹。相官，辅相、辅佐的官员。尹，商代帝王的辅相。历史上的伊尹即名伊、官职为尹。6《濩乐》：即《大濩》，相传为商汤所作的乐曲。

译文

因此商汤接受天命而称王，顺应天命改变国号，变夏作殷，天时正对应为白统，亲近夏朝而以虞舜朝为故旧，贬黜唐尧而称之为帝尧，称神农氏为赤帝，在洛水下游的北岸修建宫城都邑，命名辅相之官为“尹”，创作《濩乐》，制定“质”礼来尊奉上天。

文王受命而王，应天变殷作周号，时正赤统，亲殷故夏，绌虞谓之帝舜，以轩辕为黄帝[1]，推神农以为九皇[2]，作宫邑于丰[3]，名相官曰宰[4]，作《武乐》[5]，制文礼以奉天。

注释

1 以轩辕为黄帝：轩辕、黄帝，相传姓公孙，因居于轩辕之丘，故被称为轩辕氏；五德说以为土德，因此又号黄帝。2 九皇：指远古传说中的帝王。汉代有九皇之祀。3 作宫邑于丰：在丰地修建宫城。丰，丰邑，商朝的属国，后西周文王曾迁都于丰，武王伐纣曾誓师于丰。今陕西户县。4 宰：依《周礼》记载，周代宰相称大冢宰。5《武乐》：即《大武》，武王兴师伐纣，表现人民欢乐的乐曲。

译文

周文王接受天命而称王，就顺应天命改国号，变殷为周，天时正对应的是赤统，亲近殷朝而以夏朝为故旧，贬黜虞舜而称为帝舜，称轩辕氏为黄帝，远推神农氏为九皇，在丰地修建宫城都邑，命名辅相之官为“宰”，创作《武乐》，制定“文”礼以尊奉上天。

武王受命，作宫邑于鄗[1]，制爵五等[2]，作《象乐》[3]，继文以奉天。周公辅成王受命[4]，作宫邑于洛阳，成文武之制，作《汋乐》[5]以奉天。

注释

1 鄗：同“镐”，即镐京，与丰京一起并称为“丰镐”，是西周初期的国都，又称宗周，位于今陕西西安长安区。其中，丰京是宗庙和园囿的所在地，镐京为周王居住和理政的中心。2 制爵五等：制定了公、侯、伯、子、男的五等爵位。3《象乐》：周武王时期的音乐，象征武王伐纣的音乐。一说，为象征武王建立太平盛世的音乐。4 周公辅成王受命：周公辅佐武王幼子成王承受天命。周公，周武王的弟弟，名旦，亦称周公旦。武王去世时，成王年幼，周公摄政辅佐成王。5《汋（zhuó）乐》：周公时所作乐。汋，通"酌"，挹取。

译文

周武王接受天命，在鄗京修建宫城都邑，制定爵位分为五等，创作《象乐》，继承文王以尊奉上天。周公辅佐成王接受上天的使命，在洛阳修建宫城都邑，成就文王、武王的制度，创作《汋乐》以尊奉上天。

殷汤之后称邑[1]，示天之变反命[2]。故天子命无常，唯命是德庆。[3]故《春秋》应天作新王之事[4]，时正黑统。王鲁，尚黑，绌夏，亲周，故宋[5]。乐宜亲《招武》[6]，故以虞录亲，乐制宜商，合伯、子、男为一等。[7]

注释

1 殷汤之后称邑：武王灭商之后，封商纣王之子武庚于宋。周成王时，武庚叛乱被杀，周王又将武庚封地封微子，爵位为公，延续商代的祭祀。2 示天之变反命：表示上天要改易违反天命的人。3 故天子命无常，唯命是德庆：天子命，疑应作"天之命"。无常，不是固定不变。唯命是德庆，疑应作"天命唯德是庆"。庆，庆赏、奖赏。4《春秋》应天作新王之事：《春秋》顺应天命制作新王之事务。5 宋：指故商。因宋地为商纣王之子武庚的封地，所以用宋代商。6 乐宜亲《招武》：乐舞适宜用《韶舞》。宜，适宜。亲，疑为"用"字之误。《招武》，即《韶舞》。7 乐制宜商，合伯、子、男为一等：乐制，应作"爵制"，制定爵位。按《公羊传》桓公十一年何休注："《春秋》改周之文，从殷之质，合伯、子、男为一。"

译文

商汤后代被封的宋地称为城邑（而非国都），表明上天要改易违反天命的人。所以天命并非恒定不变，天命只奖赏有德行的人。因此《春秋》顺应天命而制作新王的事务，天时正对应的是黑统。《春秋》假借鲁国称王，崇尚黑色，贬黜夏代，亲近周代，以商宋为故旧。音乐适宜采用《韶舞》，所以亲近虞舜，制定爵位以商制为合宜，合并伯、子、男三爵为一等。

然则其略说奈何？曰：三正以黑统初[1]。正日月朔于营室[2]，斗建寅[3]。天统气始通化物，物见萌达，其色黑。[4]故朝正服黑[5]，首服藻黑[6]，正路舆质黑[7]，马黑[8]，大节、绶、帻尚黑[9]，旗黑，大宝玉黑[10]，郊牲黑[11]，牺牲角卵[12]。冠于阼[13]，昏礼逆于庭[14]，丧礼殡于东阶之上[15]。祭牲黑牡[16]，荐尚肝[17]。乐器黑质。法不刑有怀任新产[18]，是月[19]不杀。听朔废刑发德[20]，具存二王之后[21]也。亲赤统，故日分平明，平明朝正。[22]

注释

1 三正以黑统初：三正以黑统为初。初，初始、开端。本句下应补“正黑统奈何？曰正黑统者，历”十一字为是。2（历）正日月朔于营室：历法的正月初一，太阳和月亮在营室会合。营室，星宿名，或称室宿，二十八宿之一。3 斗建寅：斗柄指向“寅”的位置。斗，指北斗星，星宿名，二十八宿之一。斗建，即农历之月建，古代以北斗星斗柄的运转计算月份，斗柄所指之辰谓之斗建。如正月指寅，为建寅之月，二月指卯，即为建卯之月。4“天统气”至“其色黑”：天道统领之气开始相通并化育万物，万物显现萌发生长，它们的颜色是黑色。5 朝正服黑：正式的朝服为黑色。6 首服藻黑：头上戴的冠冕和冕上系玉的丝绳为黑色。藻，古代帝王冕上系玉的丝绳。7 正路舆质黑：君主所乘的车为黑色。路舆，君主所乘的车。8 马黑：驾车的马脖颈上的毛色为黑色。9 大节、绶、帻（zé）尚黑：符节、绶带、头巾都以黑色为上。大节，指朝廷用的符节。绶，绶带，用来拴印信、玉石的丝带。帻，包头巾。10 大宝玉黑：应指举行祭祀典礼时所用之玉。11 郊牲黑：郊祭时的牺牲用黑色的。12 牺牲角卵：祭祀时用的牺牲的角像卵一样小。13 冠于阼（zuò）：冠礼在正堂前东面的台阶上举行。阼，正堂前东面的台阶，一般为主人出行所立之位。14 昏礼逆于庭：婚礼时，新郎在正堂前面的庭院迎接新娘。昏，同“婚”。逆，迎接。15 丧礼殡（bìn）于东阶之上：丧礼时停柩于东阶上。殡，停放灵柩。16 祭牲黑牡：祭祀时的牺牲选用黑色雄性的。17 荐尚肝：进献的祭品以肝脏为上等。荐，进献祭品。18 法不刑有怀任新产：法律不施刑于怀有身孕以及刚产子的妇女。19 是月：指正月。20 听朔废刑发德：每月初一举行朔礼时，停止刑罚而施行德教。听朔，也叫视朔。古代天子、诸侯每月朔日（初一）举行朔礼，听治当月的政务。21 具存二王之后：分封前面两个朝代的后代，以令其继续奉祀祖先的宗庙。22 故日分平明，平明朝正：所以新的一天以天亮作为起点，天子在天亮时正式接受百官的朝见。日分，即日夜之分。平明，天亮之时。

译文

那么三正大概的说法是怎么样的呢？回答说：三正以黑统为初始。（黑统为初始又是怎么样的呢？回答说：黑统就是，历法的）正月初一，日月会合于营室，斗宿指向寅辰。天统之气开始相通并化生万物，万物显现萌发生长，它们的颜色是黑色。所以正式的朝服为黑色，头戴的冠冕和冕上丝绳是黑色，君主所乘的车舆质地也是黑色，马匹脖颈上的毛也是黑色，朝廷符节、绶带、头巾也都以黑为上，旗帜是黑色，典礼用的大宝玉为黑色，祭祀用的牺牲要黑色的，要角刚刚长出形状如卵的。冠礼要立在阼（东）阶，婚礼时新郎要在庭院迎接新娘，丧礼时要停柩于东阶上。祭祀用牲要黑色雄性的，进献的祭品以肝为上。乐器的质地是黑色。法律不施刑于怀有身孕的，或刚产子的妇女，正月不执行死刑。每月初一举行朔礼时，停止刑罚而施行德教，分封前面两个王朝的后代（让他们得以继续奉祀祖先宗庙）。亲近赤统，所以以天亮为前后两日的分界，天子在天亮时分正式接受百官的朝见。

正白统奈何？曰：正白统者，历正日月朔于虚[1]，斗建丑。天统气始蜕化物，物始芽，其色白。故朝正服白，首服藻白，正路舆质白，马白，大节、绶、帻尚白，旗白，大宝玉白，郊牲白，牺牲角茧[2]。冠于堂[3]，昏礼逆于堂，丧事殡于楹柱之间[4]。祭牲白牡，荐尚肺。乐器白质。法不刑有身[5]怀任，是月不杀。听朔废刑发德，具存二王之后也。亲黑统，故日分鸣晨[6]，鸣晨朝正。

注释

1 虚：虚宿，二十八星宿之一。2 角茧：角像蚕茧一样小。3 堂：堂屋，正厅，正殿。4 楹柱之间：应作“两楹之间”，指堂上两根大柱子之间。5 身：有孕。6 鸣晨：清晨鸡叫的时候。

译文

白统是怎么样的呢？回答说：三正的白统为，历法的正月初一，日月会合于虚宿，斗宿指向丑辰。天统之气开始令万物蜕壳变化，万物开始发芽，它们的颜色是白色。所以正式的朝服为白色，头戴的冠冕和冕上丝绳是白色，君主所乘的车舆质地也是白色，马匹脖颈的毛也是白色，朝廷符节、绶带、头巾也都以白为上，旗帜是白色，典礼用的大宝玉为白色，祭祀用的牺牲要白色的，要角刚刚长出形状如蚕茧的。冠礼要立在正厅，婚礼时新郎要在正厅迎接新娘，丧礼时要停柩于堂上两根大柱子之间。祭祀用牲要白色雄性的，进献的祭品以肺为上。乐器的质地是白色。法律不施刑于怀有身孕的妇女，正月不执行死刑。每月初一举行朔礼时，停止刑罚而施行德教，分封前面两个王朝的后代（让他们得以继续奉祀祖先宗庙）。亲近黑统，所以以清晨鸡鸣为前后两天的分界，天子在鸡鸣时分正式接受百官的朝见。

正赤统奈何？曰：正赤统者，历正日月朔于牵牛[1]，斗建子。天统气始施化物，物始动，其色赤。故朝正服赤，首服藻赤，正路舆质赤，马赤，大节、绶、帻尚赤，旗赤、大宝玉赤，郊牲骍[2]，牺牲角栗[3]。冠于房[4]，昏礼逆于户[5]，丧礼殡于西阶之上。祭牲骍牡，荐尚心。乐器赤质。法不刑有身，重怀藏以养微[6]，是月不杀。听朔废刑发德，具存二王之后也。亲白统，故日分夜半，夜半朝正。

注释

1 牵牛：牵牛宿，二十八星宿之一。2 骍（xīng）：赤色的马和牛，亦泛指赤色。3 角栗：角像栗子一样小。4 房：居室。5 户：门口。6 重怀藏以养微：重视怀有身孕的妇女，以此来养育微小的生命。

译文

赤统是怎么样的呢？回答说：三正的赤统为，历法的正月初一，日月会合于牵牛宿，斗宿指向子辰。天统之气开始施行化育万物，万物开始萌动，它们的颜色是赤色。所以正式的朝服为赤色，头戴的冠冕和冕上丝绳是赤色，君主所乘的车舆质地也是赤色，马匹脖颈的毛也是赤色，朝廷符节、绶带、头巾也都以赤为上，旗帜是赤色，典礼用的大宝玉为赤色，祭祀用的牺牲要赤色的，要角刚刚长出形状如栗子的。冠礼在居室举行，婚礼时新郎要在门口迎接新娘，丧礼时要停柩于西阶上。祭祀用牲要赤色雄性的，进献的祭品以心为上。乐器的质地是赤色。法律不施刑于怀有身孕的妇女，以此养育微小的生命，正月不执行死刑。每月初一举行朔礼时，停止刑罚而施行德教，分封前面两个王朝的后代（让他们得以继续奉祀祖先宗庙）。亲近白统，所以以半夜作为前后两日的分界，天子在半夜时分正式接受百官的朝见。

改正[1]之义，奉元而起。古之王者受命而王，改制称号，正月[2]，服色定，

然后郊告天地及群神，远追祖祢[3]，然后布天下。诸侯庙受[4]，以告社稷、宗庙、山川，然后感应一其司[5]。三统[6]之变，近夷遐方无有，生煞[7]者独中国。然而三代改正，必以三统天下。曰：三统、五端[8]，化四方之本也。天始废始施[9]，地必待中[10]，是故三代必居中国。法天奉本，执端要以统天下，朝诸侯也。是以朝正之义，天子纯统色衣[11]，诸侯统衣缠缘纽[12]，大夫士以冠，参近夷以绥[13]，遐方各衣其服而朝，所以明乎天统之义也。其谓统三正者，曰：正者，正也。统致其气，万物皆应而正；统正，其余皆正。凡岁之要，在正月也。法正之道，正本而末应，正内而外应，动作举错，靡[14]不变化随从，可谓法正也。故君子曰："武王其似正月矣。"

注释

1 改正：改变正朔。2 正月：重新确定正月。3 远追祖祢：祭告远至祖庙近至父庙。远追，应作"远近"。祖，祖庙。祢，父庙。4 庙受：在宗庙里接受天子的正朔。5 感应一其司：意思是从上天到天子、诸侯等，天人之间相互感应，统一历法管理。司，管理。6 三统：指天地人三正。7 生煞：即"生克"，损益。煞，减损的意思。8 五端：即元、春、王、正月、即位。9 始废始施：开始废除旧的而施行新的。10 地必待中：一定选在地上的中央。11 天子纯统色衣：天子穿着按照天统颜色制成的纯一不杂的衣服。12 统衣缠缘纽：按照天统颜色制成的衣服，衣边和扣带用浅红色的布料制成。缠，当作"纁（xūn）"，浅赤色布料。13 参近夷以绥：附近的夷狄戴着有天统颜色帽带的帽子来朝见天子。参，朝见。绥，通"緌（ruí）"，下垂的帽带。14 靡：无，没有。

译文

改变正朔的道理，是从尊奉天端开始的。古代的君王接受天命而称王，改变称号和正朔，确定礼服颜色，然后郊祭奉告天地和诸神，祭告远近历代祖庙与父庙，然后布告天下。诸侯在宗庙接受天子的正朔，以祭告社稷、宗庙、山川，然后天人相互感应，统一历法管理。天、地、人三统的更变，附近的夷狄和远方的国家都没有，只有中原地区有生克这个说法。然而三代更改正朔纪元，一定用三统来治理天下。所以说：三统和五始，是教化天下的根本。上天开始废旧施新，一定是在大地的中央，所以夏、商、周三代必定居处在中原地区。效法上天尊奉根本，执持端始的要领以统治天下，使诸侯朝见。所以正式朝见的道理，天子要按照天统的颜色穿纯色的衣服，诸侯要穿天统颜色的衣服，但衣边和扣带用浅红色的布料制成，大夫和士戴天统颜色的帽子，附近的夷狄戴有天统颜色帽带的帽子，远方国家各自穿着自己国家的礼服朝见天子，以此来表明天统的含义。所说的“统三正”，意思是说：正就是端正。统领引导阴阳之气，万物全都响应而归正；统领端正，其余都端正了。一年的关键，在于正月。效法正月的方法，是端正根本而后枝末就随之端正，内部端正外部也就相应端正，任何动作、举措，没有不随之变化的，这可以说是效法正月了。所以君子说：“武王就像是正月一样啊。”

《春秋》曰：“杞伯来朝[1]。”王者之后称公，杞何以称伯？[2]《春秋》上绌夏，下存周，以《春秋》当新王。《春秋》当新王者奈何？曰：王者之法，必正号[3]，绌王谓之帝[4]，封其后以小国，使奉祀之。下存二王之后以大国，使服其服，行其礼乐，称客而朝。[5]故同时称帝者五，称王者三，所以昭五端，通三统也。是故周人之王，尚推神农为九皇，而改号轩辕谓之黄帝，因存帝颛顼、帝喾、帝尧之帝号，绌虞而号舜曰帝舜，录五帝以小国。下存禹之后于杞，存汤之后于宋，以方百里爵号公。皆使服其服，行其礼乐，称先王客而朝。

《春秋》作新王之事，变周之制，当正黑统。而殷、周为王者之后，绌夏改号禹谓之帝，录其后以小国。故曰绌夏存周，以《春秋》当新王。不以杞侯，弗同王者之后也。[6]称子又称伯何？见殊之小国也。[7]

注释

1 杞伯来朝：见《春秋》庄公二十七年。杞，周代诸侯国，为夏禹之后。2 王者之后称公，杞何以称伯：周制，王者的后代被封于诸侯的，爵位为公，其余大国爵位为侯，小国为伯、子、男。杞国称伯，依《公羊传》何休注，杞国不称公的原因是，杞国为夏代之后，《春秋》黜夏亲周故宋，以《春秋》当新王。3 正号：端正名号。4 绌王谓之帝：贬黜二王之前的君王而称之为帝。5 “下存二王”至“称客而朝”：新王分封前朝二王之后代，使继续“统其正朔，服其服色，行其礼乐”，朝觐时称客，以表示“通三统”，体现“师法之义”“恭让之礼”。6 不以杞侯，弗同王者之后也：不对杞国称侯，是表示杞国与殷、周二王之后不同。7 称子又称伯何？见殊之小国也：对杞国有时称子，有时称伯，是为了表明杞国与一般的小国又不同。之，于。

译文

《春秋》记载说：“杞伯前来鲁国朝见。”王者的后代应称公，杞国国君为什么称伯?《春秋》往上贬黜夏朝，往下保存周朝，将《春秋》当作新王。《春秋》当作新王是怎么样的呢？回答说：王者的法则，一定要端正名号，贬黜二王之前的王称之为帝，用小的国家分封他的后人，让他们能奉祀祖先。往下用大国分封前两代王朝以保存其后人，让他们穿自己国家的衣服，实行自己国家的礼乐制度，朝见天子时称为宾客。所以同时称为帝的有五位，称为王的有三位，这是用来昭显五始，贯通三统的。因此周代的君王，上推神农称为九皇，改称轩辕为黄帝，保存帝颛顼、帝喾、帝尧等人的帝号，贬黜虞舜而称舜为帝舜，用小国分封五帝之后。往下保存禹的后人在杞国，保存汤的后人在宋国，土地方圆仅百里，爵号为公。让他们穿自己国家的衣服，行自己国家的礼乐制度，朝觐时称为先王的宾客。

《春秋》制作新王的事务，改变周代的制度，以黑统为正。殷人、周人是前王的后人，贬黜夏代改称禹为帝禹，以小国分封他们的后人。所以说，贬黜夏朝，保存周朝，是把《春秋》当作新王。不称杞君为侯，是为表明不把他与殷、周二王之后同等看待。称作子爵又称伯爵是什么原因？是为了表现他与别的小国又不同。

黄帝之先谥，四帝之后谥，[1]何也？曰：帝号必存五代，帝首天之色[2]，号至五而反。周人之王，轩辕直首天黄号[3]，故曰黄帝云。帝号尊而谥卑，故四帝后谥也。帝，尊号也，录以小何[4]？曰：远者号尊而地小，近者号卑而地大，亲疏之义也。故王者有不易者[5]，有再而复者[6]，有三而复者[7]，有四而复者[8]，有五而复者[9]，有九而复者[10]。明此通天地、阴阳、四时、日月、星辰、山川、人伦，德侔天地者称皇帝，天佑而子之，号称天子。

注释

1 黄帝之先谥，四帝之后谥：黄帝的谥号放在帝号前面，另外四帝的谥号放在帝号后面。2 帝首天之色：帝，应作“黄”。即黄色是天色之首。3 轩辕直首天黄号：轩辕氏正当天色第一位的黄号。直，正、当。4 录以小何：“小”后当有“国”字。5 王者有不易者：称王的规律有不改易的。不易者，应指道，即“王者有改制之名，无易道之实”。6 有再而复者：二者之间循环往复，即文、质。7 有三而复者：三者之间循环往复，即三正：建寅、建丑、建子。8 有四而复者：四者之间循环往复，即商、夏、质、文。9 有五而复者：五者之间循环往复，即五代帝号。10 有九而复者：九者之间循环往复，疑指“九皇”。

译文

黄帝的谥号放在帝号之前，四帝的谥号放在帝号之后，是为什么？回答说：帝号一定保存五代，黄色是天色的第一位，帝号流传至第五代就返回而开始循环。周代称王时，轩辕氏正当天色第一位的黄号，所以称作黄帝。帝号尊贵而谥号低下，所以黄帝之后的四帝谥号放在帝号之后。帝号，是尊贵的称号，用小国分封其后代是为什么？回答说：时代久远的帝王称号尊贵但封地狭小，时代晚近的帝王称号卑微但国土广大，这是亲疏有别的道理。因此称王的规律，有永恒不变的，有二者之间循环往复的，有三者之间循环往复的，有四者之间循环往复的，有五者之间循环往复的，有九者之间循环往复的。明了这些贯通天地、阴阳、四时、日月、星辰、山川、人伦的道理，德行可与天地相比的人，称为皇帝，上天辅佑并把他当儿子一样看待，就称作天子。

故圣王生[1]则称天子，崩迁[2]则存为三王，绌灭则为五帝，下至附庸，绌为九皇，下极其为民[3]。有一谓之三代，故虽绝地，庙位祝牲犹列于郊号，宗于代宗。[4]故曰：声名魂魄施于虚，极寿无疆。[5]何谓再而复，四而复？《春秋》郑忽[6]何以名？《春秋》曰[7]：“伯、子、男一也，辞无所贬。”何以为一？曰：周爵五等，《春秋》三等。《春秋》何三等？曰：王者以[8]制，一商一夏，一质一文。商、质者主[9]天，夏、文者主地，《春秋》者主人，故三等也。

注释

1 生：活着，在世时。2 崩迁：帝王去世称崩。迁，死的隐晦说法。3 下极其为民：下降到极点即为民。《汉旧仪》有“祭三王、五帝、九皇、六十四民”之说，六十四民在祀典之列，非一般民众。4“有一谓之”至“宗于代宗”：他们又都被称为先辈，虽然没有封地，宗庙的位置、祭祀用的牺牲也仍然被列在祭天的名录中，泰山封禅祭天的典礼上也被尊崇。有，通“又”。一，皆。三，当作“先”。绝地，没有封地。代宗，即岱宗，泰山。5 声名魂魄施于虚，极寿无疆：声名魂魄复归于虚空，并永垂不朽。无疆，谓声名永久。6 郑忽：即郑昭公，名忽，姬姓。7《春秋》曰：下引文出自《公羊传》桓公十一年。8 以：之。9 主：宗之，效法。

译文

所以圣明之王在世时称作天子，去世后留存为三王之一，时间超过三代的就贬黜为五帝，封地下降为附庸小国，时代再久的贬黜为九皇，下降到极点就成为民。他们又都被称为先辈，所以虽然没有封地，宗庙的神位和享祀的牺牲仍被列在郊祭的名录中，在泰山封禅典礼上也被尊崇。所以说：他们的声名魂魄复归于虚空，并会永垂不朽。二者之间循环往复，四者之间循环往复是什么意思？《春秋》中为何直称郑昭公之名忽？《公羊传》记载说："伯、子、男是同一等次的爵位，文辞上并没有贬谪的意思。"为什么把这三等爵合为一等呢？回答说：周代的爵位分为五等，《春秋》则分为三等。《春秋》为什么分为三等？回答说：君王的制度，商道、夏道相互交替，质道和文道轮流交替。商道与质道效法天；夏道与文道效法地，而《春秋》之道效法人，所以爵位分为三等。

主天法商而王，其道佚阳[1]，亲亲而多[2]仁朴。故立嗣予子，笃母弟，[3]妾以子贵。昏冠之礼，字子以父别眇[4]，夫妇对坐而食，丧礼别葬，祭礼先臊[5]，夫妻昭穆别位[6]。制爵三等，禄士二品。制郊宫、明堂员[7]，其屋高严侈员[8]。惟祭器员，玉厚九分，白藻五丝。衣制大上[9]，首服严员[10]。鸾舆尊盖[11]，法天列象，垂四鸾。乐载[12]鼓，用锡舞[13]，舞溢员[14]。先毛血而后用声[15]。正刑多隐[16]，亲戚多讳[17]。封禅于尚位[18]。

注释

1 佚阳：意同"溢阳"，即盛阳，阳气兴盛。2 多：崇尚。3 立嗣予子，笃母弟：嫡子若有孙而死，立其弟而不立孙为王位继承人，亲厚同母的弟弟。嗣，指王位继承人。笃，亲厚、厚待。按"质家亲亲先立弟，文家尊尊先立孙"说，法商从质道，故立弟。4 字子以父别眇：父亲给儿子取字以区别于其他的孩子。别，区别。眇，细微。5 祭礼先臊（sāo）：举行祭礼时先奉献生腥之肉。臊，腥臊、生腥之肉。6 夫妻昭穆别位：宗庙中夫妻的神主之位以昭、穆的次序来加以区别。7 制郊宫、明堂员：把郊祭的宫室和宣教的明堂建成圆形。郊宫，郊祭的宫室。明堂，帝王宣明教化之地，集天子太庙、享功、教学、选士为一体的建筑。员，通"圆"。8 高严侈员：高峻、宽大的圆形。9 大上：上面宽大。10 首服严员：帽子高而圆。严，高。11 鸾舆尊盖：鸾车的车盖高大。鸾舆，君王所乘的配有鸾铃的车。尊盖，高起的圆形车顶篷。12 载：置，摆放、陈列。13 锡舞：干舞，即手执干盾的舞蹈。14 舞溢员：舞蹈的队列排成圆形。溢，通"佾"，群舞中的队列。15 先毛血而后用声：祭祀时，先奉献牲畜的毛和血，然后再演奏音乐。16 正刑多隐：执行刑罚大多隐蔽地进行。隐，隐蔽。17 亲戚多讳：皇亲贵戚犯法，大多隐讳不宣说。18 封禅于尚位：举行封禅祭礼时，君王要处于上位。

译文

主崇天道，效法商道而称王，他所施行的“道”阳气兴盛，亲近亲密的人并崇尚仁爱质朴。所以立儿子为王位继承人，厚待同母弟，妾可以凭借儿子的地位获得富贵尊荣。冠礼时要由父亲给儿子取字以区别于其他的孩子，婚礼时夫妇相对坐着进食，丧礼时夫妇分别埋葬，祭祀时先奉献生腥之肉，宗庙中夫妇二人神主依昭、穆的顺序排列。制定的爵位分为三等，士的品禄分为二等。郊祭的宫室与太庙明堂建为圆形，所建造的房屋高峻宽大。祭器是圆形的，所用玉器厚九分，串玉的白色为主的丝绳分为五股。衣服的形制是上面宽大，头冠高而圆。鸾车的车盖高而圆，仿效上天日月星辰的形象，垂挂四只鸾铃。奏乐用摆放的鼓，舞蹈采用干戚舞，舞蹈的队列为圆形。祭祀时先奉献牲畜的毛和血，然后演奏音乐。刑罚大多隐蔽地执行，皇亲国戚犯法也大多隐讳而不宣说。举行封禅祭礼时，君王要处于上位。

主地法夏而王，其道进阴[1]，尊尊而多义节。故立嗣与孙[2]，笃世子[3]，妾不以子称贵号。昏冠之礼，字子以母别眇，夫妇同坐而食，丧礼合葬，祭礼先亨[4]，妇从夫为昭穆[5]。制爵五等，禄士三品。制郊宫、明堂方，其屋卑污方[6]。祭器方，玉厚八分，白藻四丝。衣制大下，首服卑退[7]。鸾舆卑，法地周象，[8]载[9]垂二鸾。乐设[10]鼓，用纤施舞[11]，舞溢方。先亨而后用声。正刑天法[12]，封坛[13]于下位。

注释

1 进阴：接近于阴柔之道。2 立嗣与孙：嫡子如有孙而死，就立嫡孙为王位继承人。3 笃世子：亲厚嫡长子。4 祭礼先亨：祭礼上，先奉献煮熟的祭品。亨，通“烹”。5 妇从夫为昭穆：宗庙中妇人的神主之位跟随丈夫神主之位的昭穆次序，不与其夫区分左右。6 屋卑污方：房屋建造成低矮、方形的。污，下陷、低矮。7 首服卑退：帽子前面低而后面高。比喻人的地位越高，态度越谦卑。8 鸾舆卑，法地周象：帝王乘坐的鸾车低矮，效法地上的各种物象制作而成。9 载：疑为衍文，当删。10 设：设置，陈列。11 纤施舞：即旄（máo）舞，一种手执牦牛尾的舞蹈。12 正刑天法：执行刑罚像上天一样公平。13 封坛：即封禅。

译文

主崇地道，效法夏道而称王，他所施行的“道”接近于阴，尊崇尊贵者并崇尚正义与节操。所以立嫡孙为王位继承人，厚待世子，妾不可以凭借儿子的地位获得尊贵称号。冠礼时要由母亲给儿子取字以区别于其他的孩子，婚礼时夫妇并肩坐着进食，丧礼时夫妇合葬，祭祀时先奉献煮熟的肉，宗庙中妇人随从其夫的昭、穆顺序排列。制定的爵位分为五等，士的品禄分为三等。郊祭的宫室与太庙明堂建为方形，所建造的房屋低矮而方。祭器是方形的，所用玉器厚八分，串玉的白色为主的丝绳分为四股。衣服的形制是下面宽大，头冠前低后高。鸾车低矮，仿效地上万物的形象，垂挂两只鸾铃。奏乐用陈列的鼓，舞蹈采用旄舞，舞蹈的队列为方形。祭祀时先奉献煮熟的祭品，然后演奏音乐。执行刑罚要像上天一样公平，举行封禅祭礼时，君王要处于下位。

主天法质而王，其道佚阳，亲亲而多质爱。故立嗣予子，笃母弟，妾以子贵。昏冠之礼，字子以父别眇，夫妇对坐而食。丧礼别葬，祭礼先嘉疏[1]，夫妇昭穆别位。制爵三等，禄士二品。制郊宫、明堂，内员外椭，其屋如倚靡员椭[2]。祭器椭，玉厚七分，白藻三丝。衣长前衽[3]，首服员转[4]。鸾舆尊盖，备[5]天列象，垂四鸾。乐桯鼓[6]，用羽籥舞[7]，舞溢椭。先用玉声而后烹。正刑多隐，亲戚多赦[8]。封坛于左位。

注释

1 嘉疏：祭祀用的稻子。疏，通“蔬”。2 其屋如倚靡员椭：所建造的房屋呈相连不断的椭圆形。倚靡，相连不断。椭，椭圆形。3 衣长前衽：衣服的前襟较长。衽，衣襟。4 员转：正圆形。5 备：具备。疑作“法”，仿效。6 桯（tīng）鼓：陈设在长几上的鼓。桯，长几。7 羽籥舞：手执雉羽和籥的舞蹈。8 赦：赦免。

译文

主崇天道，效法质道而称王，他所施行的“道”阳气兴盛，亲近亲密的人并崇尚质朴仁爱。所以立儿子为王位继承人，厚待同母弟，妾可以凭借儿子的地位获得富贵尊荣。冠礼时要由父亲给儿子取字以区别于其他的孩子，婚礼时夫妇相对坐着进食。丧礼时夫妇分别埋葬，祭祀时先奉献稻子作为祭品，宗庙中夫妇二人之神主依昭、穆的顺序排列。制定的爵位分为三等，士的品禄分为二等。郊祭的宫室与太庙明堂建为内部圆形外部椭圆形，所建造的房屋呈相连不断的椭圆形。祭器是椭圆形的，所用玉器厚七分，串玉的白色为主的丝绳分为三股。衣服的形制是前襟较长，头冠圆形。鸾车的车盖高大，仿效上天陈列的日月星辰的形象，垂挂四只鸾铃。奏乐用长几上摆放的鼓，舞蹈采用羽籥舞，舞蹈的队列为椭圆形。祭祀时先用玉磬演奏音乐，然后奉献煮熟的祭品。刑罚大多隐蔽地执行，皇亲国戚犯法大多赦免他们。举行封禅祭礼时，君王要处于左边的位置。

主地法文而王，其道进阴，尊尊而多礼文。故立嗣予孙，笃世子，妾不以子称贵号。昏冠之礼，字子以母别眇，夫妻同坐而食。丧礼合葬，祭礼先秬鬯[1]，妇从夫为昭穆。制爵五等，禄士三品。制郊宫、明堂，内方外衡[2]，其屋习而衡[3]。祭器衡同，作秩机[4]。玉厚六分，白藻三丝。衣长后衽，首服习而垂流[5]。鸾舆卑，备地周象，载垂二鸾。乐县鼓[6]，用万舞[7]，舞溢衡。先烹而后用乐。正刑天法。封坛于左[8]位。

注释

1 秬鬯（jù chàng）：祭祀时用来降神的酒，以香草与黑黍酿制而成，色黄而芳香。2 内方外衡：内部方形，外部长方形。衡，通“横”，长方形。3 屋习而衡：建造的房屋重叠相连呈现为长方形。4 秩机：疑为“旋机”，古代观测天文的仪器。5 垂流：即“垂旒”，帝王冠冕上装饰用的、垂下的玉串。6 县鼓：悬挂的鼓。7 万舞：干戚舞（《大戴礼·夏小正》）。一说，为舞的总名。8 左：应作“右”。

译文

主崇地道，效法文道而称王，他所施行的“道”接近于阴，尊崇尊贵者并崇尚礼仪节文。所以立嫡孙为王位继承人，厚待世子，妾不可以凭借儿子的地位获得尊贵称号。冠礼时要由母亲给儿子取字以区别于其他的孩子，婚礼时夫妇并肩坐着进食。丧礼时夫妇合葬，祭祀时先奉献香酒，宗庙中妇人随从其夫的昭、穆顺序排列。制定的爵位分为五等，士的品禄分为三等。郊祭的宫室与太庙明堂建为内部方形外部长方形，所建造的房屋重叠相连呈长方形。祭器是长方形的，制作观测天文的旋机。所用玉器厚六分，串玉的白色为主的丝绳分为三股。衣服的形制是后襟较长，头冠形状重叠且前后垂旒。鸾车低矮，仿效地上万物的形象，垂挂两只鸾铃。奏乐用悬挂的鼓，舞蹈采用万舞，舞蹈的队列为长方形。祭祀时先奉献煮熟的祭品，然后演奏音乐。执行刑罚要像上天一样公平。举行封禅祭礼时，君王要处于右边的位置。

四法修于所故，祖于先帝，[1] 故四法如四时然，终而复始，穷则反本。四法之天施，符授圣人王法，则性命形乎先祖，大昭乎王君。[2] 故天将授舜，主天法商而王，祖锡[3] 姓为姚氏。至舜，形体大上而员首，而明有二童子[4]，性长于天文，纯于孝慈。

注释

1 四法修于所故，祖于先帝：四种法度是遵循历史而实行的，都是从先代帝王那里继承下来的。修，当作"循"，遵循。祖，沿袭、继承。2 "四法之天施"至"王君"：四法的施行，是上天降下符瑞而把王法授予圣人。天性和命运在祖先那就已经显现，在他成为君王时就更加明显了。"四法之天施，符授圣人王法"，应作"四法之施，天符授圣人王法"。3 锡：赐予。4 二童子：两个瞳仁。

译文

上述四种法度是遵循故旧而施行的，是从先代帝王那继承下来的，所以四法如同一年四季一般，到终结时就复返初始，穷尽时就重返起点。四法的施行，是上天降下符瑞而把王法授予圣人，天性和命运在祖先那就已经显现，在他成为君王时就更加明显了。所以上天要授命给舜，主崇天道而效仿商道称王，先祖赐姓为姚氏。到了舜，他的身体上面高大而头部圆，每个眼睛都有两个瞳仁，他的本性擅长天文，非常孝顺仁慈。

天将授禹，主地法夏而王，祖锡姓为姒氏。至禹，生发于背[1]，形体长，长足胻[2]，疾行先左，随以右，劳左佚[3] 右也，性长于行，习地明水。

注释

1 生发于背：从（母亲）背部出生。2 胻：足胫。3 佚：通"逸"，安逸。

译文

上天要授命给禹，主崇地道而仿效夏道称王，先祖赐姓为姒氏。到了禹，他从母亲的脊背出生，身体很长，脚和小腿很长，快步走时先迈左脚，右脚跟随着，使得左脚劳苦，而右脚安逸，他的本性擅长行走，熟悉地理，明了江河水势。

天将授汤，主天法质而王，祖锡姓为子氏。谓契母吞玄鸟卵生契[1]，契先[2]发于胸，性长于人伦。至汤，体长专[3]，小足左扁而右便[4]，劳右佚左也，性长于天光[5]，质易纯仁。

注释

1 契母吞玄鸟卵生契：传说中，商人的始祖契为其母吞玄鸟卵而诞，此说载于《诗经·商颂·玄鸟》："天命玄鸟，降而生商。" 2 先：当作"生"。 3 体长专：身体修长宽大。专，当作"博"。 4 左扁（piān）而右便（biàn）：左脚不灵活，右脚灵活。扁，偏枯。 5 性长于天光：天性擅长于天文。光，当作"文"。

译文

上天将要授命给汤，主崇天道而效仿质道称王，先祖赐姓为子氏。据说契的母亲吞食玄鸟卵而生了契，契从母亲的胸部生出，本性擅长处理人伦关系。到了汤，他的身体修长宽大，脚小，左脚偏枯萎缩而右脚灵便，使得右脚劳苦而左脚安逸，他的本性擅长天道，质朴平易善良仁慈。

天将授文王，主地法文而王，祖锡姓姬氏。谓后稷母姜原履天之迹而生后稷[1]。后稷长于邰[2]土，播田五谷。至文王，形体博长，有四乳而大足，性长于地文势[3]。故帝使禹、皋[4]论姓，知殷之德阳德也，故以子为姓；知周之德阴德也，故以姬为姓。故殷王改文，以男书子[5]。周王以女书姬[6]。故天道各以其类动，非圣人孰能明之？

注释

1 后稷母姜原履天之迹而生后稷：姜原，即姜嫄。传说周人的始祖后稷为其母姜嫄踩到大泽中天神的足迹而有娠，生下后稷。因其为族人所弃，本名为弃，后因任舜之农官，号为后稷。2 邰：古国名。相传为后稷封地。3 性长于地文势：当作“性长于地之势”。4 皋：即皋陶，舜时掌管刑罚。5 以男书子：因为是阳德，而用代表阳性男子的“子”作为姓氏。6 周王以女书姬：周代因为属阴德，而用代表阴性女子的“姬”作为姓氏。

译文

上天将要授命给文王，主崇地道而效仿文道称王，先祖赐姓为姬氏。据说后稷之母姜嫄踩踏天神的脚印，而生了后稷。后稷在邰地长大，播种五谷。到了文王，他的身体长得高大宽厚，长了四只乳房并且脚很大，本性擅长地理形势。所以帝尧派禹和皋陶讨论姓氏，了解到殷的德行为阳德，所以用子作为姓；了解到周的德行是阴德，所以用姬作为姓。所以殷人称王时就改变制度，用代表阳性男子的“子”作为姓氏。周代因为属阴德而用代表阴性女子的“姬”作为姓氏。所以上天的法则是各自按其类属而运动，不是圣人，谁能明了这个道理?

仁义法第二十九

导读

本篇特别区分了仁与义的对象，认为仁是用来安抚他人，义是用来端正自身的，而非相反。后举《春秋》史事例证说明，实际上是劝告统治者，要仁民爱物，才能保国家安稳，仁爱越广，威德疆域越广。君主只爱自身，不知保爱臣民，以义道端正自身，是自取灭亡之道，所以仁义之道是君主理应效法之道。

《春秋》之所治[1]，人与我也。所以治人与我者，仁与义也。[2]以仁安人，以义正我，故仁之为言人也[3]，义之为言我也，言名以别[4]矣。仁之于人，义之与我者，不可不察也。众人不察，乃反以仁自裕，而以义设人。[5]诡其处而逆其理[6]，鲜不乱矣。是故人莫欲乱，而大抵常乱，凡以暗于人我之分[7]，而不省仁义之所在也。是故《春秋》为仁义法。仁之法在爱人，不在爱我。义之法在正我，不在正人。我不自正，虽能正人，弗予为义。人不被其爱[8]，虽厚自爱，不予为仁。

注释

1 治：攻治，研究。2 治人与我者，仁与义也：处理安顿自己与他人关系的方法就是仁和义。3 仁之为言人也：仁就是用来表述如何对待他人的。这里用的是音训释义的方法，“仁”和“人”音同义近。下文的“义”和“我”，在古代也是音同义近。4 言名以别：说出名称就已经有了区别。名，名称，文字。以，通“已”，已经。5 以仁自裕，而以义设人：用仁来宽待自己，而用义来要求别人。裕，宽松、宽待。6 诡其处而逆其理：指把仁义用错了地方而悖逆于道理。诡，违背、违反。7 凡以暗于人我之分：大凡都是因为不明白人与我的区分。暗，昏冥不清，不明。8 被其爱：蒙受你的关爱。被，蒙受。

译文

《春秋》所研究的，是他人与自我的关系。用来规范他人与自我关系的，是仁和义。用仁安定他人，用义来端正自我，因此仁是用来表示如何对待他人的，义是用来表示如何对待自我的，一说出名称就已经有区别了。仁是用于他人，义是用于自我这一点，不可以不辨察。普通人不辨察，竟然反过来用仁宽待自己，用义来要求别人。淆乱了它们的处所而违逆了事理，还能不混乱就少见了。所以人都不希望混乱，可是又大多经常混乱，一般都是因对他人与自我的区别不清楚，不能省察仁义应该分别用于何处。因此《春秋》制定了仁义的法则。仁的法则是爱他人，不在爱自己；义的法则是端正自己，不在端正别人。自己不端正自己，即使能端正别人，也不算是义。别人没能蒙受你的爱，即使自爱有加，也不算是仁。

昔者晋灵公杀膳宰以淑饮食[1]，弹大夫以娱其意，非不厚自爱也，然而不得为淑人者，不爱人也。质[2]于爱民，以下至于鸟兽昆虫莫不爱。不爱，奚足谓仁？仁者，爱人之名也。嶲[3]，《传》无大之之辞[4]；自为追，则善其所恤远也。[5]兵已加焉，乃往救之，则弗美。未至豫备之，则美之，善其救害之先也。夫救蚤[6]而先之，则害无由起，而天下无害矣。然则观物之动，而先觉其萌，绝乱塞害于将然而未形之时，《春秋》之志也，其明至矣。非尧舜之智，知礼之本，孰能当此？故救害而先知之，明也。公之所恤远，而《春秋》美之。详其美恤远之意，则天地之间然后快其仁矣。非三王之德，选贤之精，孰能如此？是以知明先，以仁厚远。远而愈贤、近而愈不肖者，爱也。故王者爱及四夷，霸者爱及诸侯，安者爱及封内[7]，危者爱及旁侧，亡者爱及独身。独身者，虽立天子诸侯之位，一夫之人耳，无臣民之用矣。如此者，莫之亡而自亡也。《春秋》不言伐梁者，而言梁亡，[8]盖爱独及其身者也。故曰仁者爱人，不在爱我，此其法也。

注释

1 晋灵公杀膳宰以淑饮食：淑，善、改善。此句所说之事为晋灵公因熊掌没有蒸熟，就把管理膳食的小官杀了，肢解后让人丢弃。2 质：实，这里指真心实意。3 嶲（xī）：即“酅”。齐国地名，《左传》杜预注说在齐东安平县，即今山东淄博临淄区皇城镇石槽村。4《传》无大之之辞：《传》，指《公羊传》。大之，称赞这件事。僖公二十六年，鲁僖公曾打败前来侵略的齐军并一直追击到酅地，依《公羊传》说，《春秋》记载时，只是轻微地表示认同，并没有大为赞许。5 自为追，则善其所恤远也：指鲁庄公追击犬戎到济西，是主动防御式出击，所以被《春秋》认可。6 蚤：应作“害”。7 封内：封国之内，即本国人民。8《春秋》不言伐梁者，而言梁亡：《春秋》僖公十九年记载梁国灭亡。《公羊传》指出，《春秋》的记载不说梁国为他国讨伐灭亡，而只说梁国灭亡，是强调和批评梁国自己灭亡的意思。

译文

从前晋灵公杀掉管膳食的小官想改善饮食，用弹弓弹射大夫来取乐，不是不特别爱自己，可是却不能算作美善之人，是因为他不爱别人。真心实意爱护人民，乃至对鸟兽昆虫也没有不爱的。不爱，怎么可以说是仁呢？仁，是爱人的名称。鲁僖公追击齐军到巂地，《公羊传》并没有大为称赞；鲁庄公主动追击戎狄，就称赞他忧虑长远。前者是敌军已经发动攻打，才前往救援，就不赞美；后者在敌军没有出动时，预先去防范，就赞美，这是称赞他能在灾害发生之前就去救援。在祸害发生之前制止，那么祸害就不会发生，天下就没有祸害了。然而观察事物的变化，能提前察觉事情发生的苗头，在动乱灾害没有形成的时候就断绝堵塞，是《春秋》的本意，这是极其明智的。没有尧、舜的智慧，知晓礼的根本，谁能做到这些？所以先于祸害而防救，这是思想明智。庄公忧虑长远，因而《春秋》赞美他。详细体会称赞他忧虑长远的含义，那么天地之间的万物，就会对他们的仁爱感到快慰了。没有三王的德行，不是贤才中选拔出的精英，谁能做到这些？所以智慧高明就能洞察先机，仁德深厚就能施及远方。施及越远就越贤能，施及越有限就越不贤能，这就是爱。所以圣王的爱远至四夷，霸主的爱远至诸侯，安定本国者的爱达到国境之内，危害国家者的爱只能达到身边的人，亡国者的爱只能达到自身。只顾自身不顾旁人的人，虽然立在天子诸侯的位置，也只是独夫罢了，没有臣民可使用。像这样的人，别人不去灭亡他也会自己灭亡。《春秋》不记载攻打梁国，却记载梁国灭亡，大概是因为它的爱只达到自身。所以说仁者爱护他人，而不在爱护自我，这就是仁的法则。

义云者，非谓正人，谓正我。虽有乱世枉上[1]，莫不欲正人。奚谓义？昔者楚灵王讨陈蔡之贼[2]，齐桓公执袁涛涂之罪[3]，非不能正人也，然而《春秋》弗予，不得为义者，我不正也。阖庐能正楚蔡之难矣[4]，而《春秋》夺之义辞，以其身不正也。潞子之于诸侯[5]，无所能正，《春秋》予之有义，其身正也，趋而利也。故曰义在正我，不在正人，此其法也。夫我无之求诸人，我有之而诽诸人，[6] 人之所不能受也。其理逆矣，何可谓义？义者，谓宜在我者。宜在我者，而后可以称义。故言义者，合我与宜，以为一言[7]。以此操之，义之为言我也。故曰有为而得义者，谓之自得；有为而失义者，谓之自失。人好义者，谓之自好；人不好义者，谓之不自好。以此参之，义，我也，明矣。

注释

1 枉上：即枉君。2 楚灵王讨陈蔡之贼：详见《王道》篇注。3 齐桓公执袁涛涂之罪：袁涛涂，又作“辕涛涂”，陈国大夫，曾因不让齐军过陈境而被齐国拘捕。详见《精华》篇注。4 阖庐能正楚蔡之难矣：指鲁定公四年，楚国伐蔡，蔡昭侯向吴国求救，伍子胥欲为父兄报仇，劝说吴王阖闾伐楚，大败楚军。虽然楚国伐蔡不道，但阖闾出兵也并非是为了道义，所以《春秋》也没有赞许他。5 潞子之于诸侯：潞子，赤狄潞部落的首领。子是他的爵位。潞子做了很多善事，因其为小的狄族部落，对别的诸侯并无大影响，后被晋国所灭。参见《王道》篇注。6 “夫我无之”至“诽诸人”：如《大学》言“君子有诸己而后求诸人，无诸己而后非诸人”。7 一言：即一字。

译文

义，不是说端正别人，而是说端正自己。即便是扰乱社会欺枉君上的人，也没有不想端正别人的。这怎么能说是义？从前，楚灵王攻打陈、蔡两国的贼寇，齐桓公拘执有罪的袁涛涂，不是不能端正别人，然而《春秋》不赞许，不称之为义，是因为自己不端正。阖闾能公正对待楚国、蔡国的战争，而《春秋》却不给予他义的名声，因为他自己不端正。潞子在诸侯当中，没有能端正的对象，但《春秋》赞许他有义，因为他自身端正，这样做就会有利益。所以说义在于端正自己，不在于端正别人，这就是义的法则。自己没有而要求别人，自己有了就诽谤别人，这是别人所不能接受的。因为它违逆道理，怎么可以说是义呢？义，是说自己的行为要合宜。自己的行为合宜，之后才能称为义。所以说义，是将“我”与“宜”合为一个字。用这个原则来把握，义说的就是自我。所以说有行为合乎义的，叫作自得；有行为不合乎义的，这叫作自失。喜好义的人，叫作自好；不喜好义的人，叫作不自好。用这个标准来验证，义就是我，这是很明确的。

是义与仁殊。仁谓往，义谓来，[1] 仁大远，义大近。爱在人谓之仁，义在我谓之义。仁主人，义主我也。故曰仁者人也，义者我也，此之谓也。君子求仁义之别，以纪[2] 人我之间，然后辨乎内外之分，而著于顺逆之处也。[3] 是故内治反理[4] 以正身，据礼以劝福[5]。外治推恩以广施，宽制以容众。孔子谓冉子曰：“治民者先富之，而后加教。”[6] 语樊迟曰：“治身者，先难后获。”[7] 以此之谓治身之与治民，所先后者不同焉矣。《诗》曰：“饮之食之，教之诲之。”[8] 先饮食

而后教诲，谓治人也。又曰[9]：“坎坎伐辐，彼君子兮，不素餐兮！”先其事，后其食，谓治身也。《春秋》刺上之过，而矜下之苦，小恶在外弗举，在我书而诽之。[10] 凡此六者，以仁治人，义治我，躬自厚而薄责于外[11]，此之谓也。

注释

1 仁谓往，义谓来：仁是对别人实施的，义是对自己实施的。往，指自内向外对别人实施。来，指向内对自己要求。2 纪：节制，控制。3 辨乎内外之分，而著于顺逆之处也：辨清内与外的分别，明白顺与逆的地方。4 内治反理：回到道理，以道理为依据。5 据礼以劝福：依据礼来获得更多幸福。劝，增加。6 治民者先富之，而后加教：出自《论语·子路》：“子适卫，冉有仆。子曰：‘庶矣哉！’冉有曰：‘既庶矣，又何加焉？’曰：‘富之。’曰：‘既富矣，又何加焉？’曰：‘教之。’”7 治身者，先难后获：出自《论语·雍也》：“樊迟问知。子曰：‘务民之义，敬鬼神而远之，可谓知矣。’问仁。曰：‘仁者先难而后获，可谓仁矣。’”8 饮之食之，教之诲之：见《诗经·小雅·绵蛮》：“绵蛮黄鸟，止于丘阿。道之云远，我劳如何。饮之食之，教之诲之。命彼后车，谓之载之。”引文是先富后教的意思。9 又曰：下引诗句见《诗经·魏风·伐檀》。10 小恶在外弗举，在我书而诽之：别国的小的过错就不记录，本国的就记载下来加以抨击。11 躬自厚而薄责于外：严厉地责备自身的过失，而轻微地指责别人的过失。如《论语·卫灵公》“躬自厚而薄责于人，则远怨矣”。

译文

义和仁不同。仁是施往他人，义是来规自己，仁施行越远越好，义施行越近越好。爱护他人叫作仁，端正自我叫作义。仁是以他人为主，义是以自我为主。所以说仁就是人，义就是我，说的就是这个道理。君子寻求仁义的差别，以便节制他人与自我之间的关系，然后辨清内与外的分别，明白顺与逆的地方。因此对内要返归义理以便端正自身，遵守礼节以求取幸福。对外推广恩德并广泛施予，用宽宏而包容大众。孔子对冉有说：“统治人民，要先使人民富有，然后再施以教化。”对樊迟说：“管理自身，要先经历困难后获得。”用这样的话说明管理自身和管理百姓，要做的事先后不同。《诗经》说：“让他们吃饭，让他们饮水，然后再教育他们、劝导他们。”先有饮食然后再教诲，这就是统治人民的原则。又说：“坎坎伐木制造车辐，那个君子啊，不是白吃饭的。”先做事，然后再谈吃喝，这就是管理自己的原则。《春秋》指责在上位者的过错，而怜悯下层民众的苦难，外国的小的过失不揭发，自己国家的就要记载抨击。所有这些，都是用仁对待他人，用义对待自我，严厉地责备自己的过失而轻微地责备他人的过失，说的就是这个道理。

且《论》[1]已见之，而人不察，曰："君子攻其恶，不攻人之恶。"不攻人之恶，非仁之宽与？自攻其恶，非义之全与？此谓之仁造[2]人，义造我，何以异乎？故自称其恶谓之情[3]，称人之恶谓之贼；求诸己谓之厚，求诸人谓之薄；自责以备谓之明，责人以备谓之惑。是故以自治之节治人，是居上不宽也；以治人之度自治，是为礼不敬也。为礼不敬，则伤行而民弗尊；居上不宽，则伤厚而民弗亲。弗亲则弗信，弗尊则弗敬。二端之政诡于上，而僻行之，[4]则诽于下，仁义之处可无论乎？夫目不视弗见，心弗论不得。虽有天下之至味，弗嚼弗知其旨[5]也；虽有圣人之至道，弗论不知其义也。

注释

1《论》：即《论语》。下引文出自《论语·颜渊》。2 造：造就。3 谓之情：称之为实在。情，实、实在。4 二端之政诡于上，而僻行之：在上位的人颠倒了自治和治人两个要点，而歪曲地实行。5 弗嚼弗知其旨：不亲自嚼食就不会知道它的美味。旨，美味。

译文

而且《论语》已经表达过这种观点，可是人们却没有察觉，《论语》说："君子责备自己的过失，不责备别人的过失。"不责备别人的过失，不是讲求仁的宽容吗？自己责备自己的过失，不是讲求义的全面吗？这就叫作仁成就他人，义塑造自我，有什么区别呢？自己揭发自己的过错叫作诚实，称举他人的丑恶叫作贼害；要求自己叫作忠厚，要求他人叫作刻薄；对自己求全责备叫作明智，对他人求全责备叫作迷惑。因此用管理自己的方法管理他人，这是居上位而不宽容；用管理他人的原则对待自己，这是行礼不恭敬。行礼不恭敬，就会妨害施政行为而百姓就不尊崇；居上位又不宽容，就要有害于宽厚而百姓就不亲近。不亲近就不能信任，不尊崇就不会恭敬。在上位的人颠倒了自治和治人两个要点而歪曲地实行，民众就会非议抨击，仁义所使用的地方可以不慎重吗？眼睛不去看，就见不到，内心不去思索，就不能得到真理。即使有天下最好吃的美味，不亲自咀嚼也不会知道它的美味；即使有圣人的最高明的道理，不研究思索也不会知道它的含义。

必仁且智第三十

导读

孟子有仁、义、礼、智四端之说，本篇单讲仁、智二德，强调仁与智是人最为需要的德行，不仁不智而有才能，只会导致更为恶劣的后果。实际是说为政者必须具有爱人不争之德，与言行谨严、眼光长远的智慧，否则会招致辱身亡国之祸。

莫近于仁，莫急于智。不仁而有勇力材能，则狂而操利兵[1]也；不智而辩慧狷给[2]，则迷而乘良马也。故不仁不智而有材能，将以其材能以辅其邪狂之心，而赞其僻违之行，适足以大其非而甚其恶耳。其强足以覆过，其御足以犯诈，其慧足以惑愚，其辩足以饰非，其坚足以断辟[3]，其严足以拒谏。此非无材能也，其施之不当而处之不义也。有否心[4]者，不可借便埶[5]，其质愚者不与利器。《论》之所谓不知人也者[6]，恐不知别此等也。仁而不智，则爱而不别[7]也；智而不仁，则知而不为也。故仁者所以爱人类也，智者所以除其害也。

注释

1 操利兵：持着锐利的武器。2 狷给（juàn jǐ）：给，敏捷。这里指性情急躁。3 断辟：破坏法纪。辟，法纪。4 否心：邪恶的心，不正当的想法。5 不可借便埶：不可以借给他便利的形势。埶，同“势”，形势。6《论》之所谓不知人也者：《论语·尧曰》中有“不知言，无以知人也”句，与此意同。7 爱而不别：爱人而不懂得区别善恶。

译文

没有什么比仁更切近的，没有什么比智慧更急需的。不仁爱却勇敢有力又有才能，就会像疯狂者持着锋利的兵器；不智慧却辩辞锋利，就会像迷乱者骑着好马。所以不仁不智而有才能，就会用才能来辅助他邪狂的思想，而襄助他违礼的不正当行为，正好可以扩大他的错误而又加重他的罪恶。他的强辩足以掩盖过错，他的应答足以欺诈，他的小聪明足以迷惑愚众，他的辩才足以粉饰过错，他的顽固足以破坏法纪，他的严厉足以拒绝劝谏。这些人不是没有才能，但才能用错了地方，而居处于不义的境地。有邪恶之心的，不可以借给他便利的形势，资质愚笨的，不可以给他锋利的武器。《论语》所说的“不知人”，恐怕就是指不知道要区别这些人。仁爱但不智慧，就会爱人却不能区别善恶；智慧但不仁爱，就会虽知区别却不愿实践。所以仁者是爱护人类的，智者是除去祸害的。

何谓仁？仁者憯怛[1]爱人，谨翕[2]不争，好恶敦伦[3]，无伤恶之心，无隐忌之志，无嫉妒之气，无感愁之欲，无险诐[4]之事，无辟违之行。故其心舒，其志平，其气和，其欲节，其事易，其行道，故能平易和理而无争也。如此者谓之仁。

注释

1 憯怛（cǎn dá）：憯，同“惨”，万分悲怜。怛，忧伤、悲苦。2 谨翕：恭谨和谐。翕，和谐。3 好恶敦伦：喜好德行笃行伦理。恶，应作“德”。敦，厚。4 险诐（bì）：阴险偏颇。诐，偏颇、不正当。

译文

什么叫作仁？仁就是极为忧伤地爱护别人，恭谨和谐与人无争，喜好德行而笃行伦理，没有伤害别人的想法，没有暗中忌恨的心思，没有嫉妒的心气，没有感慨愁闷的欲念，没有阴险不正当的事情，没有违背法纪的行为。所以他的心情舒展，志气平和，欲望有节制，行事平易，行为符合正道，因此能平和简易又合理而没有争斗之心。像这样的，就叫作仁。

何谓之智？先言而后当[1]。凡人欲舍行为[2]，皆以其智先规而后为之。其规是者，其所为得其所事，当其行，遂其名，荣其身，故利而无患，福及子孙，德加万民，汤武是也。其规非者，其所为不得其所事，不当其行，不遂其名，辱害及其身，绝世无复[3]，残类灭宗亡国是也[4]。故曰莫急于智。智者见祸福远，其知利害蚤，物动而知其化，事兴而知其归，见始而知其终，言之而无敢哗，立之而不可废，取之而不可舍，前后不相悖，终始有类[5]，思之而有复[6]，及之而不可厌[7]。其言寡而足，约而喻，简而达，省而具，少而不可益，多而不可损。其动中伦，其言当务。如是者谓之智。

注释

1 先言而后当：先说出来然后证明是正确的。2 欲舍行为：想要获取或者舍弃什么的行为。3 绝世无复：应作“绝世无后”。繁体字“复（復）”因与繁体字“后（後）”形近而误。后，后嗣、后代。4 残类灭宗亡国是也：“是也”前应补入“桀纣”二字。5 有类：有法度。6 有复：可复证，即可重复检验。7 及之而不可厌：追求达到目标而永不满足。厌，满足。

译文

什么叫作智？先说出来然后证明是正确的。大凡人想要获取或者舍弃某事的行为，都要依靠他的智慧，先规划然后才去做。其中规划得对的，他的行为就能与所从事的相合，与行为相当，就能成就他的名声，自身就显荣，所以就有益处而没有害处，福德延续到子孙，德泽加被万民，商汤、周武王就是这样。其中规划得不对的，他的行为就与所从事的不相合，与行为不相当，他的名声就不能成就，自身就会受到侮辱和损害，会断绝宗嗣没有后代，残害人类、绝灭宗族、灭亡国家，夏桀和商纣就是这样。所以说，没有比智慧更为急需的。智慧者能预见祸福，早知利害，事物萌动就知道它如何变化，事情一发生就知道它的趋向，见到开始就知晓它的结果，他说话别人不敢喧哗，他建立的别人不能废除，他采取的别人无法舍弃，前后不相违背，始终都有法度，他思考的都可以反复验证，追求达到的从不满足。他的言语简洁而内容充实，简约却明白易懂，简洁却晓畅通达，省略却完备，语句少的别人不能再增多，语句多的别人不能再减少。他的动作行为符合原则，他的言论切合实务。如同这样的，就是智。

其大略之类，天地之物有不常之变者，谓之异，小者谓之灾。[1] 灾常先至而异乃随之。灾者，天之谴也；[2] 异者，天之威也。谴之而不知，乃畏之以威。《诗》云：“畏天之威[3]。”殆[4] 此谓也。凡灾异之本，尽生于国家之失。[5] 国家之失乃始萌芽，而天出灾害以谴告之，谴告之而不知变，乃见怪异以惊骇之，惊骇之尚不知畏恐，其殃咎[6] 乃至。以此见天意之仁而不欲陷人也。谨案灾异以见天意[7]。天意有欲也，有不欲也。所欲所不欲者，人内以自省，宜有惩[8] 于心；外以观其事，宜有验于国。故见天意者之于灾异也，畏之而不恶也，以为天欲振吾过[9]，救吾失，故以此报我也[10]。

注释

1 “天地之物”至“谓之灾”：天地中的万物有非常的变化的，称为“异”，微小的称为

“灾”。2 灾者，天之谴也：灾是上天的谴责、警告。谴，谴责、警告。3 畏天之威：见《诗经·周颂·我将》。是说要敬畏上天的威严。4 殆：大概。5 凡灾异之本，尽生于国家之失：大凡灾异的本源，全在于国家政治举措的失误。6 殃咎：祸殃，灾祸。7 谨案灾异以见天意：此句可能为后世注者所加。8 惩：警戒。9 振吾过：制止我们的过错。振，救、制止。过，过错。10 以此报我也：报，告知。按，从“其大略之类”至此之一段，疑当在《二端》篇。

译文

大概的类别是，天地中的万物，有非常的变化，称为“异”，其中微小的称作“灾”。“灾”经常先出现，而“异”紧随着出现。“灾”，是上天的谴责；“异”，是上天的威慑。谴责还不知改悔，就用威慑使他畏惧。《诗经》上说：“要畏惧上天的威严。”大概说的就是这个意思。大凡灾害变异的本源，全都产生于国家政治举措的失误，国家的失误刚开始萌芽，上天就出现灾害来谴责告诉他，谴责告诉他仍然不知改变，就出现怪异的现象使他惊骇，使他惊骇还不知道恐惧，他的灾祸就要降临了。由此可见天意是仁爱人，而不愿陷害人。（谨慎地案察灾害变异就可以了解上天的意愿。）天意有希望人做的，也有不希望人做的。天所希望的和不希望的，人要在内心自己反省，在自己心上警戒；对外要观察事物，应该在国家上有征验。所以由灾异所表现出的天意，畏惧它而不要厌恶它，认为上天想要拯救我们的过错，弥补我们的失误，所以用这些灾异来告知我们。

《春秋》之法，上变古易常，应是而有天灾者，谓幸国。孔子曰[1]：“天之所幸，有为不善而屡极。”楚庄王以天不见灾，地不见孽[2]，则祷之于山川，曰：“天其将亡予[3]邪？不说吾过，极吾罪也。”以此观之，天灾之应过而至也，异之显明可畏也。此乃天之所欲救也，《春秋》之所独幸[4]也，庄王所以祷而请也。圣主贤君尚乐受忠臣之谏，而况受天谴也？

注释

1 孔子曰：下引文出处不详。2 孽：罪过，灾祸。3 亡予：《说苑·君道》作“忘予”。4《春秋》之所独幸：灾异本为人所畏，《春秋》却以之为幸事，是因为上天降下灾异正是对人君的提醒，如果得不到提醒就会一直行错事而不知改变，最终导致灭亡。

译文

《春秋》的记事法则，往上改变古已有之的固有常规的，相应就会出现天灾，这样的国家是幸运的。孔子说："上天所宠幸的人，一做坏事就严厉地惩罚。"楚庄王见到上天不出现灾害，大地也没有出现灾祸，就向山川祈祷说："上天难道忘记我们国家了吗？不告知我的过错，是要严厉地惩罚我的罪行。"由此看来，天灾是回应人的过错而出现的，怪异是明显可畏惧的。这本是上天所要挽救的，《春秋》所认为幸运的，楚庄王所以祈祷而请求出现的。圣明的君主尚且愿意接受忠臣的进谏，何况接受上天的警告呢？

身之养重于义第三十一

导读

本篇延续了孟子以来儒家“义利之辨”的议题，篇中心身分言的结构也与孟子类似，并提出义以养心、利以养体的观点。义与利并非完全对立，以本篇所言，义符合人的长远利益，而利只是当下的短暂利益，针对普通人趋利不趋义的短视现状，董仲舒认为是教化不足的缘故，使得民众暗昧无知，徒用刑罚是无效的，也是不合理的。

天之生人也，使人生义与利。利以养其体，义以养其心。心不得义不能乐，体不得利不能安。义者心之养也，利者体之养也。体莫贵于心，故养莫重于义，义之养生人大于利。奚以知之？今人大有义而甚无利，虽贫与贱，尚荣其行以自好而乐生，原宪、曾、闵之属[1]是也。人甚有利而大无义，虽甚富，则羞辱大恶。恶深，祸患重，非立死其罪者，即旋伤殃忧尔，莫能以乐生而终其身，刑戮夭折之民是也。夫人有义者，虽贫能自乐也。而大无义者，虽富莫能自存。吾以此实[2]义之养生人，大于利而厚于财也。民不能知而常反之，皆忘义而殉[3]利，去理而走邪，以贼[4]其身而祸其家。此非其自为计不忠也，则其知之所不能明也。

注释

1 原宪、曾、闵之属：指原宪、曾子、闵子骞，皆为孔子弟子。原宪，春秋时鲁国人，字子思，孔门弟子。曾，指曾子，春秋时鲁国人，名参，字子舆，孔门弟子。闵，指闵子骞，春秋时鲁国人，名损，字子骞，孔门弟子。2 吾以此实：意为我由此证实。实，证实、验证。3 殉：指为了某个目的而舍弃生命。4 贼：害。

译文

上天诞生人类，让人类生出义和利。用利长养身体，用义滋养心灵。心得不到义的滋养就不能快乐，身体得不到利的长养就不能安稳。义是滋养心灵的，利是长养身体的。人的身体里没有比心更贵重的，所以没有比义更重要的滋养，义对人生命的滋养比利更重大。怎么知道是这样呢？现在有人特别有道义却极其缺乏利，即使贫穷和低贱，仍能为自己行为光荣而洁身自好快乐生活，原宪、曾子、闵子骞等人就是这样。有的人有非常多的利却特别缺乏义，即使非常富有，却会遭受大的羞辱。罪恶深重，祸患重大，不是立刻死于自己的罪过，就是立刻遭受灾殃忧患，不能快乐生活而终此一生，那些受到刑罚杀戮而夭折的人便是如此。那些有义的人，即使贫困却能自己找到快乐。而特别不守道义的，即使富有也不能生存于世。我由此证实义对人的滋养比财、利都要重大。民众不能知晓这个道理，却常常反其道而行，都忘记义而为利殉命，抛弃道理走向邪路，来残害自身并祸害自己的家庭。这种情况不是他不为自己尽心考虑，就是他的智慧不能明达事理。

今握枣与错金[1]，以示婴儿，婴儿必取枣而不取金也。握一斤金与千万之珠，以示野人[2]，野人必取金而不取珠也。故物之于人，小者易知也，其于大者难见也。今利之于人小而义之于人大者，无怪民之皆趋利而不趋义也，固其所暗也。圣人事明义，以照耀其所暗，故民不陷[3]。《诗》云[4]："示我显德行。"此之谓也。先王显德以示民，民乐而歌之以为诗，说而化之以为俗[5]。故不令而自行，不禁而自止，从上之意，不待使之，若自然矣。

注释

1 错金：镶嵌着花饰的金器。一说，是指错刀，汉代的一种钱币。错，镶嵌。2 以示野人：拿给乡鄙之人看。3 陷：陷于罪行。4《诗》云：下引诗句见《诗经·周颂·敬之》。5 说而化之以为俗：使民众心悦诚服而受到教化，形成好的风俗。

译文

现在拿着枣和钱币给婴儿看，婴儿一定去拿枣而不拿钱币。拿一斤黄金和价值千万的宝珠，给乡下人看，乡下人一定拿黄金而不去拿宝珠。所以东西对人来说，小的东西容易被了解，对那些大的则难以看清。如今利对于人的价值小，而义对于人的价值大，百姓都奔向利而不奔向义没什么可奇怪的，本来就是他们所不明了的。圣人致力于彰明他们所不明白的道义，所以百姓能够不陷入罪恶。《诗经》说："以显明的德行昭示我。"说的就是这个道理。先王显露德行而昭示百姓，百姓快乐歌颂他们而写成诗，内心喜悦受到教化而形成良俗。所以不必下令就可以自动实行，不必禁止就自动停止，听从在上者的想法，不必等待驱使他们，就像自然而然那样去做。

故曰：圣人天地动、四时化者，非有他也，其见义大故能动，动故能化，化故能大行，化大行故法不犯，法不犯故刑不用，刑不用则尧舜之功德。此大治之道也，先圣传授而复也。故孔子曰[1]："谁能出不由户，何莫由斯道也？"今不示显德行，民暗于义，不能炤[2]；迷于道不能解，因欲大严憯[3]以必正之，直残贼天民而薄主德[4]耳，其势不行。仲尼曰[5]："国有道，虽加刑，无刑也。国无道，虽杀之，不可胜也。"其所谓有道无道者，示之以显德行与不示尔。

注释

1 孔子曰：下引语见《论语·雍也》。2 炤：同"昭"，昭著、明显。3 大严憯：严刑酷法。憯，同"惨"。4 残贼天民而薄主德：贼害民众而削弱君主的德行。天民，天的子民。5 仲尼曰：下引语不见今本《论语》，出处未详。后人收入《孔子集语》。

译文

所以说：圣人能感动天地、变化四时，不是有别的原因，是他能看出义的重要性，所以能感动天地，能感动所以能变化，能变化所以教化能普及，能普及所以民众不会触犯法律，不触犯法律所以不用刑罚，不用刑罚就是尧、舜一样的功德。这是天下大治的道理，先圣传授下来并循环往复。所以孔子说："谁能出外不经由门户的，为什么不遵循这个道理呢？"现今不清楚昭示德行，百姓对义昏乱愚昧，不能明了；迷惑于道理而不能理解，于是想用严刑酷法来匡正百姓，只会残害天的子民而削弱君主的德行罢了，势必行不通的。孔子说："国家有道，即使要用刑罚，也没有可用刑的对象。国家无道，即使杀戮百姓，也杀不尽。"这里所说的有道、无道，只是昭示不昭示德行给人民罢了。

奉本第三十四

导读

篇名“奉本”之“本”，当指天地之道。本篇主要讨论礼制秩序的重要性，以《春秋》记事笔法阐明“三代圣人不则天地，不能至王”，实际上是以天地之道为礼制、王道的根本依据，强调其神圣性。

礼者，继天地，体阴阳，而慎主客，序尊卑、贵贱、大小之位，而差外内、远近、新故之级者也，以德多为象[1]。万物以广博众多、历年久者为象。其在天而象天者，莫大日月，继天地之光明，莫不照也。星莫大于大辰[2]，北斗常星[3]。部星三百，卫星三千，[4]大火二十六星[5]，伐十三星[6]，北斗七星，常星九辞二十八宿[7]，多者宿二十八九[8]。其犹蓍百茎而共一本[9]，龟千岁而人宝，是以三代传决疑焉。

注释

1 以德多为象：以德行多的作为效法的形象。2 大辰：星名，指大火，即心宿二；亦指伐星与北辰。古人视大火、伐星以定时，视北辰以辨向，故均称为大辰。3 北斗常星：北斗为恒常不变的星宿。北斗，即北斗七星。常星，即恒星。4 部星三百，卫星三千：部星有三百之多，卫星有三千之多。部星，指五官部内之星，《史记·天官书》载，紫宫，房、心，权、衡，咸池，虚、危列宿部星，为天之五官。部星应指居于天空中部的中官之星。卫星，指东、南、西、北外四官之星。5 大火二十六星：应作“大火十六星”，大火包括房、心、尾宿共十六星，“二”字为衍文。6 伐十三星：《史记·天官书》：“参为白虎。三星直者是为衡石。下有三星，兑曰罚（伐），为斩艾事。其外四星，左右肩股也。小三星隅置，曰觜觿，为虎首，主葆旅事。”这里的“伐十三星”包括《天官书》中所提到的这十三颗星。7 常星九辞二十八宿：恒常不变的九星各有所司而共有二十八宿。“九辞”疑当作“九司”，古人以九星分配九天，如《楚辞·九辨序》云“故天有九星，以正机衡；地有九州，以成万邦”。8 多者宿二十八九：句疑有误。9 其犹蓍百茎而共一本：就像蓍草即使有百根茎而都是从同一根部生长出来的。

译文

礼，是继承天地，体察阴阳，而审慎地处理主客关系，排列尊卑、贵贱、大小的地位，而区别外内、远近、新旧的等级，把德行多的视为效法的典范。万物以广博众多、经历时间久远的作为效法的典范。那些在天上而效法上天的，没有比太阳、月亮更伟大的，太阳月亮接继天地的光明，没有什么不照耀的。星宿中没有比大辰星更大的，北斗是恒常不变的星宿。部星有三百颗，卫星有三千颗，大火星共十六颗，伐星共有十三颗，北斗星共有七颗，恒常的九星各有所司共二十八宿，多的星宿有二十八九颗。如同蓍草一样虽有一百条茎，却只有一个根，龟的寿命可达千年而人们视为珍宝，所以夏、商、周三代相传都用蓍草和龟壳来决断疑难。

其得地体者，莫如山阜[1]。人之得天得众者，莫如受命之天子。下至公、侯、伯、子、男，海内之心悬于天子，疆内之民统于诸侯。日月食，并告凶，不以其行。[2]有星茀于东方[3]，于大辰[4]，入北斗[5]，常星不见[6]，地震，梁山、沙鹿崩[7]，宋、卫、陈、郑灾[8]，王公大夫篡弑者，《春秋》皆书以为大异。

注释

1 阜：土山。2 日月食，并告凶，不以其行：日食、月食的出现都是上天告示的凶兆，是人类不遵循常道的原因。古人认为日食、月食皆为灾异之象。不以其行，意思是不遵行常行之道。3 有星茀（bèi）于东方：有彗星出现在东方。茀，同“孛（bèi）”，彗星的一种。4 于大辰：指《春秋》昭公十七年所记载的“冬，有星孛于大辰”。《公羊传》认为《春秋》特意记录，是为了表示灾异。5 入北斗：《春秋》文公十四年记载：“秋七月，有星孛入于北斗。”6 常星不见：《春秋》庄公七年记载：“夏四月，辛卯，夜，恒星不见。”7 梁山、沙鹿崩：分别指《春秋》成公五年所载“梁山崩”和僖公十四年所载“秋八月，辛卯，沙鹿崩”。沙鹿，亦作“沙麓”，古山名。一说古地名。故址在今河北大名东。8 宋、卫、陈、郑灾：指鲁昭公十八年，宋、卫、陈、郑四个国家同时发生灾害。

译文

万物当中能得到地的本体的，没有能比得上山阜的。人类中得到上天和民众的，没有谁能比得上禀受天命的天子。往下一直到公、侯、伯、子、男各爵位，普天之下的人心，都悬系在天子，境内的百姓，都统管在诸侯。日食月食的发生，都预示着凶象，是由于人不遵循规律行事的原因。有彗星出现在东方，在大辰座附近，进入北斗星，恒星不出现，发生地震，梁山、沙鹿山发生山崩，宋国、卫国、陈国、郑国发生灾害，王公大夫篡位、杀君的，《春秋》都当成是极为怪异的现象记录下来。

不言众星之茀入、賈雨[1]，原隰之袭崩[2]，一国之小民死亡，不决疑于众草木也。唯田邑之称，多著主名。[3]君将不言臣，臣不言师，[4]王夷、君获，不言师败。[5]孔子曰[6]："唯天为大，唯尧则之。"则之者，大[7]也。"巍巍乎其有成功也！"言其尊大[8]以成功也。齐桓晋文不尊周室，不能霸；三代圣人不则天地，不能至王。阶此而观之，可以知天地之贵矣。

注释

1 不言众星之茀入、賈雨：指《春秋》文公十四年不记载"众星之茀入"，而记载"星孛入于北斗"，庄公七年，不记载"賈雨"，而只记载"星賈如雨"。2 原隰之袭崩：原，指平原。隰，指沼泽地。袭，传来。3 唯田邑之称，多著主名：根据《春秋》称呼地名的方式，"地物从中国，邑人名从主人"，地名以中原的称呼为准，城池采邑依主人所用之名称呼。例如，桓公元年，避讳周田（鲁国朝宿的汤沐邑）而称为许田（地属许邑）。4 君将不言臣，臣不言师：按《春秋》的记事原则，"君将不言率师，书其重者也"，意思是国君亲自率领军队出征的，不记录君主率领军队，因为君主身份贵重的缘故。5 王夷、君获，不言师败：指《公羊传》成公十六年："败者称师，楚何以不称师？王痍也。王痍者何？伤乎矢也。然则何以不言师败绩？末言尔。"及僖公十五年："十有一月，壬戌，晋侯及秦伯战于韩，获晋侯。"征战中国君受伤或被擒皆为重大之事，故不记载军队战败而记载君主受伤或被擒。夷，通"痍"，伤、创伤。6 孔子曰：下引语见《论语·泰伯》。7 大：应作"天"。8 尊大：应作"尊天"。

译文

不记叙星宿有彗星侵入和陨石雨，平原、沼泽传来崩塌，整个国家的普通百姓死去或逃走，不用普通的草木来决断疑惑。只有田地城邑的称名，多写明主人使用的名字。国君率师出征不记臣的名字，臣率师不记军队名称，记录君王受战伤、国君被俘获，而不说军队大败。孔子说："只有上天最伟大，只有尧才能效法上天。"尧所效法的是上天。"崇高呀，尧所成就的功业！"是说尧尊崇上天而成就功业。齐桓公、晋文公不尊崇周王室，就不能称霸；三代圣王不效法天地，就不能够成就王道。由此看来，可以知道天地的尊贵。

夫流深者其水不测，尊至者其敬无穷。是故天之所加，虽为灾害，犹承而大之，其钦[1]无穷，震夷伯之庙[2]是也。天无错舛[3]之灾，地有震动之异。天子所诛绝，所败师，虽不中道，而《春秋》者不敢阙[4]，谨之也。故师出者众矣，

莫言还。至师及齐师围成，成降于齐师，独言还。[5] 其君劫外[6]，不得已，故可直言也。至于他师，皆其君之过也，而曰非师之罪。[7] 是臣子之不为君父受罪，罪不臣子莫大焉。[8]

注释

1 钦：钦敬。2 震夷伯之庙：雷电击中了夷伯的庙。震，雷电震击。夷伯，指春秋时鲁国大夫季孙氏的家臣。3 错舛：差错。舛，错乱。4 阙：缺失。5 "至师及齐师"至"独言还"：指庄公八年，鲁国军队与齐国军队一起讨伐盛国，包围了盛国的成地，盛国战败而投降两国。《春秋》不说攻打盛国，只说包围成地，不说盛国投降两国，只说投降齐国，是为了避讳鲁国攻打自己的同姓国。说军队回国，是怜悯军队作战疲病而还，隐含批评国君命令军队劳苦出征的意思。6 其君劫外：指鲁庄公受到齐国的胁迫而包围盛国。7 "至于他师"至"非师之罪"：意思是其他国家的军队出征也都是国君派遣，都因此承受战争劳苦，只有此处表示怜悯，是因为鲁国军队此前已长期在外驻扎、征伐，明显是出于鲁庄公的命令。8 "是臣子"至"莫大焉"：指对臣、子来说，不肯为国君、父亲承担罪过，是他最大的罪过。不臣子，即不臣、不子，不像臣、不像子。

译文

河流深的地方水量无法测量，尊贵到极致的人所受的恭敬无有穷尽。所以上天赐予人类的，即使是灾害，《春秋》都接受下来并加以赞美，对上天的钦敬是无穷无尽的，记载雷击夷伯的宗庙就是这类情况。上天没有降过错乱的灾害，大地有地震之类的异常现象。天子所责备断绝的事，所击败的军队，虽然不合乎道义，《春秋》也不敢空缺不记，是表示严谨慎重。所以军队出征的事很多，都不记载军队回国。鲁国军队和齐国军队围困成地，盛国向齐军投降，《春秋》却单单记录了鲁国军队回国。鲁国国君受到齐国胁迫而包围成地，是出于不得已，所以可以直接记录。至于别国的出征，都是国君的错误，却不说是军队的过错，这是臣、子不替君、父承担罪过，不行臣、子之道而没有比这更严重的罪过了。

夫至明者其照无疆，至晦者其暗无疆。今《春秋》缘鲁以言王义[1]，杀隐桓以为远祖[2]，宗定哀以为考妣[3]，至尊且高，至显且明。其基壤[4]之所加，润泽之所被，条条无疆[5]，前是常数，十年邻之，幽人近其墓而高明。[6] 大国齐宋，离不言会。[7] 微国之君，卒葬之礼，录而辞繁。[8] 远夷之君，内而不外。[9] 当此之时，

鲁无鄙疆[10]，诸侯之伐哀者皆言我。邾娄庶其、鼻我[11]，邾娄大夫。其于我无以亲[12]，以近之故，乃得显明。隐桓，亲《春秋》之先人也，益师卒而不日[13]。于稷之会，言其成宋乱，[14]以远外也。黄池之会，以两伯之辞，[15]言不以为外，以近内也。[16]

注释

1《春秋》缘鲁以言王义：《春秋》援引鲁国史事来说明王道的含义。2 杀（shài）隐桓以为远祖：将鲁隐公、鲁桓公降为远祖。杀，降等、减低。3 宗定哀以为考妣（bǐ）：尊崇定公、哀公为已故的父母。宗，尊崇。考妣，指已故的父母。考，指亡父。妣，指亡母。4 基壤：即土壤。5 条条无疆：畅达无尽。条条，通畅的样子。6“前是常数”至“高明”：语义不明，当有文字脱误，译文不从。7 大国齐宋，离不言会：齐国和宋国两个大国会盟，《春秋》称为“离会”。离，通“俪（lì）”，成双成对。不言会，“不”字当删。8“微国”至“辞繁”：滕、薛之类的小国君主的“卒葬之礼”都详细记录。9 远夷之君，内而不外：远方夷狄的君主，记载时都如同中原的国君而不当作外围的夷狄，表示亲近而不疏远。内而不外，亲近而不疏远。10 鲁无鄙疆：鲁国没有疆界。意思是王道教化广泛没有边界，因为《春秋》是借鲁国来展现王道之治的。11 邾娄庶其、鼻我：“庶其”为衍文。《春秋》襄公二十三年：“邾娄鼻我来奔。”12 其于我无以亲：当作“其于我无亲”。13 益师卒而不日：《春秋》记载鲁国公子益师死亡，但不写具体日期。14 于稷之会，言其成宋乱：《春秋》桓公二年载：“三月，公会齐侯、陈侯、郑伯于稷，以成宋乱。”成宋乱，是指稷之会上，不能惩治宋国弑君及杀害辅政大臣孔父嘉（孔子六世祖）的华父督，反而以他为相，所以认为是成就了宋国的内乱。稷，春秋时宋地，即今河南商丘。15 黄池之会，以两伯（bà）之辞：《春秋》哀公十三年载：“公会晋侯及吴子于黄池。”记录“吴子”是表示与两个霸主会盟的用辞。吴国本是蛮夷之地，《春秋》本来不赞许夷狄参与中原会盟，但吴国此时地位尊隆，吴国参与会盟，其他国家不敢不来。两伯，两个霸主。伯，通“霸”。16 言不以为外，以近内也：表示不疏远吴国国君，由于时代接近而亲近他。

译文

最明亮的东西，其光明没有边际；最幽晦的东西，其昏暗没有边际。现在《春秋》依据鲁国的史事来阐发王道的含义，把鲁隐公、桓公降为鲁国的远古祖先，尊崇定公、哀公为已故的父母，他们极为尊贵而崇高，极为显赫而高明。他们所赐予的土壤和施及的恩泽，畅达无尽。齐、宋两个大国盟会，《春秋》称为“离（俪）会”。弱小国的国君，丧葬之礼，《春秋》都非常周详地记录下来。

对远方夷狄的国君，记载时也如同中原的国君而不当作外围的夷狄。在这个时候，鲁国的王道教化没有边界，凡是诸侯攻伐哀公的都记载为“伐我”。邾娄国的大夫鼻我等，和鲁国没有亲近关系，因为时代较近的缘故，他们逃奔鲁国的事情才得以显明。隐公、桓公，是《春秋》所载鲁国的先人，所以鲁公子益师死去而不记死亡日期。齐、郑等在宋国稷地盟会，记载为促成宋国的内乱，因为时代久远而显得疏远。鲁哀公在黄池与晋国、吴国盟会，《春秋》使用“两个霸主”的文辞，是不疏远吴国的意思，由于时代较近而当作亲近的国家。

深察名号第三十五

导读

本篇探讨名号，即名分秩序的含义与依据。本篇着重指出名号的两个来源和依据，一是天意，名是圣人体察天意而发；一是真，名是圣人考察事物的真实情况而作。因此名分秩序既有神圣根源，又符合世界真相、万物规律。在此前提下考察人性论，本篇还提出著名的“性未善”论，性未善实际上是教化施行的前提条件，董仲舒的说法丰富发展了先秦儒学的人性论议题。

治天下之端，在审辨大[1]。辨大之端，在深察名号[2]。名者，大理之首章[3]也。录其首章之意，以窥其中之事，则是非可知，逆顺自著，其幾[4]通于天地矣。是非之正，取之逆顺，逆顺之正，取之名号，名号之正，取之天地，天地为名号之大义也。

古之圣人，謞而效天地谓之号[5]，鸣而施命谓之名。名之为言鸣与命也，号之为言，謞而效也。謞而效天地者为号，鸣而命者为名。名号异声而同本，皆鸣号而达天意者也。天不言，使人发其意；弗为，使人行其中[6]。名则圣人所发天意，不可不深观也。

注释

1 审辨大：精审辨明事物的大纲。2 名号：根据《释名·释言语》，名指对事物的命名，以区别于他物。号指称呼，是对事情的价值判断。3 大理之首章：大纲道理的首要。大理，大纲道理。首章，文章、著述的开头部分，指其首要部分。4 幾：事物刚刚萌芽的隐微状态。5 謞（xiào）而效天地谓之号：呼叫而效法天地叫作号。謞，喊叫。6 中：中道。

译文

治理天下的端始，在于精审辨明事物的大纲。辨明事物的大纲的端始，在于深细辨察名号。名号是大道理的首要部分。总录首要部分的含义，来察看其中的事理，是非对错就可以知晓，事理的顺逆自己就能显现，其隐幾幽微与天地相通。是非的端正取决于顺逆，顺逆的端正取决于名号，名号的端正取决于天地，天地是名号的大义。

古代的圣人，呼叫并仿效天地，称之为号；鸣叫并施予命名，称之为名。

名的意思，是通过鸣叫赋予意义，号的意思，是呼叫仿效。呼叫并仿效天地的叫作号，鸣叫并给事物命名的叫作名。名、号声音不同却有共同的本源，都是鸣叫呼喊而通达上天的意思。上天不说话，让人来显发它的心意；不施为，让人行在它的中道。名称是圣人所显发的天意，不可以不深入观察。

受命之君，天意之所予也。故号为天子者，宜视天如父，事天以孝道也；号为诸侯者，宜谨视所候奉之天子也；号为大夫者，宜厚其忠信，敦其礼义，使善大于匹夫之义，足以化也；士者，事也；民者，瞑[1]也。士不及化，可使守事从上而已。

五号自赞[2]，各有分，分中委曲，曲有名[3]。名众于号，号其大全。[4]名也者，名其别离分散也。号凡而略，名详而目。目者，遍辨其事也；凡者，独举其大也。享鬼神者号一，曰祭。祭之散名[5]：春曰祠，夏曰礿，秋曰尝，冬曰烝。[6]猎禽兽者号一，曰田。田之散名：春苗，秋蒐，冬狩，夏狝。[7]无有不皆中天意者。物莫不有凡号，号莫不有散名，如是。是故事各顺于名，名各顺于天，天人之际，合而为一。同而通理，动而相益，顺而相受，谓之德道。《诗》曰[8]："维号斯言，有伦有迹。"此之谓也。

注释

1 瞑：眼目昏花。引申为愚昧。2 自赞：自称。3 曲有名：曲，疑为"各"。4 名众于号，号其大全：名多于号，号是事物的总称。5 散名：事物具体的名称。亦称"别名"。6"春曰祠"至"冬曰烝"：指四时祭祀的不同名称，因所供奉之物得名。祠，"犹食也，犹继嗣也。春物始生，孝子思亲，继嗣而食之，故曰祠"。一说"春祭品物少，而文辞多"，故称祠。礿（yuè），夏季新菜始熟可汋（礿），故称礿。尝，指尝新谷。蒸（烝），指进品物也。7"田之散名"至"夏狝"：四时田猎的四种散名。此处说法依《公羊传》，《穀梁传》略异，作："春曰蒐，夏曰苗，秋曰狝，冬曰狩。"《左传》说同《公羊传》。8《诗》曰：下引诗句见《诗经·小雅·正月》。

译文

禀受天命的国君，是天意所要授予的。所以号为天子的人，应该将上天看作父亲，用孝道侍奉上天；号为诸侯的人，应该恭谨地看待所侍奉的天子。号为大夫的人，应该笃厚忠信，敦睦礼义，使自己的美善超过普通人的要求，足以教化民众；士，就是侍奉；民，就是昏暝不清。士尚不足以教化他人，可以让他们静奉职守服从上级而已。

五种名号自身表明其各自的职分，职分中又各有细则，细则也各自都有不同称名。名比号众多，号是事物的总名，名是事物的各个分散部分。号是大概、简略的，名是周详而有条目的。条目，可以周遍地分辨事物；大略，则只举事物大纲。祭享鬼神的号只有一个，就是“祭”。祭的分别详细的名称：春祭叫祠，夏祭叫礿，秋祭叫尝，冬祭叫烝。狩猎野兽的号只有一个，就是“田”。田的分别详细的名称：春天狩猎叫苗，秋天狩猎叫蒐，冬天狩猎叫狩，夏天狩猎叫狝。没有不符合天意的。事物皆有统称的号，号皆有分别的名称，就像这样。所以事物各自随顺自己的名称，名称各自随顺天意。天和人之间，就这样统一起来。彼此和同并与道相通，运行起来相互补益，相互随顺又相互承受，这就叫道德。《诗经》说：“依随名号而发布言论，既有伦理又有次序。”说的就是这个道理。

深察王号之大意，其中有五科：皇科、方科、匡科、黄科、往科。合此五科以一言，谓之王。王者皇[1]也，王者方[2]也，王者匡[3]也，王者黄[4]也，王者往[5]也。是故王意不普大而皇，则道不能正直而方；道不能正直而方，则德不能匡运周遍；德不能匡运周遍，则美不能黄；美不能黄，则四方不能往；四方不能往，则不全于王。故曰：天覆无外，地载兼爱，风行令而一其威，雨布施而均其德。王术之谓也。

注释

1 皇：大。2 方：端方，正直。3 匡：匡正。4 黄：黄色。古人认为黄色最为中和美色，五行对应土，象征君主之位。5 往：归往，百姓归往。

译文

深入地考察“王”这个称号的含义，其中有五种科条：皇科、方科、匡科、黄科、往科。集合这五种科条，用一个字表达就是“王”。王就是皇的意思，王就是方的意思，王就是匡的意思，王就是黄的意思，王就是往的意思。所以帝王的仁心不能普遍广大，道就不能端方正直；道不能端方正直，德就不能正确运转普遍流行；德不能正确运转普遍流行，美就不能中和至高；美不能中和至高，四方之民就不能归附；四方之民不能归附，王道就不周全。所以说：上天覆盖之下的万物没有例外，大地所承载的万物全都包容，如同风的运行一样发布君王号令而有统一的权威，像下雨均匀一样布施自己的恩德。王道就是这样的。

深察君号之大意，其中亦有五科：元科、原科、权科、温科、群科。合此五科以一言，谓之君。君者元[1]也，君者原[2]也，君者权[3]也，君者温[4]也，君者群[5]也。是故君意不比[6]于元，则动而失本；动而失本，则所为不立；所为不立，则不效于原；不效于原，则自委舍[7]；自委舍，则化不行。用权于变[8]，则失中适之宜；失中适之宜，则道不平，德不温；道不平，德不温，则众不亲安；众不亲安，则离散不群；离散不群，则不全于君。

注释

1 元：根本。2 原：本原。3 权：权衡。4 温：温暖。5 群：团结群众。6 比：符合。7 委舍：诿卸，放弃自己的责任。8 用权于变：前有脱文，应脱“化不行，则用权于变”。

译文

深入考察“君”这个称号的含义，其中也有五种科条：元科、原科、权科、温科、群科。集合这五个条科用一个字表达就是“君”。君就是元的意思，君就是原的意思，君就是权的意思，君就是温的意思，君就是群的意思。因此君主的心志如果不符合元的原则，行动就失去了根本；行动失去根本，行事就立不住脚；行事立不住脚，就不能有始有终；不能有始有终，就会舍弃自己的责任；舍弃自己的责任，教化就不能实行。用权术来应变，就会失去中道之宜；失去中道之宜，就会行事不平正、德行不温和；行事不平正、德行不温和，群众就不会亲附安定；群众不亲附安定，就会分散不团结；分散不团结，君道就不周全了。

名生于真，非其真，弗以为名。名者，圣人之所以真物也，名之为言真也[1]。故凡百讥有黮黮者[2]，各反其真，则黮黮者还昭昭耳。欲审曲直，莫如引绳[3]；欲审是非，莫如引名。名之审于是非也，犹绳之审于曲直也。诘其名实，观其

离合，则是非之情不可以相谰[4]已。

今世暗于性，言之者不同，胡不试反性之名？性之名非生与？如其生之自然之资谓之性。性者，质也。诘性之质于善之名，能中[5]之与？既不能中矣，而尚谓之质善，何哉？性之名不得离质。离质如毛[6]，则非性已，不可不察也。

《春秋》辨物之理，以正其名。名物如其真，不失秋毫之末。故名霣石，则后其五；言退鹢，则先其六。[7]圣人之谨于正名如此。“君子于其言，无所苟而已”，五石、六鹢之辞是也。

注释

1 名之为言真也：名是为了言说真实。2 凡百讥有黮黮（dàn dàn）者：凡是暗昧不明的事物。讥，当作“物”。黮黮，云黑色，此处指暗昧不明。3 引绳：用绳墨来作标准。绳，绳墨，木工用来校正曲直的工具。4 谰（lán）：诬陷，抵赖。5 中：符合。6 离质如毛：讨论“性”离开本质一丝一毫，就不是性了。毛，形容微小。7“故名霣石”至“先其六”：霣石、退鹢事载于《春秋》僖公十六年。见《王道》篇注。

译文

“名”是从真实产生的，不是真实的，不用来命名。“名”，是圣人用来表现万物真相的，“名”是为了言说真实。所以凡是暗昧不明的事物，只要返回真相，暗昧的事物就可以恢复得清清楚楚。要想辨别事物的曲直，不如用绳墨测量；要想辨别事情的是非对错，不如援引“名”来衡量。“名”对于是非的辨别，如同绳墨对于曲直的辨别。追究事物的名称和实际，观察事物的分离与会合，是非的实情就不能相欺瞒了。

现在人们对“性”暗昧不清，论说的人也各不一致，为什么不试着返归“性”的名称？“性”的名称不是从“生”来的吗？如同生来自然具有的本质叫作“性”。本性就是本质。在美善的名中穷究生来具有的本质，能符合吗？既然不能符合，还要叫作本质美善，为什么？“性”的名称不能离开本质，离开本质一丝一毫，就不是性了，对此不可以不辨别清楚。

《春秋》辨物别事的条理，以端正其名。命名事物符合它的实情，没有一丝一毫误差。所以记述陨石，就把“五块”记在“陨石”后面；记述有退行的鹢鸟，就把“六只”记在“鹢鸟”前面。圣人对正名一事审慎到了这种程度。“君子对自己所说的话，没有一点疏忽的”，“五石”“六鹢”的用辞就是这样。

栣[1]众恶于内，弗使得发于外者，心也。故心之为名栣也。人之受气苟无恶者，心何栣哉？吾以心之名，得人之诚。人之诚，有贪有仁。仁、贪之气，两在于身。身之名，取诸天。天两有阴阳之施，身亦两有贪仁之性。天有阴阳禁，身有情欲栣，与天道一也。是以阴之行不得干春夏，而月之魄常厌[2]于日光，乍全乍伤[3]。天之禁阴如此，安得不损其欲而辍其情以应天。天所禁而身禁之，故曰身犹天也。禁天所禁，非禁天也。[4]必知天性不乘于教，终不能栣。察实以为名，无教之时，性何遽若是？

注释

1 栣：禁制。2 厌：压，遮蔽。3 乍全乍伤：月亮时圆时缺。乍，忽然。4 禁天所禁，非禁天也：是禁止天所要求人禁制的，而不是禁止天道。

译文

从内部禁制众多的恶，不让它向外发展，这是心的作用。所以心的名称是从“栣”得来的。人所禀受的气质如果没有恶的成分，心禁制什么呢？我从心的名称，得到人的实情。人的实情，就是有贪婪有仁爱。仁爱、贪婪两种气质，都存在人身上。身的名称，取法于上天。天同时有阴阳二气施放，身也同时有贪婪、仁爱两种本性。天道有阴气需要禁制而使其不干犯阳气，身体有情欲需要禁制，与天道的规律一致。所以阴气运行不能干犯春夏，月亮的亏缺阴影常常是由于太阳的遮蔽，时圆时缺。天道都像这样禁制阴气，人怎么能不减损自己的欲望而停止自己的情欲来顺应天道呢？天道所禁止的，人身也禁止，所以说人身如同天道。禁止天道所禁止的事，而不是禁止天道。一定要知道本性的欲望如不加以教化，该禁制的就不能得到禁制。审察实际而了解名称的由来，没有受过教化的时候，“性”怎么就会是受过教化的样子？

故性比于禾，善比于米。米出禾中，而禾未可全为米也；善出性中，而性未可全为善也。善与米，人之所继天而成于外，非在天所为之内也。天之所为，有所至而止。止之内谓之天性，止之外谓之人事。事在性外，而性不得不成德。民之号，取之瞑也。使性而已善，则何故以瞑为号？以贾[1]者言，弗扶将，则颠陷猖狂，安能善？性有似目，目卧幽而瞑，待觉而后见。当其未觉，可谓有见质，而不可谓见。今万民之性，有其质而未能觉，譬如瞑者待觉，教之然后善。

当其未觉，可谓有善质，而不可谓善，与目之瞑而觉，一概之比也。静心徐察之，其言可见矣。性而瞑之未觉，天所为也。效天所为，为之起号，故谓之民。民之为言，固犹瞑也，随其名号以入其理，则得之矣。

注释

1 賓：应作“瞑”。

译文

所以“性”可以与禾苗相类比，善可以和米相类比。米是从禾苗中来的，但是禾苗并不完全是米；善是从“性”中产生的，但“性”并不完全是善。善与米，是人继承天之所为，另外完成的，不是在天之所为之内完成的。天之所为，是有一定限度的。限度之内叫作天性，限度之外就叫作人事。人事在天性之外，而天性不能不成就德行。民的称号，由冥暗不明得来。假使民众的本性已经是善的，为什么要用“瞑”作为号呢？用“瞑”为号，是说如果不扶持，就要颠倒陷溺、放纵猖狂，怎么能做到善呢？“性”又像眼目，暗处幽卧时眼睛闭合，等到觉醒后才能看见。当它没有觉醒时，可以说有看见东西的本能，但不能说已经看见了。如今普通百姓的本性，有他们的本质，但未能觉醒，如同睡眠的人等待醒觉，教化他们然后才能做到善。当他们没睡醒，可以说有善的本质，却不能说已经做到善了，这与眼睛闭合而后觉醒，是相同的类比。静下心来慢慢考察，这种说法是可以明了的。本性昏冥如同没有睡醒，是天所赋予的。依据天所赋予的，给他们起号，所以就叫作“民”。“民”的称谓，本来就如同“瞑”的意思，随着这个名号来深入研究它的道理，就能了解了。

是正名号者于天地，天地之所生，谓之性情。性情相与为一瞑，情亦性也。谓性已善，奈其情何？故圣人莫谓性善，累其名也。身之有性情也，若天之有阴阳也。言人之质而无其情，犹言天之阳而无其阴也。穷论者，无时受[1]也。名性，不以上，不以下，以其中名之。性如茧、如卵，卵待覆而成雏，茧待缫[2]而为丝，性待教而为善，此之谓真天[3]。天生民性有善质，而未能善，于是为之立王以善之，此天意也。民受未能善之性于天，而退受成性之教于王。王承天意，以成民之性为任者也。今案其真质而谓民性已善者，是失天意而去王任也。万民之性苟已善，则王者受命尚何任也？其设名不正，故弃重任而违大命[4]，非法

言也。《春秋》之辞，内事之待外者，从外言之。今万民之性，待外教然后能善，善当与教，不当与性。与性，则多累而不精[5]，自成功而无贤圣，此世长者[6]之所误出也，非《春秋》为辞之术也。不法之言、无验之说，君子之所外[7]，何以为哉？

注释

1 无时受：没有能让人接受的时候。2 缫：抽茧出丝。3 真天：纯正的天性。4 大命：当作“天命”。5 多累而不精：复杂累赘不精确。6 世长者：当指本文辩驳的观点的持有者，疑为当时的黄老学派或儒学其他派别中持“性已善”论者。7 外：排斥。

译文

这就是依据天地来端正名号，天地所产生的，叫作“性”和“情”。“性”和“情”相合叫作“瞑”。“情”也是“性”的一部分。若说“性”已经善了，那么情又怎么解释呢？所以圣人不说性善，因为不符合名。人身有“性”和“情”，如同天有阴、阳。讲人的本质却不说“情”，就像只讲天之阳而不讲阴。这样穷究的话，没有能让人接受的时候。命名“性”，既不以最高的标准，也不以最低的标准，而以中间普通人的状况来命名。“性”就像茧和卵，卵要经过孵化才能成为幼禽，茧要经过抽丝才能成为丝，“性”也要经过教化才能成为善，这才是真正的天道。天生万民本性中有善的资质，却还没有成为善，于是天就设立君王来使他善，这是天的意思。民众从天那里接受还没有完全实现善的性，再从君王那里接受实现善性的教化。君王秉承天意而以成就民众的善性为己任。现在根据民众真实的本性而说民众的性已经是善的了，这是错失了天意而抛弃了君王的责任。万民的本性如果已经成为善了，君王承受天命还有什么任务呢？设置名号不正确，所以抛弃重大的责任而违背伟大的使命，不是正确的言论。《春秋》的用辞，内部有事情依靠外部条件实现的，就要从外部说明。如今万民之性，需待外部教化然后才能成善，所以善应当归因于教化，不应当归因于本性。归因于本性，就会复杂累赘，不精确了，自己成功而不需要圣贤教化，这是现在社会上一些所谓的“长者”的错误言论，不是《春秋》用辞的原则。不合理的言论、没有证据的说法，是君子所排斥的，为什么要说呢？

或曰：“性有善端，心有善质，尚安非善？”应之曰：“非也。茧有丝而茧非

丝也，卵有雏而卵非雏也。比类率然[1]，有何疑焉？”天生民有六经[2]，言性者不当异。然其或曰性也善，或曰性未善，则所谓善者，各异意也。性有善端，动之爱父母[3]，善于禽兽，则谓之善，此孟子之善。循三纲五纪[4]，通八端[5]之理，忠信而博爱，敦厚而好礼，乃可谓善，此圣人之善也。是故孔子曰[6]：“善人吾不得而见之，得见有常者，斯可矣。”由是观之，圣人之所谓善，未易当也，非善于禽兽则谓之善也。使动其端善于禽兽则可谓之善，善奚为弗见也？夫善于禽兽之未得为善也，犹知于草木而不得名知。万民之性善于禽兽而不得名善。知之名乃取之圣，圣人之所命，天下以为正。正朝夕者视北辰，正嫌疑者视圣人。圣人以为无王之世，不教之民，莫能当善。善之难当如此，而谓万民之性皆能当之，过矣。质于禽兽之性，则万民之性善矣；质于人道之善，则民性弗及也。万民之性善于禽兽者许之，圣人之所谓善者弗许。吾质之命性者，异孟子。孟子下质于禽兽之所为，故曰性已善；吾上质于圣人之所为，故谓性未善。善过性，圣人过善。《春秋》大元，故谨于正名。名非所始，如之何谓未善[7]、已善也？

注释

1 率然：都是这样。2 六经：疑当作“大经”。3 动之爱父母：动，疑当作“童”。即孩童即知爱亲之意。4 三纲五纪：三纲，谓君臣、父子、夫妇。五纪，或指五常。《白虎通·三纲六纪》有“三纲六纪”之说。5 八端：不详，疑即上文“三纲五纪”。6 孔子曰：下引文见《论语·述而》。7 未善：疑为衍文。

译文

有人说：“‘性’中有善的开端，内心有善的本质，怎么还不是善？”回答说：“不是这样。茧有丝但茧不是丝，卵中有幼禽但卵不是幼禽。同类相比都是这样，又有什么可疑惑的？”天生万民有大的原则，谈论“性”也不应该与之不同。然而有的人说本性已经是善的，有的人说本性还未成善，那么所说的善，各有不同的含义。本性有善的开端，孩童就爱自己的父母，比禽兽善良，就称之为善，这是孟子的善。能够遵循三纲五纪，通晓八端的道理，忠信而又博爱，敦厚而又好礼，才可说是善，这是圣人的善。因此孔子说：“善人我没能见到过，能够见到有恒心的人，就已经很好了。”由此看来，圣人所说的善，是不容易做到的，不是比禽兽善就可以叫作善。如果具有善的开端、比禽兽善就可以说是善，善人为什么见不到呢？比禽兽善不能算作善，如同比草木有智慧不能叫作有智慧。民众的性比禽兽善，但不能叫作善。善的名称是取决于圣人的，圣人所命名的，天下人以之为标准。要确定早晚的时间就观察北斗星，要辨别对事物的疑惑就观察圣人。圣人认为，没有圣王的时代，不经教化的民众，没有谁能符合善。善是如此难以达到，而认为民众之性都能符合善，就错误了。以禽兽之性为标准，民众之性就可称为善了；以人道之善为标准，民众之性就达不到了。说民众之性比禽兽善可以赞同，说能符合圣人所说的善，就不能赞同了。我推究命名“性”的标准不同于孟子。孟子降低标准去同禽兽相比较，所以说性已经善了；我提高标准以圣人所提倡的善作为基础，所以说性还没有善。善超过本性，圣人超过善。《春秋》最为看重“元”，所以对正名一事十分慎重。名号不追溯到起始，怎么就能说“性未善”或“性已善”呢？

实性第三十六

导读

本篇继续从名号的角度讨论人性论的问题，相较于《深察名号》篇，本篇更为直接地指出，如果认为“性已善”，就等于否定了教化，人们顺其自然就能“已善”，也就不需要王道政治了。这在儒家等于是自相矛盾，因此是不合理的说法。并提出“中民之性”的说法，将圣人与斗筲之人排除，以中民之性为性，是性三品说的先声。

孔子曰[1]：“名不正则言不顺。”今谓性已善，不几于无教而如其自然，又不顺于为政之道矣。且名者性之实，实者性之质。质无教之时，何遽能善？善如米，性如禾。禾虽出米，而禾未可谓米也；性虽出善，而性未可谓善也。米与善，人之继天而成于外也，非在天所为之内也。天所为，有所至而止。止之内谓之天，止之外谓之王教。王教在性外，而性不得不遂。故曰：性有善质，而未能为善也。岂敢美辞[2]，其实然也。天之所为，止于茧麻与禾。以麻为布，以茧为丝，以米为饭[3]，以性为善，此皆圣人所继天而进也，非情性质朴之能至也，故不可谓性[4]。正朝夕者视北辰，正嫌疑者视圣人。圣人之所名，天下以为正。今按圣人言中本无性善名，而有“善人吾不得见之矣”。使万民之性皆已能善，善人者何为不见也？观孔子言此之意，以为善甚难当；而孟子以为万民性皆能当之，过矣。

注释

1 孔子曰：下引文见《论语·子路》。2 美辞：应作“异辞”，不同的意见，不同的说法。3 以米为饭：应作“以禾为米”。4 故不可谓性：疑应作“故不可谓性善”。

译文

孔子说：“名称不正确，言论就不通顺。”现在有人认为人性已经是善的，那不是近乎说不要行教化而顺其自然，这种看法又不顺应施行政治的道理了。况且名是体现性的实际情况，性的实际情况就是它的本质。性的本质在没受过教化时，怎么能够突然变成善？善如同米一样，性如同禾苗一般。禾苗虽然能生出米，但禾苗不能就叫作米；性虽然可以培养出善，但性不能就叫作善。米和善，是人们继承天命又通过外部加工完成的，不是天的作为的范围内完成的。

天的作为是有限度的。止于限度之内的叫作天性，在限度之外的叫作王教。王教是在本性之外，使得本性不得不顺随的。因此说：性有善的资质，而没能达到善。哪里敢讲和先圣观点不同的话，实际就是如此。天的所为，只限于茧、麻和禾苗。用麻织成布，把茧抽成丝，用禾苗生成米，将本性变成善，这些全是圣人继承天命而进一步完成的，不是人的性情自然本质朴实就能完成的，所以不能叫作本性。校正早晚时间以北斗星为标准，纠正有疑惑的事就以圣人为标准。圣人所命名的，天下人都视为标准。如今考察圣人的言论中本来没有性善的说法，却有“善人我不能见到”的感慨。假使民众的本性都已经成善，善人为什么见不到？考察孔子讲这话的用意，以为善实在是很难做到的；而孟子认为万民的本性全可与善相对等，是错误的。

圣人之性不可以名性，斗筲[1]之性又不可以名性，名性者，中民[2]之性。中民之性如茧如卵。卵待覆二十日而后能为雏，茧待缫以涫汤[3]而后能为丝，性待渐[4]于教训而后能为善。善，教训之所然也，非质朴之所能至也，故不谓性。性者，宜知名矣，无所待而起，生而所自有也。善所自有，则教训已非性也。是以米出于粟，而粟不可谓米；玉出于璞，而璞不可谓玉；善出于性，而性不可谓善。其比多[5]，在物者为然，在性者以为不然，何不通于类也？卵之性未能作雏也，茧之性未能作丝也，麻之性未能为缕[6]也，粟之性未能为米也。《春秋》别物之理以正其名，名物必各因其真。真其义也，真其情也，乃以为名。名霣石则后其五，退飞则先其六，此皆其真也。圣人于言无所苟而已矣。性者，天质之朴也；善者，王教之化也。无其质，则王教不能化；无其王教，则质朴不能善。质而不以善性[7]，其名不正，故不受也。

注释

1 斗筲：量器，比喻人的才识器量鄙陋狭小。指下愚之民。2 中民：普通民众。3 茧待缫以涫汤：缫，同“缲”，蚕茧用热水浸泡后抽丝。涫汤，即沸水。4 渐：浸，浸染。5 其比多：相同的类比很多。6 缕：麻线。7 质而不以善性：当作“质而名以善性”。

译文

圣人的性不能用来命名性，下愚之民的性又不可以用来命名性，可以用来命名性的，是普通民众的性。普通民众的性就如同茧和卵，卵要等到孵化二十天后才能变成幼禽，茧要等到在沸水中缫丝后才能变成丝，性要等到教化规范浸染之后才能变成善。善，是教化规范的结果，不是天生的质朴就能达到的，所以不能称（善）为性。所谓的性，应该要知晓它的名称，是不依恃外在的条件就出现的，是自身本来就具有的。如果善也是自身本来就具有的，那么教化规范才具有的善就不是性了。所以米是从粟中磨出的，但粟不能说就是米；玉是从璞中磨出的，但璞不能叫作玉；善是从本性中修养而成的，而性不能就叫作善。这些相同的类比很多，放在事物当中就认为正确，放在人性上却认为不对，为什么不贯通成同类去思考呢？卵之性还未能成为幼禽，茧之性还未能成为丝，麻之性还未能成为麻线，粟之性也未能成为米。《春秋》通过辨别事物的原理来匡正它的名称，命名事物一定各自依照其真实情况。真实地表现各自的意义，真实地表现各自的情况，来确立名称。称陨石就把“五”字放在后面，说鹢鸟后退着飞就把“六”字放在前面，这都是表现真实情况。圣人对于语言表述，是从不马虎的。所谓的性，是自然的本质；所谓的善，则是君王教化的结果。没有自然的本质，君王就无法教化；没有君王教化，自然本质就不能成为善。自然本质而称为善性，那名称就不正确，所以不能接受。

五行对第三十八

导读

本篇针对河间献王刘德关于儒家经典《孝经》将孝德立为“天之经”“地之义”的疑问，董仲舒创造性地将五行思想纳入对于孝道的解释，将自然界五行相生的关系理解为具有人伦道德性质的关系，五行由此具有解释人伦道德事件的内涵。联系刘德的诸侯王身份，以及汉初政局中央王权与诸侯王势力的博弈，本篇的现实用意与立场也是颇为明显的。

河间献王问温城董君[1]曰：“《孝经》曰[2]：‘夫孝，天之经，地之义。’何谓也？”对曰：“天有五行，木、火、土、金、水是也。木生火，火生土，土生金，金生水[3]。水为冬，金为秋，土为季夏，火为夏，木为春。春主生，夏主长，季夏主养，秋主收，冬主藏。藏，冬之所成也。是故父之所生，其子长之；父之所长，其子养之；父之所养，其子成之。诸父所为，其子皆奉承而续行之[4]，不敢不致如父之意，尽为人之道也。故五行者，五行也。由此观之，父授之，子受之，乃天之道也。故曰：夫孝者，天之经也。此之谓也。”王曰：“善哉。天经既得闻之矣，愿闻地之义。”对曰：“地出云为雨，起气为风。风雨者，地之所为，地不敢有其功名，必上之于天。命若从天气者，故曰天风天雨也，莫曰地风地雨也。勤劳在地，名一归于天，非至有义，其孰能行此？故下事上，如地事天也，可谓大忠矣。土者，火之子也，五行莫贵于土。土之于四时无所命者[5]，不与火分功名。木名春，火名夏，金名秋，水名冬。忠臣之义，孝子之行，取之土。土者，五行最贵者也，其义不可以加矣。五声莫贵于宫[6]，五味莫美于甘，五色莫盛于黄，此谓孝者地之义也。”王曰：“善哉！”

注释

1 河间献王问温城董君：河间献王，指汉景帝之子刘德，好儒学。温城董君，即董仲舒。温城，据苏舆考证，温城当为脩县的俗称，董仲舒即广川脩县人。2《孝经》曰：下引文见《孝经·三才章》。3 金生水：下脱“水生木”。4 奉承而续行之：奉命承接下来并继续实行。5 土之于四时无所命者：因土在四时中居中央，不像金木水火那样，分别代表秋、春、冬、夏，所以说无所命者。6 五声莫贵于宫：五声，指宫、商、角、徵、羽。这五种音是乐律中的音阶。宫为五音之首。

译文

河间献王询问温城董君说："《孝经》上说：'孝是天经地义的。'说的是什么意思？"回答说："天有五行，即木、火、土、金、水。木生火，火生土，土生金，金生水（，水生木）。水代表冬季，金代表秋季，土代表夏之末，火代表夏季，木代表春季。春季主管滋生，夏季主管成长，夏末主管养成，秋季主管收获，冬季主管收藏。贮藏，是冬季所完成的工作。所以父亲所滋生的，他的儿子要助长它；父亲所助长的，他的儿子就养育它；父亲所养育的，他的儿子就完成它。凡是父亲所做的，他的儿子都奉命承接下来并继续实行，不敢不使它符合父亲的意愿，尽做人的义务。所以五行是五种德行。由此看来，父亲授予，儿子就接受，本是上天的道理。所以说：孝是天之经。说的是这个意思。"献王说："好啊！天经已经听说过了，希望听一听地义。"回答说："大地生出云而降雨，涌起气而变为风。风雨，是大地造成的，但大地不敢占有这个功劳和名声，一定归给上天。像是从上天之气接受命令，所以叫作天风天雨，而不说地风地雨。勤劳的是地，功名全都归给天，如果不是非常有义，谁能做到这样？所以在下者侍奉在上者，能够如同地侍奉天，可以说是极大的忠诚。土是火的儿子，五行当中没有什么比土更尊贵的。土在四季当中没有专门对应的季节，不跟火分享功绩和名声。木德对应春季，火德对应夏季，金德对应秋季，水德对应冬季。忠臣的道义，孝子的行为，都取自土。土，是五行中最可贵的，它的义不能再增加了。五声中没有比宫更尊贵的，五味中没有比甘甜更美好的，五色中没有比黄色更盛美的，这就是说孝是地之义。"河间献王说："说得好哇！"

阳尊阴卑第四十三

导读

本篇详述阴阳尊卑之义。先秦的阴阳学说中，阴阳并无尊卑之别，而是共同构成世界的二元结构基础。董仲舒论阴阳，将其纳入《春秋》所规定的贵贱尊卑的社会等级秩序中，一方面是为礼制秩序落实自然界，即天道的根据；另一方面，阴阳也因纳入社会等级秩序而发生了一元化的扭曲。在治国方式上，也因肯认阳尊阴卑，而进一步推导出相对应的刑德关系，得出为政不可任刑，应当德主刑辅的结论。

天之大数，毕于十旬[1]。旬[2]天地之间，十而毕举；旬生长之功，十而毕成。十者，天数之所止也。古之圣人，因天数之所止以为数纪[3]，十如更始[4]。民世世传之，而不知省[5]其所起。知省其所起，则见天数之所始；见天数之所始，则知贵贱逆顺所在；知贵贱逆顺所在，则天地之情著，圣人之宝出矣。[6]是故阳气以正月始出于地，生育长养于上，至其功必成[7]也，而积十月[8]。人亦十月而生，合于天数也。是故天道十月而成，人亦十月而成[9]，合于天道也。

故阳气出于东北，入于西北，发于孟春，毕于孟冬，[10]而物莫不应是。阳始出，物亦始出；阳方盛，物亦方盛；阳初衰，物亦初衰。物随阳而出入，数随阳而终始，三王之正随阳而更起。[11]以此见之，贵阳而贱阴也。故数日[12]者，据昼而不据夜；数岁者，据阳而不据阴，阴不得达之义。

注释

1 毕于十旬：应作“毕于十”，“旬”字涉下文而衍。2 旬：当作“匌（zhōu）”，周匝，包括，包全。下一“旬”同。3 数纪：数目的纲纪，数目的准则。纪，法度、准则。4 十如更始：数目到十以后便重新开始。如，而。更始，重新开始。5 省（xǐng）：省察，知道。6 天地之情著，圣人之宝出矣：天地的实情就会显著，而圣人所珍视的也就显明了。圣人之宝，圣人所珍视的。一说，应作“圣人之实”，“宝（寶）”与“实（實）”繁体字形近而误。实，实情、实质。7 必成：应作“毕成”，全部成熟。8 积十月：这里没有算上十一月、十二月两个月，按苏舆说，是因这两个月都处于阳气萌发之时，是阳气生长的时节，不是长养万物的时节。9 人亦十月而成：应作“人亦十月而生”。10 发于孟春，毕于孟冬：孟春生发，孟冬完成。孟春，春天的第一个月，即阴历正月。孟冬，冬天的第一个月，即阴历十月。11“物随阳”至“而更起”：万物随阳气生起运行而生长变化，数也随着阳气的终始而终始，夏、商、周三代订立正月也是随着阳气变化而变更的。三王，指夏禹、商汤、周文王和周武王。正，正月。夏朝以一月为正月，商朝以十二月为正月，周朝以十一月为正月。12 数（shǔ）日：计算日子。数，计数。

译文

上天最大的数目，终结在十。天地之间所有的事物，全都可以归纳为十类；所有出生长养的功效，到十就可以完成。十，是天数的终止。古代的圣人借着天数的终止作为数字的准则，到十以后就重新开始计数。百姓代代相传，却不知晓它的缘起。知晓它的缘起，就可发现天数的开始；发现天数的开始，就可知道贵贱、逆顺的所在；知晓贵贱逆顺的所在，天地的实情就会显著，圣人所珍视的也就表现出来了。所以阳气从正月开始出现在地上，在地上生长养育万物，到它的功劳完成的时候，积累了十个月的时间。人也是经过十个月的孕育才出生，与天数相合。所以天道是经过十个月的养育而成熟，人也是十个月而出生，符合于天道。

因此阳气从东北升起，在西北没入，从孟春发生，在孟冬结束，万物没有不和这一规律相应的。阳气开始生出时，万物也开始出现；阳气正旺盛，万物也正旺盛；阳气开始衰弱，万物也开始衰弱。万物随顺阳气而生起和没入，数随着阳气终始而终始，夏、商、周三王订立的正月也是随着阳气的变化而变更的。由此看来，天道是重视阳气而轻视阴气的。所以计算时日，根据白昼而不根据夜晚；计算年岁，根据阳气而不根据阴气，这就是阴气不能通达的道理。

是故《春秋》之于昏礼也，达宋公而不达纪侯之母。[1] 纪侯之母宜称而不达，宋公不宜称而达，达阳而不达阴，以天道制之也。丈夫虽贱皆为阳，妇人虽贵皆为阴。阴之中亦相为阴，阳之中亦相为阳。诸在上者皆为其下阳，诸在下者各为其上阴。[2] 阴犹沈[3]也，何名何有？皆并一于阳，昌力而辞功[4]。故出云起雨，必令从之下[5]，命之曰天雨。不敢有其所出，上善而下恶。恶者受之，善者不受。土若地，义之至也。

是故《春秋》君不名恶，臣不名善，善皆归于君，恶皆归于臣。臣之义比于地，故为人臣者，视地之事天也。为人子者，视土之事火也。虽居中央，亦岁七十二日之王[6]，傅[7]于火以调和养长，然而弗名者，皆并功于火，火得以盛，不敢与父分功美[8]，孝之至也。是故孝子之行，忠臣之义，皆法于地也。地事天也，犹下之事上也。地，天之合也，物无合会之义。[9]

注释

1“是故《春秋》”至“纪侯之母”：《春秋》记载，鲁成公八年宋共公派华元到鲁国行聘礼，夏天又派公孙寿去纳币。对这两件事，《春秋》记为“宋公使华元来聘”和“宋公使公孙寿来纳币”。按婚礼记事的原则，只有当婚者的父母才可以派遣人去做这些事，但在宋共公的婚事上却由宋公自己派遣人，这是不合乎《春秋》记事原则的。但宋共公这样做是不得已而为之，因为他的父母都已不在人世。不达纪侯之母，纪侯之母的婚聘之命不能通达到国外。据《春秋》鲁隐公二年记载，“纪履緰（xū）(亦作纪裂繻）来逆女”，纪侯有母亲在，而据《公羊传》，“母不通也”，母命不能通到国外，所以说“不达纪侯之母”。2“诸在上者”至“其上阴”：所有在尊位的相较于地位比自己低的都是阳，所有在卑位的相对于地位比自己高的都是阴。如兄较弟为阳，较其父则为阴。妻较夫为阴，较于妾媵则为阳。3 沈：同“沉”。4 昌力而辞功：竭尽全力但却推辞功劳。昌力，盛大的力量。5 必令从之下：应作“必令从天下”。6 亦岁七十二日之王：主管一年当中的七十二天。五行学说认为，全年三百六十日，五行主日，每一行就分主七十二日。王，主宰。7 傅：辅佐，襄助。8 不敢与父分功美：不敢与父分有功劳和美名。“父”当兼指“天”和“父”。9 地，天之合也，物无合会之义：意思是，功劳实际是地与天相配合完成的，但只能说是侍奉天，而天是不与万物配合的。

译文

因此《春秋》对于婚礼，记载宋共公派人纳币一事而不记载纪侯母亲派人迎亲一事。纪侯的母亲应该称举而不记载，宋公不应称举但却记载，这是通达阳气而不通达阴气，是依据天道制定的。男人即使卑贱而都属阳，妇女即使高贵而都属阴。阴之中还互相为阴，阳之中也互相为阳。所有在尊位的相较于地位比自己低的都是阳，所有在卑位的相对于地位比自己高的都是阴。阴就如同下沉的意思，哪里有它的名称或拥有什么呢？全都归给阳了，竭尽全力却辞让功劳。所以生云下雨，一定让它们从天而降，称之为天雨。（大地）不敢执有自己生出的东西，在上位的为善而在下位的为恶。恶的就承受，善的就不接受。土就是大地，道义行到了极致。

因此《春秋》中对国君不直称其恶，对臣子不直称其善，善的都归给国君，恶的都归给臣子。做臣子的原则与地相同，所以做人臣的，要比照地如何侍奉天（来侍奉国君）。做人子的，要比照土如何侍奉火（来侍奉父母）。土虽居于中央，也是每一岁七十二日的主宰，辅助火，以便调和长养万物，然而不占有功劳，都归功于火，火得以兴盛，不敢与父分有功绩和美名，这是孝的最高标准。因此孝子的行为，忠臣的道义，都是取法于地的。地侍奉天，如同在下位者侍奉在上位者。地，是天的配合，但万物却没有与天相配合的道理。

是故推天地之精，运阴阳之类，以别顺逆之理。安所加以[1]不在？在上下，在大小，在强弱，在贤不肖，在善恶。恶之属尽为阴，善之属尽为阳。阳为德，阴为刑。刑反德而顺于德，亦权之类也。虽曰权，皆在权成。[2]是故阳行于顺，阴行于逆。逆行而顺[3]，顺行而逆者，阴也。是故天以阴为权，以阳为经。阳出而南，阴出而北。经用于盛，权用于末。以此见天之显经隐权，前德而后刑也。[4]故曰：阳，天之德；阴，天之刑也。阳气暖而阴气寒，阳气予而阴气夺，阳气仁而阴气戾[5]，阳气宽而阴气急，阳气爱而阴气恶，阳气生而阴气杀。是故阳常居实位而行于盛，阴常居空位而行于末。天之好仁而近，恶戾之变而远，大德而小刑之意也。先经而后权，贵阳而贱阴也。故阴，夏入居下，不得任岁事，冬出居上，置之空处[6]也。养长之时伏于下，远去之[7]，弗使得为阳也。无事之时起之空处，使之备次陈，守闭塞也。[8]此皆天之近阳而远阴，大德而小刑也。是故人主近天之所近，远天之所远；大天之所大，小天之所小。是故天数右[9]阳而不右阴，务德而不务刑。刑之不可任以成世[10]也，犹阴之不可任以成岁也。为政而任刑，谓之逆天，非王道也。

注释

1 以：而。2 虽曰权，皆在权成：应作“虽曰权，皆在经成”。经，通常之道。3 逆行而顺：应作“逆行而顺者，阳也”。4 显经隐权，前德而后刑也：显扬常道而隐没权变的，重视德教而轻视刑罚的。5 戾（lì）：凶暴。6 置之空处：置之于空虚无用之处。7 远去之：远远离开生长之物。之，这里指养成生长之物。8 使之备次陈，守闭塞也：让它具备次等的职位，承担闭塞的职责。9 右：重视，推崇。10 成世：当作“治世”。

译文

因此要推求天地的精气，运用阴阳的规律，来区别顺逆的道理。什么地方不存在呢？它们存在于上下、大小、强弱、贤能不贤能、善恶中。恶之类的事物全属阴，善之类的事物全属阳。阳代表德教，阴代表刑罚。刑罚与德教相反而顺从于德教，这也是权变之类。虽然说是权变，但都是以常道而完成的。因此阳气是顺着运行，阴气是逆着运行。逆行却顺和的是阳气，顺行而违逆的是阴气。所以天道以阴气为权变，以阳气为常道。阳气升上地面就向南方运行，阴气升上地面就向北方运行。常道是在兴盛的时候运用，权变是在终了的时候运用。以此看出天道是显扬常道而隐没权变的，是重视德教而轻视刑罚的。所以说：阳是天之德教，阴是天之刑罚。阳气温暖而阴气寒冷，阳气是给予而阴气是夺取，阳气仁爱而阴气残暴，阳气宽厚而阴气急切，阳气是喜爱而阴气是厌恶，阳气是生长而阴气是衰败。所以阳气经常居处在充实的位置而在兴盛时实行，阴气经常居处在虚位而在终了时实行。上天喜好仁爱并接近它，讨厌暴戾的变道而远离它，是重视德教而轻视刑罚的意思。重视常道而轻视权变，也就是尊崇阳而贱视阴。所以阴气，夏天隐入居于下位，不能承担年岁的事务，冬天出现居于上位，被安置在虚位。生育长养的时候，阴隐伏在下位，远远离开生长之物，不让它承担阳的事务。没有事务的时候，让阴气出现在虚位，让它具备次等的职位，掌管闭塞的职责。这都是天接近阳而远离阴，推崇德教而贬低刑罚的表现。因此，天子要接近天所接近的，远离天所远离的；推崇天所推崇的，贬低天所贬低的。所以天数推崇阳而不推崇阴，致力于德教而不致力于刑罚。刑罚不能用来治理天下，就如同阴气不能用来完成年岁一样。为政却依靠刑罚，叫作违逆上天，是不合乎王道的。

王道通三第四十四

导读

本篇以阴阳四时论王道，将王者所发喜怒哀乐比为天之暖清寒暑，以此规约君主喜怒合时，刑德合道。董仲舒实际上是将儒家的仁德思想融入阴阳理论，仁德本属人道，阴阳本属天道，王道通三正是将天道、地道与人道贯通，规定了天道的仁德属性，因此人道的政治治理也须合乎仁德标准。

古之造文者，三画而连其中，谓之王。三画者，天、地与人也，而连其中者，通其道也。取天地与人之中以为贯而参[1]通之，非王者孰能当是[2]？是故王者唯天之施，施其时而成之[3]，法其命而循之诸人[4]，法其数而以起事[5]，治其道而以出法[6]，治其志而归之于仁[7]。仁之美者在于天。天，仁也。天覆育万物，既化而生之，有[8]养而成之，事功无已[9]，终而复始，凡举归之以奉人[10]。察于天之意，无穷极之仁也。人之受命于天也，取仁于天而仁也。是故人之受命天之尊，父兄子弟之亲，[11]有忠信慈惠之心，有礼义廉让之行，有是非逆顺之治，文理灿然而厚，知广大有而博[12]，唯人道为可以参天。

注释

1 参：即"叁"，指上述天、地、人三者。2 当是：与此相当，与此相同。3 "是故王者"至"而成之"：王者效法天的行为，效法天之四时而成就万物。施其时，应作"法其时"，效法天之四时。4 法其命而循之诸人：效法天命而施行于万民。5 法其数而以起事：效法天数而兴起事务。6 治其道而以出法：应作"法其道而以出治"，效法天道而治理国家。7 治其志而归之于仁：应作"法其志而归之于仁"，效法天志而归向于仁德。8 有：通"又"。9 事功无已：所做的事功没有停止的时候。10 凡举归之以奉人：所有的作为都可以归结为奉养人民。举，举事、做事。奉，尊奉、奉养。11 人之受命天之尊，父兄子弟之亲：人接受天命而有了天的尊贵，又具有父兄子弟的亲情。人之受命天之尊，此七字与上下文义不连贯，疑是衍文。父兄子弟之亲，句前应补"有"字，即"有父兄子弟之亲"。12 知广大有而博：当作"知广大而有博"。有，通"又"。

译文

古代造字的人，先写三横再用一竖连贯其中，称作"王"。三横，代表天、地和人，而连贯其中的一竖，表示贯通天、地和人的原则。选取天、地和人的中间而把三者贯通起来的，不是王者谁能做到？所以王者效法天的行为，效法天时而成就万物，效法天命而行之于人，效法天数而兴起事业，效法天道而治理国家，效法天志而归向仁德。仁德中美好的在天。天，是仁爱的。天保护养育万物，化育生长万物，又养育成就它，事功没有穷尽，结束又重新开始，所有的作为都可以归结于奉养人。考察天的用意，是没有穷尽的仁爱。人是从天那里接受生命，也是从天那里获得仁爱而具有仁德。所以（人接受天命而具有天的尊贵，）有父兄子弟间的亲情，有忠信慈惠的思想，有礼义正直谦让的行为，有是非逆顺分明的治事方略，条理显明而又宽厚，知识宽广而又博大，只有人道才可以与天道相匹配。

天常以爱利为意，以养长为事，春秋冬夏皆其用也。王者亦常以爱利天下为意，以安乐一世为事，好恶喜怒而备[1]用也。然而主之好恶喜怒，乃天之春夏秋冬也，其俱暖清寒暑而以变化成功也[2]。天出此物者[3]，时则岁美，不时则岁恶。人主出此四者，义则世治，不义则世乱。是故治世与美岁同数，乱世与恶岁同数，以此见人理之副天道[4]也。天有寒有暑，夫喜怒哀乐之发，与清暖寒暑，其实一贯[5]也。喜气为暖而当春，怒气为清而当秋，乐气为太阳而当夏，哀气为太阴而当冬。四气者，天与人所同有也，非人所能蓄[6]也，故可节而不可止也。节之而顺，止之而乱。

注释

1 而备：当作“皆其”，全是他使用的方法。2 其俱暖清寒暑而以变化成功也：它们都是具有暖清寒暑的不同效果来使化育成功的。3 天出此物者：应作“天出此四者”，指暖清寒暑等四种变化。4 人理之副天道：人事的道理符合上天的原则。副，符合。5 贯：其他版本写作“类”。6 蓄：蓄养。

译文

天常常是以慈爱利人为本怀，以化育长养人作为职事，春、秋、冬、夏都是天的手段。王者也常常是以慈爱利天下为本怀，以能实现一代人的安乐为职事，好恶喜怒都是他所使用的手段。然而君主的好恶喜怒，就相当于天的春夏秋冬四季，都具有暖清寒暑变化的不同效果来使万物化育成功。天呈现出的四季，如果按时出现，年景就好，如果不按时出现，年景就坏。君主表现出的四种情绪，如果合宜，就会出现治世，如果不合宜，就会出现乱世。所以治世和好年景天数相同，乱世和坏年景天数相同，由此可以发现人事的道理与天道是相符合的。天有寒冷有暑热，人的喜怒哀乐的发出，跟暖清寒暑其实是相贯通的。喜气为暖正值春季，怒气为清正值秋季，乐气为太阳正值夏季，哀气为太阴正值冬季。喜怒哀乐四气，天和人同样都有，不是人自身所能蓄养的，所以只可以节制却不可以禁止。节制就会顺利，制止就要混乱。

人生于天，而取化于天[1]。喜气取诸春，乐气取诸夏，怒气取诸秋，哀气取诸冬，四气之心也。四肢之答各有处[2]，如四时；寒暑不可移，若肢体。肢体移易其处，谓之壬人[3]；寒暑移易其处，谓之败岁；喜怒移易其处，谓之乱世。明王正喜以当春，正[4]怒以当秋，正乐以当夏，正哀以当冬。上下法此，以取天之道。春气爱，秋气严，夏气乐，冬气哀。爱气以生物，严气以成功，乐气以养生，哀气以丧终，天之志也。[5]是故春气暖者，天之所以爱而生之；秋气清者，天之所以严而成之；夏气温者，天之所以乐而养之；冬气寒者，天之所以哀而藏之。春主生，夏主养，秋主收，冬主藏。生溉[6]其乐以养，死溉其哀以藏，为人子者也。故四时之行，父子之道也；天地之志，君臣之义也；阴阳之理，圣人之法也。

注释

1 取化于天：取法天的化育。2 四肢之答各有处：“答”字为衍文。3 壬人：应作“夭人”。夭，同“妖”。4 正：矫正。5“爱气以生物”至“天之志也”：这里是以自然界四时在万物从生至死不同阶段的作用，比喻王政的不同功能，意在借以规定统治者的职责。6 溉：既，尽。

译文

人由上天生出，又取法天的化育。喜气取法于春，乐气取法于夏，怒气取法于秋，哀气取法于冬，这是四气的心理。人的四肢各有一定的位置，如同四季一样；严寒酷暑不可更移，如同人的肢体一样。肢体更换了位置，就称作妖怪；寒暑更换了原来的顺序，就叫作败坏的年岁；喜怒变更了原有的处所，就叫作乱世。圣明的君主应当让自己的喜悦正当春季，怒气正当秋季，欣乐正当夏季，悲哀正当冬季。从上到下都效法这个原则，以取法天道。春气仁爱，秋气严厉，夏气欣乐，冬气悲哀。仁爱之气令万物生长，严厉之气成就功业，欣乐之气长养生发，悲哀之气丧亡终结，这就是天的意志。因此春气之所以温暖，是因为天的仁爱而使万物生长；秋气凉爽，是因为天的严厉而使功业成就；夏气温热，是因为天的欣乐而长养万物；冬气寒冷，是因为天的悲哀而使万物隐藏。春季主生出，夏季主长养，秋季主收获，冬季主贮藏。父母生前竭力奉养使他们快乐，死后竭尽哀痛收葬，这是做儿子的职责。因此四季的运行，就是父子之间的道理；天地的意志，就是君臣之间的道义；阴阳的原理，就是圣人的法则。

阴，刑气也；阳，德气也。阴始于秋，阳始于春。春之为言，犹偆偆[1]也；秋之为言，犹湫湫[2]也。偆偆者喜乐之貌也，湫湫者忧悲之状也。是故春喜夏乐，秋忧冬悲，悲死而乐生。以夏养春，以冬藏秋，大人之志也。是故先爱而后严，乐生而哀终，天之当[3]也。而人资诸天[4]，天固有此，然而无所之如其身而已矣[5]。人主立于生杀之位，与天共持变化之势，物莫不应天化。天地之化如四时。所好之风出，则为暖气而有生于俗[6]；所恶之风出，则为清气而有杀于俗；喜则为暑气而有养长也；怒则为寒气而有闭塞也。人主以好恶喜怒变习俗，而天以暖清寒暑化草木。喜怒时而当则岁美，不时而妄则岁恶。天地人主一也。然则人主之好恶喜怒，乃天之暖清寒暑也，不可不审其处[7]而出也。当暑而寒，当寒而暑，必为恶岁矣。人主当喜而怒，当怒而喜，必为乱世矣。是故人主之大守，在于谨藏而禁内[8]，使好恶喜怒必当义乃出，若暖清寒暑之必当其时乃发也。人主掌此而无失，使乃[9]好恶喜怒未尝差也，如春秋冬夏之未尝过也，可谓参天矣。深藏此四者而勿使妄发，可谓天[10]矣。

注释

1 偆偆（chǔn chǔn）：高兴快乐的样子。2 湫湫（qiū qiū）：悲愁的样子。3 天之当：应作“天之常”，上天的常理。4 人资诸天：人类从上天那里取得资质。资，指天生的性情、才能。5 然而无所之如其身而已矣：天道与人身相同而已。无所之，文字疑有误。6 俗：风俗，习俗。7 不可不审其处：不可以不清楚它的道理。8 人主之大守，在于谨藏而禁内：君主重大的职守在于，不轻率发作而禁止不合理的接受。守，职守。谨藏，谨慎地收藏，即不随意发作。禁内，禁止纳入，即禁止不合理的接受。内，同“纳”。9 使乃：“乃”为衍文。10 天：最高的，最大的，指最高的原则。

译文

阴是刑罚之气；阳是德教之气。阴从秋天开始，阳从春天开始。春的发音就像“偆偆”一样；秋的发音就像“湫湫”一样。偆偆是快乐高兴的样子，湫湫是忧伤悲愁的样子。所以春季欢喜，夏季快乐，秋季忧愁，冬季哀伤，对死悲伤而对生快乐。用夏季养育春天所生出的万物，在冬季收藏秋天所收获的万物，这是在上者的意志。所以先仁爱而后严厉，让生者快乐而为亡者悲哀，这是天的常理。人取资于天，天本来就有这些，如同人身一样罢了。君主立于掌握生杀大权之位，与天共同掌握万物变化的形势，万物没有不顺应上天而变化的。天地的变化如同四季。所喜好的风出现，就成为温暖之气，有利于风俗的生成；所厌恶的风出现，就成为清凉之气，会使风俗衰退；喜悦就生暑热之气，而有长养的作用；愤怒就生寒冷之气，而有闭塞的作用。君主用好恶喜怒改变习惯风俗，而天用暖清寒暑改变草木。喜怒适时而恰当，年景就好，不适时而妄意行事，年景就坏。天、地、君主是一致的。然而君主的好恶喜怒，本是上天的暖清寒暑，不可以不审察它的原因就发出。应当暑热的时候却寒冷，应当寒冷却暑热，一定会导致坏的年景。君主应当喜悦却发怒，应当发怒却喜悦，一定造成乱世。所以君主的重大职守，在于不轻率发作和禁止不合理的接纳，使好恶喜怒必定在适宜的时候发出，如同暖清寒暑必定在适当的时节才发出一样。君主掌握这一标准不要偏失，使自己的好恶喜怒不出现差错，如同春夏秋冬的出现没有差错一样，可以说是参通天道了。深藏这四样东西，不让它们随意发出，可以说是合乎天道了。

基义第五十三

导读

本篇提出世间万物皆两两耦合，阴阳相匹，而阴阳各有其功用，相互配合，成就生化万物之功。天道亲阳疏阴，人道与之相匹，因此治国之道也应重德简刑。篇章主旨仍是将自然界（天道）的阴阳与人类社会秩序相匹配，为三纲等社会等级秩序、德主刑辅的儒家政治理念论证天道的依据。

凡物必有合[1]。合，必有上，必有下，必有左，必有右，必有前，必有后，必有表，必有里。有美必有恶，有顺必有逆，有喜必有怒，有寒必有暑，有昼必有夜，此皆其合也。阴者阳之合，妻者夫之合，子者父之合，臣者君之合。物莫无合，而合各有阴阳。阳兼[2]于阴，阴兼于阳，夫兼于妻，妻兼于夫，父兼于子，子兼于父，君兼于臣，臣兼于君。君臣、父子、夫妇之义，皆取诸阴阳之道。君为阳，臣为阴；父为阳，子为阴；夫为阳，妻为阴。阴道无所独行[3]。其始也不得专起，其终也不得分功，[4] 有所兼之义。

注释

1 合：耦合，匹配。2 兼：兼并，兼合。3 阴道无所独行：此处指阴气运行之道是它不能单独运行。4 其始也不得专起，其终也不得分功：阴气运行的开始不能单独发起，结束了也不能与阳气分取功劳。

译文

万物一定有与之相耦合的。耦合就一定有上，一定有下，一定有左，一定有右，一定有前，一定有后，一定有表面，一定有内里。有美好就一定有丑恶，有顺从就一定有违逆，有喜悦就一定有愤怒，有寒冷就一定有暑热，有白昼就一定有黑夜，这些都是耦合。阴是阳的耦合，妻子是丈夫的耦合，儿子是父亲的耦合，臣下是国君的耦合。万物中没有不相耦合的，而耦合的双方就各为阴阳。阳中兼有阴，阴中兼有阳，丈夫与妻子兼合，妻子与丈夫兼合，父亲与儿子兼合，儿子与父亲兼合，国君与臣下兼合，臣下与国君兼合。君臣、父子、夫妇关系的道理，都取法自阴阳之道。国君是阳，臣下是阴；父亲是阳，儿子是阴；丈夫是阳，妻子是阴。阴气是不能单独运行的，它的开始不能独自兴起，它的结束也不能与阳分取功劳，因为有相互兼合的道理。

是故臣兼功于君，子兼功于父，妻兼功于夫，阴兼功于阳，地兼功于天。举而上者，抑而下也；[1]有屏[2]而左也，有引而右也；有亲而任也，有疏而远也；有欲日益也，有欲日损也。益其用而损其妨[3]，有时损少而益多，有时损多而益少。少而不至绝，多而不至溢。阴阳二物，终岁各壹出，壹其出，远近同度而不同意。阳之出也，常县于前而任事；阴之出也，常县于后而守空处。此见天之亲阳而疏阴，任德而不任刑也。是故仁义制度之数，尽取之天。天为君而覆露[4]之，地为臣而持载之；阳为夫而生之，阴为妇而助之；春为父而生之，夏为子而养之；秋为死而棺之，冬为痛而丧之。[5]

注释

1 举而上者，抑而下也：应作“有举而上者，有抑而下也”。2 屏：摒弃，除掉。3 损其妨：减损它的伤害。妨，损害。4 覆露：覆，覆盖。露，雨露润泽。5 秋为死而棺之，冬为痛而丧之：疑为衍文，后人妄加，译文不从。

译文

所以，臣的功劳兼合于君，儿子的功劳兼合于父亲，妻子的功劳兼合于丈夫，阴的功劳兼合于阳，地的功劳兼合于天。有举起在上的，有压抑在下的；有被摒斥而向左的，有被牵引而往右的；有被亲近而任用的，有被疏离而远弃的；有想要每天增益的，有想要每天减损的。增加它的功用而减损它的伤害，有时减损少但增益多，有时减损多而增益少。减少但不至于断绝，增多但不至于外溢。阴阳两样事物，一年当中只出现一次，它们的出现，在远近的度数相同而意义不同。阳气出现，经常悬在前面并承担事务；阴气出现，常悬在后面并只守在空虚之处。由此可见上天亲近阳气而疏远阴气，任用德教而不任用刑罚。所以仁义制度的规律，完全取法于天。天为君主而庇护润泽万物，地为臣子而秉持承担万物；阳气为丈夫而生长万物，阴气为妇人而助长万物；春天为父亲而生出万物，夏天为儿子而养成万物。

王道之三纲，可求于天。天出阳，为暖以生之；地出阴，为清以成之。不暖不生，不清不成。然而计其多少之分，则暖暑居百而清寒居一[1]。德教之与刑罚犹此也。故圣人多其爱而少其严，厚其德而简其刑，以此配天。天之大数必有十旬[2]。旬[3]天地之数，十而毕举；旬生长之功，十而毕成。天之气徐，乍寒

乍暑，故寒不冻，暑不暍[4]，以其有余徐来[5]，不暴卒[6]也。《易》曰："'履霜坚冰'，盖言逊也。[7]"然则上坚不逾等[8]，果是天之所为，弗作[9]而成也。人之所为，亦当弗作而极也。凡有兴者，稍稍上之以逊顺往，[10]使人心说而安之，无使人心恐。故曰：君子以人治人，慬能愿[11]。此之谓也。圣人之道，同诸天地，荡诸四海，变易习俗。

注释

1 暖暑居百而清寒居一：温暖、暑热占百份，而清凉、寒冷只占一份。2 旬：衍文，应删。3 旬：应是"旬"的误字，周遍。下"旬生长之功"之"旬"同。4 暍：中暑。5 以其有余徐来：应作"以其徐来"，"有余"二字衍。徐来，缓慢到来。6 卒：同"猝"。7 "履霜坚冰"，盖言逊也：见《易·文言》："'履霜坚冰至'，盖言顺也。"逊，通"顺"，顺序。8 上坚不逾等：冰从上层开始结冻坚固而不会逾越等次。9 作：疑当作"乍"。下文"弗作而极"之"作"亦同。10 凡有兴者，稍稍上之以逊顺往：凡是发起政事，都应慢慢实施。兴，发起、举办。11 慬能愿：慬，谨慎。愿，诚实。

译文

王道的三纲，可以从天那里找到。天生出阳气而使气候温暖并生长万物；大地生出阴气而使气候寒凉并使万物成熟。不温暖就无法生长，不寒凉就无法成熟。然而计算阴阳多少的分别，则温暖、暑热占有一百份，而清凉、寒冷只占一份。仁德教化与刑罚的比例也是这样。所以圣人多施仁爱而减少严厉，重用德教而减少刑罚，用这种办法与天配合。天的大数一定有十个。所有天地间的事物，用十就可以全部列举；万物生长的功绩，到十就全部完成。天之气变化徐缓，不会忽然寒冷忽然暑热，所以寒冷时不会冻伤，暑热时不会中暑，因为阴阳都是徐徐而至，不会突然变化的缘故。《周易》说："'脚能踩到霜时坚冰的时节就快到了'，大概说的是自然顺序。"然而冰都是从上层开始结冻坚固而不会逾越等次，天的作为果然是不会突然完成的。人的作为也不应该突然完成。凡是发起政事，应当慢慢实施，逐步推行，让老百姓内心喜欢并安之若素，不使人们内心恐慌。所以说：君子以人道来管理人，谨慎而诚实。说的就是这个意思。圣人之道，与天地之道相同，施行影响到天下四海，能够改善民风习俗。

人副天数第五十六

导读

本篇提出了天人相副、相类的说法，天道与人道因相副类而可以相互感应，为人类社会政治、伦理提供自然规律的论证。并且提出唯有人类能够“为仁义”，所以万物之中最为尊贵，人的形体的一切特征也都可与天地相匹配。

天德施，地德化，人德义。天气上，地气下，人气在其间。春生夏长，百物以兴；秋杀冬收，百物以藏。故莫精于气，莫富于地，莫神于天。天地之精所以生物者，莫贵于人。人受命乎天也，故超然有以倚[1]。物疢疾[2]莫能为仁义，唯人独能为仁义；物疢疾莫能偶天地，唯人独能偶天地。人有三百六十节，偶天之数也；形体骨肉，偶地之厚也。上有耳目聪明[3]，日月之象也；体有空窍理脉[4]，川谷之象也；心有哀乐喜怒，神气[5]之类也。观人之体，一何高物之甚，而类于天也。物旁折[6]取天之阴阳以生活耳，而人乃烂然有其文理。

注释

1 超然有以倚：人超出万物之上而卓然自立。超然，超出、高超的样子。倚，立。2 疢（chèn）疾：热病，亦泛指疾病。这里引申为缺陷之意。3 聪明：听觉和视觉敏锐。聪，听觉敏锐。明，视觉敏锐。4 空窍理脉：人的孔窍、血管脉络。空窍，即“孔窍”，此指人体之耳鼻口之类的孔洞。理脉，血管脉络。5 神气：神妙之气。6 旁折：偏侧屈曲。

译文

天的德性是施予，地的德性是化育，人的德性是道义。天之气在上，地之气在下，人之气在中间。春天出生，夏天长养，万物因此兴旺；秋天衰落，冬天收敛，万物因此守藏。所以没有什么比气更精粹，没有什么比地更富有，没有什么比天更神妙。天地的精气用来生长万物，万物中没有什么比人更高贵的。人从天那里禀受天命，所以超乎万物而卓然自立。万物有缺陷而不能行仁义，单单只有人能行仁义；万物有缺陷而不能与天地相配合，单单只有人能和天地相配合。人有三百六十个骨节，和天数一致；身体骨肉，和大地的厚度相合。上有耳目来视听，是太阳和月亮的征象；身体有孔窍血脉，是河川山谷的征象；心有哀乐喜怒，和神妙之气同类。观察人的身体，岂不是高出万物很多，而跟天相类似？万物旁侧屈曲以吸收阴阳二气而生存而已，人却灿烂光明而自有文理。

是故凡物之形，莫不伏从旁折天地而行，人独题直立端尚，正正当之。[1]是故所取天地少者，旁折之；所取天地多者，正当之。此见人之绝于物而参天地。是故人之身，首妢而员[2]，象天容也；发，象星辰也；耳目戾戾[3]，象日月也；鼻口呼吸，象风气也；胸中达知，象神明也；腹胞实虚，象百物也。百物者最近地，故要[4]以下，地也。天地之象，以要为带。颈以上者，精神尊严，明天类之状也[5]；颈而[6]下者，丰厚卑辱，土壤之比也。足布[7]而方，地形之象也。是故礼，带置绅必直其颈，以别心也。[8]带而上者尽为阳，带而下者尽为阴，各其分[9]。阳，天气也；阴，地气也。故阴阳之动，使人足病，喉痹[10]起，则地气上为云雨，而象亦应之也。

注释

1 人独题直立端尚，正正当之：唯独人是首足端正直立面向前方，正对天地。题，额头，此指头。直立端尚，应作“直立端向”。2 首妢而员：妢，突出、突起。此处当读为“颁”，大的意思。员，通“圆”。3 戾戾：乖悖，相背。4 要：“腰”的古字。5 明天类之状：和天类似的状态。“明”字当删。6 而：以。7 布：展开。8 带置绅必直其颈，以别心也：衣带要配绅带，使其一定正当腰部，用来跟心脏区别。绅，衣带下垂的部分。颈，当作“腰”。9 各其分：应作“各有分”。10 喉痹（bì）：咽喉麻痹。

译文

所以万物的形体，没有不是低伏旁侧于天地来行走的，人却单单首足端正直立地面向前方，端正地面对天地。所以从天地所取得的少的，从旁侧折取；从天地所取得的多的，端正地面对天地。这表现出人超越万物而与天地相匹配。所以人的身体，头部大而圆，像天的容貌；头发，像天上的星辰；耳朵眼睛两两相背，像日月；鼻口的呼吸，像风和气；胸中有知觉，像天上的神明；腹部饱满有实有虚，像万物。万物最接近地，所以腰以下是地。天地的象征，以腰当作分割线。颈部以上，精神尊贵庄严，类似天的状态；颈部以下，丰厚低下，与土壤同类。足部展开呈方形，是地形的征象。所以按照礼仪，衣带要配绅带，一定使其正当腰部，以便和心脏区别。衣带以上的全部是阳气，衣带以下的全部是阴气，各有分别。阳是天之气，阴是地之气。所以阴阳二气的运动，让人的脚生病，由咽喉麻木开始，地气上升变化为云雨，而人体的征象也与之呼应。

天地之符，阴阳之副，常设于身，身犹天也，数与之相参，故命与之相连也。[1] 天以终岁之数，成人之身，故小节三百六十六，副日数也；大节十二分，副月数也；内有五藏，副五行数也；外有四肢，副四时数也；乍视乍瞑，副昼夜也；乍刚乍柔，副冬夏也；乍哀乍乐，副阴阳也；心有计虑，副度数也；行有伦理，副天地也。此皆暗肤着身[2]，与人俱生，比而偶之弇合[3]。于其可数也，副数；不可数者，副类。皆当同而副天[4]，一也。是故陈其有形以著其无形者[5]，拘其可数[6] 以著其不可数者。以此言道之亦宜以类相应，犹其形也，以数相中也。

注释

1 数与之相参，故命与之相连也：人的身体在数量方面与天相参照，命运也与天相连。2 暗肤着身：暗暗地附着在人身上。肤着，附着。3 弇（yǎn）合：密合。弇，遮蔽、覆盖。4 皆当同而副天："皆当同"字疑有脱误。5 陈其有形以著其无形者：陈列有形可见的来显示无形不可见的。6 拘其可数：捕捉可以计数的。拘，捕捉。

译文

天地的符契，阴阳二气的符合，常常设置在人身上，身体好像上天一样，数目上与天相参照，命运也和天相连接。天用一年的数目，形成人的身体，所以人身上小的关节有三百六十六个，与天数相符合；大的关节有十二个，与月份相符合；身体内有五脏，与五行相符合；身体以外有四肢，与四季相符合；人忽然睁眼忽然闭眼，与昼夜相符合；忽然刚强忽然柔和，与冬夏相符合；忽然哀痛忽然快乐，与阴阳二气相符合；内心中有计划思虑，与天运行的度数相符合；行为有伦理，与天地相符合。这些都暗暗地附着在人的身体上，与人同时存在，相对偶且密合。其中可以计算数目的，数目相符；不可计算数目的，类别相符。都是符合于天，天人一致。所以陈列有形可见的东西来显示无形的东西，捕捉可计数的来显示不可计数的。由此来说天人之道应该是以同类相呼应，如同它的形体和数目是相吻合的。

同类相动第五十七

导读

本篇论述相类同的事物间能够互相感应，因此人事行为与天道阴阳也能够相互影响、感应，从而招致祸福，由此强调执政者需要戒慎恐惧，谨慎言行，而与天道相配合。

今平地注水，去燥就湿；均薪施火，去湿就燥。[1] 百物去其所与异，而从其所与同，故气同则会，声比则应，其验皦然[2] 也。试调琴瑟而错之[3]，鼓其宫则他宫应之[4]，鼓其商而他商应之，五音比而自鸣，非有神，其数然也。美事召美类，恶事召恶类，类之相应而起也。如马鸣则马应之，牛鸣则牛应之。帝王之将兴也，其美祥亦先见；其将亡也，妖孽亦先见。物故[5] 以类相召也，故以龙致雨，以扇逐暑，军之所处以棘楚[6]。美恶皆有从来，以为命，莫知其处所。[7] 天将阴雨，人之病故为之先动，是阴相应而起也。天将欲阴雨，又使人欲睡卧者，阴气也。有忧亦使人卧者，是阴相求也；有喜者，使人不欲卧者，是阳相索[8] 也。水得夜益长数分，东风而酒湛溢[9]。病者至夜而疾益甚，鸡至几明，皆鸣而相薄。[10] 其气益精。故阳益阳而阴益阴，阳阴之气，因[11] 可以类相益损也。

注释

1“今平地注水”至“去湿就燥”：在平地上灌水，水会避开干燥的地方流往潮湿之处；在均匀平铺的木柴上点火，火会避开潮湿之处而燃向干燥的木柴。均薪，均匀地铺陈薪柴。2 皦（jiǎo）然：明白清楚的样子。皦，明亮。3 错之：错，通“措”，施行。这里引申为演奏之意。4 鼓其宫则他宫应之：拨动一张琴的宫弦，另一张琴的宫弦也会跟着振动鸣响，即共振现象。五音当中同音的弦相比邻的，会相互振动共鸣。5 故：应作“固”。6 军之所处以棘楚：军队驻扎的地方会荆棘丛生。棘楚，即荆楚。楚，牡荆，一种枝干坚劲的灌木。7“美恶”至“处所”：好事和坏事都有其来由，一般人不知道，而归之于命运。8 索：求索，寻找。9 东风而酒湛溢：应作“东风至而酒湛溢”。酒，指清酒，即滤去酒糟的酒。湛溢，漫溢。10 鸡至几明，皆鸣而相薄：鸡在天快亮的时候，都会鸣叫而声音相互激荡。11 因：当作“固”。

译文

如今在平地上浇注水，水会避开干燥之地而流向潮湿的地方；把薪柴铺陈均匀然后点上火，火会避开潮湿之处而燃向干燥的地方。万物都会远离与自己相异的，而跟从与自己相同的，所以气相同的就会相互会合，声音频率相同就会有共鸣，这种效验是很明显的。调试好琴瑟而弹奏，拨动宫弦，其他琴的宫弦就应和，拨动商弦，其他琴的商弦就应和，五音同频就可以自己鸣奏，不是有神灵，它的规律就是如此。美好的事招致美好的同类，丑恶的事招致丑恶的同类，同类的事物相互呼应就出现了。如同马鸣叫就有马呼应，牛鸣叫就有牛呼应。帝王将要兴起时，美好的祥瑞也会先出现；帝王将要败亡时，妖孽灾异也会先出现。万物本来就是按照类别来相互感召的，所以用龙来祈雨，用扇子驱逐暑热，军队所驻扎的地方，一定生长荆棘。美好、丑恶都有出现的来由，一般人归之于命运，是因为不知道它的原因。天阴要下雨时，人的疾病就会发作，是由于体内的阴气的感应。天将要出现阴雨时，又会使人想要躺下睡觉，是阴气的感应。有忧思也会让人想要卧床，是阴气的索求；有喜悦，又让人不想卧床的，是阳气的索求。水在夜间会增多几分，东风时节酒容易满溢。患病的人到夜晚，疾病会加重，鸡在天快亮的时候，都会鸣叫而声音相互激荡。发出的气会更加纯粹。所以阳气增益阳气，阴气增益阴气，阴阳之气本来就因同类而相互增益或减损。

天有阴阳，人亦有阴阳。天地之阴气起，而人之阴气应之而起，人之阴气起，而天地之阴气亦宜应之而起，其道一也。明于此者，欲致雨则动阴以起阴，欲止雨则动阳以起阳，故致雨非神也，而疑于神者，其理微妙也。[1] 非独阴阳之气可以类进退[2]也，虽不祥祸福所从生，亦由是也。无非已先起之，而物以类应之而动者也。故聪明圣神，内视反听，言为明圣，内视反听，[3] 故独明圣者知其本心皆在此耳。故琴瑟报[4]弹其宫，他宫自鸣而应之，此物之以类动者也。其动以声而无形，人不见其动之形，则谓之自鸣也。又相动无形，则谓之自然，其实非自然也，有使之然者矣。物固有实使之，其使之无形。《尚书大传》[5]言："周将兴之时，有大赤乌[6]衔谷之种，而集王屋[7]之上者，武王喜，诸大夫皆喜。周公曰：'茂哉！茂哉！天之见[8]此以劝之也。'"恐恃之[9]。

注释

1“故致雨”至“微妙也”：所以能够招致降雨的不是神明，而疑似神明，是因为它的道理微妙。2 非独阴阳之气可以类进退：不仅是阴阳之气可以因同类而相益，或因异类而相克。3言为明圣，内视反听：文字疑有误，译文不从。内视反听，指古代气功修炼，向内观照、听察，能够察觉一般人所不能见、不能闻之事。反听，断绝外部之听。4报：酬答。5《尚书大传》：西汉伏生所传授的著作。6赤乌：传说中的一种三足神鸟。7王屋：武王所居住的房屋。8见：同“现”。9恐恃（shì）之：文字疑有脱误。大意是，（害怕人们过度依靠天命福瑞放弃自身努力，）所以要恐惧谨慎地把握它。恃，依靠。

译文

天有阴阳二气，人也有阴阳二气。天地的阴气兴起，人的阴气也会相应出现，人的阴气兴起，天地的阴气也会相应出现，道理是一样的。明了这个道理的人，要祈雨就发动阴气以兴起阴气，想要止雨就发动阳气以兴起阳气，所以祈雨并不是神明的作用，而疑似神明，是因为道理非常微妙。不仅阴阳之气能以类别相损益，即使是莫名的祸福也是这样产生的。无非是自己先出现，事物就同类呼应而出现了。所以聪明通达的人，向内察视听闻反省，因此只有这样明智通达的人知道自己的本心都在这里反映出来了而已。因此一个琴瑟弹奏宫调，其他琴的宫调自动鸣响来应和它，这是事物按同类相感应。这种感应通过声音却没有形影，人们看不到感应的形影，就称为自鸣。又因相互感应没有形影，就称之为自然现象，其实并不是自然的现象，有让它这样的原因的。事物本来有实在的东西使它感应，只是感应它的没有踪迹。《尚书大传》说：“周王朝将要兴起时，有赤色的神乌衔着谷物的种子，汇集在周王房屋上，武王很高兴，大夫们也很高兴。周公说：‘努力呀，努力呀！上天显现这种情况是为了劝勉我们呀！’”这是说要恐惧谨慎地把握它。

五行相生第五十八

导读

五行相生，即五行之间相生的序列，为木生火，火生土，土生金，金生水，水生木。本篇及后一选文《五行相胜》篇，主要从官制设计中，不同官职之间相互配合辅佐与相互制约的角度论说，将自然规律的五行纳入人事政治制度设计中。

天地之气，合而为一，分为阴阳，判为四时，列为五行。行者行也[1]，其行不同，故谓之五行。五行者，五官[2]也，比相生而间相胜[3]也。故为治，逆之则乱，顺之则治。

注释

1 行者行也：行，按《白虎通》《释名·释天》等说，五行即五气，所谓的行就是天所运行之气的意思。2 五官：本篇以五行比附五种官职，即下文所说的司农、司马、司徒、司营、司寇等。3 比相生而间相胜：在木、火、土、金、水的排列顺序中，相邻者相生，如木生火之类；相间隔者相胜，如金胜木、火胜金之类。

译文

天地之气，汇合即为一体，分开为阴气阳气，剖判为四季，排列为五行。行就是运行的意思，运行各不相同，所以叫作五行。五行对应五种官职，邻近的相生而间隔的相胜。所以治理国家，违逆这个规律就会混乱，顺从这个规律就能安定。

东方者木，农之本。[1]司农尚仁，进经术[2]之士，道[3]之以帝王之路，将顺其美，匡救[4]其恶。执规而生[5]，至温润下，知地形肥硗[6]美恶，立事生则[7]，因地之宜，召公[8]是也。亲入南亩之中，观民垦草发淄[9]，耕种五谷，积蓄有余，家给人足，仓库充实。司马实谷[10]。司马，本朝也。本朝者火也，故曰木生火。

注释

1 东方者木，农之本：按五行学说，五行构成宇宙间的时空布局，从空间上看，木居东方，火居南方，金居西方，水居北方，土居中央；从时间上看，木主春，火主夏，金主秋，水主冬，土兼有四时之气。对应起来，东方属木，主春，为耕种季节，所以说东方者木，农之本。2 经术：即经学，言术重在强调经世致用的实用功能。3 道：通“导”，引导。4 匡救：纠正，挽救。5 执规而生：执持规矩治理国家而令万民各得其生。规，规范、规矩。6 肥硗（qiāo）：肥沃和贫瘠。硗，薄，指地坚硬不肥沃，与“肥”相反。7 立事生则：设立农事生产财富。则，当作“财”。8 召（shào）公：名奭（shì）。周文王庶子，曾封北燕，治陕以西地区，武王之后，与周公同辅佐成王。9 垦草发淄：开垦荒地，芟除杂草。淄，当作“菑”。10 司马实谷：司马主管的军队有充足的粮食。司马，官名，朝廷掌军政的官员。

译文

东方属木，是农事的根本。司农崇尚仁爱，进荐经学出身的治国人才，以帝王之道引导君主，随顺他的美德，匡正他的恶习。执持法规治理国家而令百姓各得生路，极其温和润泽在下者，知晓土地的肥沃与瘠薄、美好与恶劣，设立农事生产财富，根据土地的条件制定适宜办法，召公就是这样的人。亲自进入田亩当中，考察百姓开垦荒地，芟除杂草，种植五谷，收获储藏有剩余的谷物，家家丰富，人人充足，仓库都装满粮食。司马主管的军队也有充足的粮食。司马是朝中的官职。朝中的官职属火，所以说木生火。

南方者火也，本朝。[1] 司马尚智，进贤圣之士，上知天文，其形兆未见[2]，其萌芽未生，昭然独见存亡之机[3]，得失之要，治乱之源，豫禁[4]未然之前，执矩而长[5]，至忠厚仁，辅翼其君，周公是也。成王幼弱，周公相，诛管叔蔡叔[6]，以定天下。天下既宁以安君。官者，司营[7]也。司营者土也，故曰火生土。

注释

1 南方者火也，本朝：当作“南方者火，本朝也”。本朝，意即“朝中”，朝廷的官职。2 见：同“现”，出现。3 存亡之机：存亡的先兆。机，先兆。4 豫禁：指预防禁止。豫，通“预”。5 执矩而长：执持规矩治理国家而令百姓得以长养。矩，画直角或方形用的曲尺，指法则，规矩。6 诛管叔蔡叔：周武王逝后，成王年幼。武王之弟管叔、蔡叔与商纣王之子武庚发动叛乱，周公东征平定叛乱，杀死管叔与武庚，流放蔡叔。7 司营：即司空。

译文

南方属火，在本朝（中是司马的官职）。司马崇尚智慧，举荐贤能和聪明的人才，上知天文，在事情的征兆还没出现，萌芽还没有生出时，就能清清楚楚地独自发现国家存亡的关键、得失的要害和治乱的来源，预先防止坏事的发生，执持法规而长养万民，极为忠厚仁爱，辅助国君，周公就是这样的人。成王年幼，周公辅佐他，诛讨管叔、蔡叔，而平定天下。天下太平之后，便安定国君。司营是五官之一。司营属土，所以说火生土。

中央者土，君官也。司营尚信，卑身贱体，夙兴夜寐，称述往古，以厉主意[1]。明见成败，微谏[2]纳善，防灭[3]其恶，绝源塞隟[4]，执绳而制四方[5]，至忠厚信，以事其君，据义割恩[6]，太公[7]是也。应天因时之化，威武强御[8]以成。大理[9]者，司徒也。司徒者金也，故曰土生金。

注释

1 以厉主意：勉励君主的意志。厉，勉励、鼓励。2 微谏：用隐微的言辞来谏议指出君主的过失。3 防灭：防止。4 绝源塞隟（xì）：断绝根源，阻塞漏洞。源，源头。隟，同"隙"，漏洞。5 执绳而制四方：执掌规则而节制四方。绳，本指木匠取直的墨绳，这里指作为标准的法律、规则。6 据义割恩：根据义而不以私人恩怨决断事情。割，割去。7 太公：即姜太公、吕尚。8 威武强御：以威严制服豪强之人。9 大理：朝廷掌司法刑狱的官员，周代称大司寇。

译文

中央属土，是君官。司营崇尚诚信，卑视自身，早起晚睡地操劳，称引追述古圣先贤，以激励君主的意志。能清楚地发现事情的成败，隐微地进谏并呈进好的意见，防止恶事发生，断绝它的源头，堵塞它的漏洞，执持法则而节制天下，极为忠诚、厚实、诚信，来侍奉国君，根据正义而割舍私人恩怨，姜太公就是这样的人。顺应天道而因顺时势变化，以威严制服豪强之人而成就王业。大理，指的是司徒。司徒属金，所以说土生金。

西方者金，大理司徒也。司徒尚义，臣死君而众人死父[1]。亲有尊卑，位有上下，各死其事，事不逾矩，执权而伐[2]。兵不苟克[3]，取不苟得，义而后行，至廉而威，质直刚毅，子胥[4]是也。伐有罪，讨不义，是以百姓附亲，边境安宁，寇贼不发，邑无狱讼，则亲安。执法者，司寇也。司寇者水也，故曰金生水。

注释

1 臣死君而众人死父：臣子为君主效命而一般人为父亲效命。死，效死、效命。2 执权而伐：依据规矩而讨伐敌人。权，当作“矩”。3 兵不苟克：战争中不苟且获取胜利。苟，苟且、不守道义。克，战胜。4 子胥：即伍子胥，春秋时期楚人。父兄为楚王所杀，后投吴国，伐楚报仇。

译文

西方属金，大理，指的是司徒。司徒崇尚正义，臣子为君主效命而一般人为父亲效命。亲情有尊卑之分，位置有高低之别，各自效命于自己的职责，职责不能超过限度，依据规矩而诛伐。战争中不苟且获取胜利，攻取不苟且占有，合宜然后才去施行，极为廉洁而有威严，质朴正直刚强坚毅，伍子胥就是这样的人。攻伐有罪的人和不义之人，因此百姓归附亲近，边境安宁，寇贼不会出现，城内没有官司诉讼，这样社会就会亲和安定。执法的是司寇。司寇属水，所以说金生水。

北方者水，执法司寇也。司寇尚礼，君臣有位，长幼有序，朝廷有爵[1]，乡党以齿[2]，升降揖让，般伏拜谒[3]，折旋[4]中矩，立而罄折[5]，拱则抱鼓，执衡[6]而藏，至清廉平，赂遗[7]不受，请谒不听，据法听讼，无有所阿[8]，孔子是也。为鲁司寇，断狱屯屯[9]，与众共之，不敢自专。是死者不恨，生者不怨，百工维时，以成器械。器械既成，以给司农。司农者，田官也。田官者木，故曰水生木。

注释

1 有爵：当作“以爵”。2 乡党以齿：乡里以年龄的大小排序。3 般伏拜谒：退缩旋转伏身行礼拜见。般，盘桓。拜谒，拜见。4 折旋：折还，弯曲而行。5 罄折：象磬一样弯曲着腰身，表示非常谦恭。罄，通“磬”。6 衡：秤杆，泛指秤，这里指法度标准。7 赂遗（wèi）：财物馈赠。赂，用作礼物的财物。遗，赠予。8 阿（ē）：阿私偏袒。9 断狱屯屯：审理判决案件时严谨诚恳。屯屯，同“忳忳”，诚恳的样子。

译文

北方属水，执法者是司寇。司寇崇尚礼，君臣有尊卑位次，长幼有高低顺序，朝廷按爵位排序，乡里按年齿排序，登堂、下堂相互揖让，盘伏行礼鞠躬拜见，曲折行走都符合规矩，站立时像石磬一样弯腰，拱手行礼如同抱鼓，执持法度权衡而守藏万物，极为清廉公平，从不接受贿赂馈赠，也不接受请求拜谒，根据法律听审诉讼，没有偏袒之处，孔子就是这样的人。担任鲁国司寇，审理判决诉讼严谨诚恳，和众人一起审理，不敢独自专断。因此被处死的没有怨恨，活着的人也不抱怨，各种工匠都按时制造器械。器械完成之后，供给司农。司农是管理农耕的官员。管理农耕的官员属木，所以说水生木。

五行相胜第五十九

导读

本篇从相胜，即相互制约的角度讲官制设计。旧本《春秋繁露》本篇在前，《五行相生》篇在后，战国时邹衍提倡五行相胜，西汉末刘向提倡五行相生，相胜说出现应早于相生说，篇章顺序暂依苏舆本。

木者，司农也。司农为奸，朋党比周[1]，以蔽主明，退匿贤士，绝灭[2]公卿，教民奢侈，宾客交通[3]，不劝田事，博戏斗鸡，走狗弄马，长幼无礼，大小相虏，并为寇贼，横恣绝理[4]。司徒诛之，齐桓[5]是也。行霸任兵，侵蔡，蔡溃，遂伐楚，楚人降伏，以安中国。木者，君之官也。[6]夫木者农也。农者民也，不顺如[7]叛，则命司徒诛其率正[8]矣。故曰金胜木。

注释

1 朋党比周：互结团伙，阿党营私。朋党，同类的人相互集结成党派，排除异己。比周，和小人亲近，阿党营私。2 绝灭：灭绝，杀灭。3 宾客交通：招揽宾客相互勾结。4 横恣绝理：蛮横无理。5 齐桓：指齐桓公。有的版本写作“齐相”，指管仲。6 木者，君之官也：疑为衍文。下文有“土者，君之官也”，这里是说“木者”，不当为“君之官”。译文不从。7 如：当作“而”。8 命司徒诛其率正：命令司徒诛杀他们的首领而令他们归正。

译文

木，对应的官职是司农。司农做奸邪之事，阿党营私，来蒙蔽君主的明察，排斥隐藏贤能的人，灭绝公卿，教导百姓奢侈，招揽宾客相互勾结，不劝勉督促农耕，赌博游戏斗鸡，赛狗跑马，长幼之间没有礼节，大小之间相互掳掠，都行盗寇之事，蛮横骄纵灭绝事理。司徒把他们杀掉，齐桓公就是这样的人。施行霸道任用军队，侵伐蔡国，蔡国溃败，又讨伐楚国，楚国投降，以此安定中原。木对应农事。从事农事的是百姓，不顺从而反叛的话，就命令司徒诛杀他们的首领而令他们归正。所以说金胜木。

火者，司马也。司马为谗，反言易辞以谮诉人[1]，内离骨肉之亲，外疏[2]忠臣，贤圣旋亡，谗邪日昌，鲁上大夫季孙[3]是也。专权擅政，薄国威德[4]，

反以怠[5]恶谮疏其贤臣，劫惑其君。孔子为鲁司寇，据义行法，季孙自消，堕费郈城[6]，兵甲有差[7]。夫火者，大朝[8]，有邪谗荧惑[9]其君，执法诛之。执法者，水也，故曰水胜火。

注释

1 反言易辞以谮（zèn）诉人：捏造虚假事实来陷害别人。谮，说别人的坏话，诬陷，中伤。2 疏：疏远。3 季孙：指季桓子，鲁国的执政者。4 薄国威德：减弱国家的威望恩德。薄，减弱、削弱。5 怠：字疑有误。6 堕（huī）费郈城：指孔子隳三都事件。费郈，分别是季孙氏和叔孙氏的采邑，皆逾越当时礼制，而有军事武装。孔子任大司寇后的首要政治举措就是隳三都。以礼制"家不藏甲，邑无百雉之城"为由发兵攻打、拆除三家城池，费、郈成功拆除，而隳毁孟孙氏的郕地则失败。堕，通"隳"，毁坏。7 兵甲有差：即上注所说"家不藏甲"。8 大朝：当作"本朝"。9 荧惑：炫惑，迷乱。

译文

火，对应的官职是司马。司马制造谗言，捏造虚假事实来陷害别人，对内离间骨肉亲情，对外疏远忠臣，贤能之人随即逃走，谗言不正者日日盛行，鲁国的上大夫季孙就是这样的人。专擅大权和政事，削弱国家威严与恩德，反而以邪恶言辞诬陷贤臣，胁迫迷惑国君。孔子担任鲁国司寇，按照原则执行法律，季孙氏自己就消亡了，拆毁了费城、郈城，军队武装与鲁侯有了差别。火，是朝中的官职，有人用邪语谗言惑乱国君，司寇就要执法诛灭他。执法的人，就是水，所以说水胜火。

土者，君之官也。其相司营。司营为神[1]，主所为皆曰可，主所言皆曰善，谄顺主指[2]，听从为比[3]。进主所善，以快主意，导主以邪，陷主不义。大为宫室，多为台榭，雕文刻镂，五色成光[4]。赋敛无度，以夺民财；多发繇[5]役，以夺民时，作事无极，以夺民力。百姓愁苦，叛去其国，楚灵王是也。作乾谿之台[6]，三年不成，百姓罢弊[7]而叛，及其身弑。夫土者，君之官也。君大[8]奢侈，过度失礼，民叛矣。其民叛，其君穷矣，故曰木胜土。

注释

1 为神：疑作"为谀"。一说，指为奸邪。2 谄（chǎn）顺主指：谄谀顺从君主的意旨。

謟，同“谄”，奉承。指，通“旨”，旨意。3 为比：偏袒党羽。比，亲近、同党。4 五色成光：形容建筑物雕梁画栋，颜色鲜艳光彩耀人。5 繇：通“徭”。6 作乾谿之台：楚灵王事，详见《王道》篇注。7 罢（pí）弊：消耗太大而疲劳困乏。罢，通“疲”。8 大：通“太”。

译文

土，对应的官职是国君。君主的相是司营。司营行阿谀之事，君主做的事都说可以，君主说的话都说好，谄谀顺从君主的意旨，顺从偏私。进献君主所喜爱的东西，来使君主高兴，用歪理邪说引导君主，使君主陷于不义之地。大规模修造宫室，大量修建楼台，建筑上雕刻花纹，色彩缤纷光彩耀人。征收赋敛没有限度，掠夺百姓的财物；大量征发徭役，以致错过百姓农时，兴发各种事情没有止境，消耗百姓的劳动力。百姓愁苦，纷纷逃离自己的国家，楚灵王就是这样的人。修造乾谿台，三年没有修成，百姓疲惫不堪而反叛，直到灵王自己被杀。土，是国君的官职。君主太过奢侈，过度失礼，百姓就反叛了。百姓反叛，国君就没有出路了，所以说木胜土。

金者，司徒也。司徒为贼[1]，内得于君，外骄军士，专权擅势，诛杀无罪，侵伐暴虐，攻战妄取，令不行，禁不止，将率不亲，士卒不使，兵弱地削，令君有耻，则司马诛之，楚杀其司徒得臣[2]是也。得臣数战破敌，内得于君，骄蹇不恤其下[3]，卒不为使，当敌而弱，以危楚国，司马诛之。金者，司徒，司徒弱，不能使士众，则司马诛之，故曰火胜金。

注释

1 贼：害，破坏。2 楚杀其司徒得臣：得臣，名子玉，楚国大夫。事见《灭国上》篇注。3 骄蹇（jiǎn）不恤其下：骄纵傲慢不体恤部下。骄蹇，骄傲不顺从。蹇，傲慢。恤，体恤、关心。

译文

金，对应的官职是司徒。司徒为害，在内得宠于君，在外对军士骄横，独揽大权，滥用权势，屠杀无罪之民，侵略征伐而残酷暴虐，攻伐作战随意强取，有命令不执行，有禁令也不停止，将帅不亲近，士卒也不服从，军力削弱国土缩小，使国君蒙受耻辱，因而司马诛杀他，楚国诛杀它的司徒得臣就是如此。得臣多次参战打败敌人，在国内得到国君信任，骄横傲慢不体恤部下，士兵不为他效命，迎战强敌时军力已削弱，而使楚国危险，司马诛杀了他。金，对应司徒，司徒软弱，不能驱使士兵，司马就诛杀他，所以说火胜金。

水者，司寇也。司寇为乱，足恭小谨，巧言令色，[1] 听谒受赂，阿党不平，慢令急诛[2]，诛杀无罪，则司营诛之，营荡[3] 是也。为齐司寇，太公封于齐，问焉以治国之要，营荡对曰："任仁义而已。"太公曰："任仁义奈何？"营荡对曰："仁者爱人，义者尊老。"太公曰："爱人尊老奈何？"营荡对曰："爱人者，有子不食其力；尊老者，妻长而夫拜之。"太公曰："寡人欲以仁义治齐，今子以仁义乱齐，寡人立而诛之，以定齐国。"夫水者，执法司寇也。执法附党不平，依法刑人[4]，则司营诛之，故曰土胜水。

注释

1 足恭小谨，巧言令色：过度恭敬谨小慎微，矫饰言辞和颜悦色。足恭，过度恭敬。
2 慢令急诛：《孔子家语》作"慢令谨诛"，律令松弛而诛杀急切严苛。3 营荡：齐国司寇，不见其他典籍记载。4 依法刑人：与上句文义不合，疑"依"字有误。

译文

水，对应的官职是司寇。司寇作乱，过度恭敬谨小慎微，矫饰言辞和颜悦色，接受拜见与财物馈赠，结党营私而处事不公，律令松弛而诛杀急切严苛，诛杀无罪之人，那么司营就诛杀他，营荡就是这样的人。营荡担任齐国司寇，太公被封在齐国，问他治国的关键，营荡回答说："实行仁义就行了。"太公说："怎样实行仁义呢？"营荡说："仁就是爱护人，义就是尊重老者。"太公说："怎样爱护人、尊重老人呢？"营荡回答说："爱护人，有儿子的不用儿子赡养；尊重老者，妻子如果年长丈夫也要向她礼拜。"太公说："我想要用仁义治理齐地，现在你却用仁义扰乱齐国，我立即就杀死你，以便稳定齐国。"水就是执法的司寇。执法如结党营私就不公平，依据法律惩罚人，司营就会诛杀他，所以说土胜水。

五行五事第六十四

导读

本篇以五行说王者五事，即貌、言、视、听、思，五事说出自《尚书·洪范》篇。本篇将此五事与五行相匹配，并运用天人感应思想论证，君王必须礼遇大臣、政令得人、明察是非、听事聪敏、心胸宽广，否则就会感应到四时失序，造成自然灾害，以此来警告约束抑制君主的言行。

王者与臣无礼，貌不肃敬，则木不曲直[1]，而夏多暴风。风者，木之气也，其音角也，故应之以暴风。王者言不从，则金不从革[2]，而秋多霹雳。霹雳者，金气也，其音商也，故应之以霹雳。王者视不明，则火不炎[3]上，而秋多电。电者，火气也，其阴徵[4]也，故应之以电。王者听不聪，则水不润下，而春夏多暴雨。雨者，水气也，其音羽也，故应之以暴雨。王者心不能容，则稼穑不成，而秋多雷。雷者，土气也，其音宫也，故应之以雷。

注释

1 木不曲直：树木不能弯曲或平直而被人制作成器具。2 从革：从模范之型而变革。3 炎：焚烧，烧。4 其阴徵：据《礼记·月令》“其音徵”，“阴”为“音”之误。据上下文，应以“其音徵”为是。

译文

君王对待臣子没有礼貌，态度不严肃恭敬，木材就不能弯曲或平直，而夏季就会多暴风。风是木的气，它的音律是角调，所以用暴风与之呼应。君王的言论不能令人顺从，金属就不能冶炼成型，秋天就会多霹雳。霹雳，指的是金气，它的音律是商调，所以用霹雳回应它。君王眼光不明察，火就不向上焚烧，而秋季多闪电。闪电，指的是火气，它的音律是徵调，所以用闪电回应它。君王的听觉不聪敏，水就不润泽下土，春夏两季就多暴雨。雨，指的是水气，它的音调是羽调，所以用暴雨回应它。君王的心胸不宽容，种植的庄稼就不能成熟，秋季多雷。雷，指的是土气，它的音律是宫调，所以用雷声回应它。

五事[1]，一曰貌，二曰言，三曰视，四曰听，五曰思。何谓也？夫五事者，

人之所受命于天也，而王者所修而治民也。故王者为[2]民，治则不可以不明，准绳不可以不正。王者貌曰恭，恭者敬也。言曰从，从者可从。视曰明，明者知贤不肖，分明黑白也。听曰聪，聪者能闻事而审其意也。思曰容[3]，容者言无不容。恭作肃，从作乂[4]，明作哲，聪作谋，容作圣。何谓也？恭作肃，言王者诚能内有恭敬之姿，而天下莫不肃矣。从作乂，言王者言可从，明正[5]从行而天下治矣。明作哲，哲者知也，王者明则贤者进，不肖者退，天下知善而劝之，知恶而耻之矣。聪作谋，谋者谋事也，王者聪则闻事与臣下谋之，故事无失谋矣。容作圣，圣者设也，王者心宽大无不容，则圣能施设，事各得其宜也。

注释

1 五事：指君主应当做到的五个标准，即下文的貌（仪容）、言（政令）、视（眼光）、听（听察）、思（心胸）。2 为：治理。3 容：容纳，宽容。4 从作乂（yì）：言论能使人听从则国家就可以得到治理。乂，治理。5 明正：疑当作“则臣”。

译文

有五件事，一是仪容，二是政令，三是眼光，四是听察，五是心胸。这是什么意思呢？这五件事，是人从上天禀受的天命，是君王所能治理百姓的修养。所以君王治理百姓，统治的法则不能不明确，准绳不能不端正。君王的仪容要恭谨，恭谨，就是敬畏。政令要能令人顺从，顺从，就是可以听从。眼光要能明察，明察，就是能辨知贤能与不肖，能分别善恶。听觉要聪敏，聪敏，就是听到事情能辨明其中的意思。心胸要宽容，宽容，是说没有不能容纳的。恭敬就能肃穆，顺从就能达到治理，明察就有智慧，聪敏就能谋划，宽容就能圣明。这是什么意思呢？恭敬就能肃穆，是说君王如果真正做到在内心有恭敬的姿态，则天下没有不肃穆的。顺从就能达到治理，是说君王的政令能让人顺从，那么臣下顺从行事就能天下大治。明察就能哲，哲就是智慧，君王明察，就能令贤能者得到进荐，不肖者得到摒退，天下人就知晓什么是善而相互劝勉行善，知晓什么是恶而耻于行恶。聪敏就能谋，谋，就是谋划事情，君王听觉聪敏，就会听到事情与臣下谋议，所做的事情就不会失策。宽容就能圣，圣就是能够施设，君王心地宽广没有不能容纳的，那么以其圣明施行建树的事情，就都能恰当合宜。

王者能敬，则肃，肃则春气得，故肃者主春。春阳气微，万物柔易，移弱可化，[1] 于时阴气为贼，故王者钦。[2] 钦不以议阴事，然后万物遂生，而木可曲直也。[3] 春行秋政，则草木凋；行冬政，则雪；行夏政，则杀。春失政则[4]……

注释

1 万物柔易，移弱可化：应作“万物柔弱，移易可化”，意思是万物还很柔嫩弱小，容易移植变化。2 于时阴气为贼，故王者钦：这个时候，阴气能够伤害（万物），所以君王要恭肃。钦，钦敬、敬慎。3“钦不以议阴事”至“曲直也”：敬慎就不议论阴物之事，万物就能充分生长，而木材也可以弯曲或者平直。4 春失政则：下有阙文。

译文

君主能够恭敬，就可以严肃，严肃就可以得到春气，所以严肃的人主掌春季。春季阳气微弱，万物柔嫩弱小，容易移植变化，这个时节阴气为害，所以君主要敬慎行事。敬慎就不议论阴物之事，此后万物便生长起来，木材可以弯曲或平直。春季实行秋季的政令，草木就会凋零；实行冬季的政令，就会下雪；实行夏季的政令，就会衰落。春季政令失误，就会……

王者能治，则义立，义立则秋气得，故义者[1]主秋。秋气始杀，王者行小刑罚，民不犯则礼义成。于时阳气为贼，故王者辅以官牧之事[2]，然后万物成熟。秋，草木不荣华，金从革也。秋行春政，则华；行夏政，则乔[3]；行冬政，则落。秋失政，则春大风不解[4]，雷不发声。

注释

1 义者：以义治理国家的人。2 官牧之事：为官牧民之事，即治理国家之事。3 乔：疑作“槁”，枯槁。4 解：消除，停止。

译文

君主能够治理好国家，义就能够确立，义确立就能得到秋气，所以能够治理天下的人主掌秋季。秋天阳气开始衰落，君主开始行轻的刑罚，百姓不触犯刑罚礼义就完成了。这个时节阳气为害，所以君主以为政治国之事作为辅助，此后万物成熟。秋天，草木不茂盛不开花，金属能够依从模具铸造成型。秋季实行春季的政令，就会开花；实行夏季的政令，就会枯槁；实行冬季的政令，就会凋落。秋季政事失误，春天时就会有大风不止，打雷不发声。

王者能知，则知善恶，知善恶则夏气得，故哲者主夏。夏阳气始盛，万物兆长[1]，王者不掩明[2]，则道不退塞。而[3]夏至之后，大暑隆，万物茂育怀任[4]。王者恐明不知贤不肖，分明白黑，[5]于时寒为贼，故王者辅以赏赐之事，然后夏草木不霜，火炎上也。夏行春政，则风；行秋政，则水；行冬政，则落。夏失政，则冬不冻冰，五谷不藏，大寒不解。

注释

1 万物兆长：万物都繁茂地生长。兆，众多、大量。2 不掩明：明察不受遮蔽。掩，掩盖、遮蔽。3 而：当为衍文。4 怀任：孕育，指孕育种子。任，通“妊”。5 王者恐明不知贤不肖，分明白黑：此十三字当为衍文，译文不从。

译文

君主能够明智，就能知晓善恶，知晓善恶就得到了夏气，所以明智的人主掌夏季。夏季阳气开始盛行，万物繁茂生长，君主明智不受遮蔽，正道就不被阻塞。夏至之后，暑气隆盛，万物茂盛并孕育种子。在这个时节，寒气为害，所以君主用赏赐之事作为辅助，然后夏天的草木不会霜冻，火焰向上燃烧。夏季实行春季的政令，就会刮风；实行秋季的政令，就会涨水；实行冬季的政令，就会草木凋落。夏季政令失误，冬天就不会结冰，五谷不能守藏，严寒不能解除。

王者无失谋，然后冬气得，故谋者主冬。冬阴气始盛，草木必死，王者能闻事，审谋虑之，则不侵伐。不侵伐且杀[1]，则死者不恨[2]，生者不怨。冬日至之后，大寒降，万物藏于下。于时暑为贼，故王者辅之以急断之事[3]，以水润下也[4]。冬行春政，则蒸[5]；行夏政，则雷；行秋政，则旱。冬失政，则夏草木不实，霜[6]，五谷疾枯[7]。

注释

1 不侵伐且杀：不侵略讨伐又不滥杀。且，又。2 恨：遗恨。3 急断之事：急断，当作“系断”。指司法审判之事。4 以水润下也：此处当有脱误。5 蒸：气体向上蒸发。6 霜：

此字前疑有阙文。7 五谷疾枯：五谷生病枯萎。

译文

君主谋划不失误，然后可以得到冬气，所以谋划的人主掌冬季。冬季阴气开始盛行，草木一定死亡，君王能听闻事务，并能审慎谋划思虑，就不会发生侵略征伐。不侵略攻伐别国又不滥杀，死去的人就没有遗恨，活着的人也不会埋怨。冬至日之后，大寒来临，万物藏匿在下方。这个时节暑热为害，所以君王用司法审判之事作为辅助，用水下渗滋润万物的缘故。冬季实行春季的政令，地气就会蒸发上升；实行夏季政令，就会打雷；实行秋季政令，就会干旱。冬季政令失误，夏天就会草木不结实，下霜，五谷害病干枯。

郊语第六十五

导读

本篇与下面《郊义》《郊祭》《四祭》《郊祀》四篇应本为一篇，本篇当为合篇最后一部分。篇中所言“郊”，专指祭天之礼，全篇即论证郊祭的理据和必要性。篇中先以自然界一些奇特的、当时理论无法解释的现象来说明命运中总有超乎人类理性限度的事情，并引用孔子的话来证明天命的权威性与可畏。由此申明自古以来祭天制度的必要，并辅以秦朝废弃郊祭古礼的教训佐证。又以天与天子的父子关系，阐明君主应当继续举行郊祭礼。实际上是在承认皇权神圣性的基础上，试图重建儒家天命观对于权力的约束力。同时也透露出，汉代儒者在秦制变革之后，恢复儒家理想的礼制的努力。

人之言：醞去烟[1]，鴖羽去眯[2]，慈石[3]取铁，颈金取火[4]，蚕珥丝于室[5]，而弦绝于堂，禾实于野，而粟缺于仓，[6]芜荑生于燕，橘枳死于荆，[7]此十物者[8]，皆奇而可怪，非人所意也。夫非人所意而然，既已有之矣，或者吉凶祸福、利不利之所从生，无有奇怪，非人所意如是者乎，此等可畏也。孔子曰[9]：“君子有三畏：畏天命，畏大人，畏圣人之言。”彼岂无伤害于人，如孔子徒畏之哉？以此见天之不可不畏敬，犹主上之不可不谨事。不谨事主，其祸来至显；不畏敬天，其殃来至暗。暗者不见其端，若自然也。故曰：堂堂如天殃。言不必立校[10]，默而无声，潜而无形也。由是观之，天殃与主罚所以别者，暗与显耳。不然其来逮人，殆无以异。[11]孔子同之，俱言可畏也。天地神明之心，与人事成败之真，固莫之能见也，唯圣人能见之。圣人者，见人之所不见者也，故圣人之言亦可畏也。奈何如[12]废郊礼？郊礼者，人[13]所最甚重也。废圣人所最甚重，而吉凶利害在于冥冥不可得见之中，虽已多受其病，何从知之？故曰：问圣人者，问其所为而无问其所以为也。问其所以为，终弗能见，不如勿问。问为而为之[14]，所不为而勿为，是与圣人同实也，何过之有？《诗》云：“不骞不忘，率由旧章。”[15]旧章者，先圣人之故文章也。率由，各有修从之也。[16]此言先圣人之故文章者，虽不能深见而详知其则，犹不知其美誉之功矣。今郊事天之义，此圣人故。故古之圣王，文章之最重者也，前世王莫不从重，栗精[17]奉之，以事上天。至于秦而独阙然废之，一何不率由旧章之大甚也！

注释

1 醞去烟：应作“醯去烟”。醯（xī），醋。据记载，用醋熏眼睛，可以使眼睛更明亮。2 鸱羽去眯：鸱鸮的羽毛可以去除眼中异物。眯，进入眼中的异物。3 慈石：磁石。4 颈金取火：应作“真金取火”，以金向日聚光照射易燃物可以得火，所以说真金取火。5 蚕珥（ěr）丝于室：珥丝，蚕用口吐丝。据说老蚕吐出的丝呈黄色，外观如耳饰，所以称珥丝。又古人以丝为乐器之弦，新丝脆，用它做弦易断，所以下文说“弦绝于堂”。6 禾实于野，而粟缺于仓：田野谷物成熟，而仓库中粮食缺少。7 芜荑生于燕，橘枳死于荆：芜荑生长在燕地，橘枳在楚地死亡。芜荑，榆树科，种子加工后是一味中药。8 此十物者：上文所记计为八物，以上可能有遗漏。9 孔子曰：下引语见《论语·季氏》。10 言不必立校：言论不必立即收到效验。校，效验、验证。11 不然其来逮人，殆无以异：然而它们达到人身上的作用，大概没有什么不同。不然，“不”字为衍文。其来逮人，灾祸、惩罚达到人身上。逮，及、达到。12 如：应作“而”。13 人：应作“圣人”。14 问为而为之：疑应作“问其所为而为之”。15 不骞不忘，率由旧章：见《诗经·大雅·假乐》。骞，通“愆”，过失、差错。16 率由，各有修从之也：疑应作“率由者，有循从之也”。循，随从。17 栗精：畏惧且精心，谨慎而真诚。

译文

人们说：醋可以去掉眼睛的烟翳，鸱鸮的羽毛可以除去眼中的异物，磁石可以吸铁，真金可以取火，老蚕在室内吐丝，而琴弦在堂中崩断，田野中的谷物结实，正是仓库中的粮食缺少的时候，芜荑生长在燕地，橘枳在楚地死去，这十种事物，都是奇特而令人怪异的，不是人能够臆测的。不能臆测就出现这样的现象，早就已经存在了，也许是吉凶祸福、利与不利出现的缘由，没有什么可奇怪的，不是让人臆测的，而是让人畏惧的。孔子说：“君子有三种敬畏：敬畏天命，敬畏有德位的大人，敬畏圣人的言论。”这三者难道对人们没有伤害，而孔子无故敬畏他们吗？由此可见对天不可以不敬畏，如同对君主在上者不可不恭谨侍奉。不恭谨侍奉君主，灾祸就来得十分明显；不敬畏上天，灾祸来得比较隐蔽。隐蔽的看不到端倪，像是很自然的。所以说：堂堂正正像上天降下灾祸一样。言语不一定立即产生效验，静默无声，只是隐藏着没有表现出来。由此看来，天降灾祸和君主惩罚的区别之处，只是隐蔽和明显罢了。然而灾祸、惩罚达到人身上，大体没有什么区别。孔子认为这两种祸害相同，都认为是可畏惧的。天地神明的想法，和人事成败的真正原因，本来是没有人能发现的，只有圣人能发现。圣人，是能看见人们所看不见的人，所以圣人的言论也值得敬畏。为什么废弃郊祭之礼？郊祭是圣人最为重视的。废弃圣人最重视的，而吉凶和利害隐藏在幽微不能发现之处，虽然多次受到危害，哪里能够知道呢？所以说：询问圣人事情，是问他做什么，而不问这样做的原因。因为问了这样做的原因，一般人最终也不能发现，不如不要问。问做什么就跟着去做，圣人不做的事也不去做，这就和圣人的实际行为相同了，怎么会有过错呢？《诗经》说："没有过错也没有失误，遵循先王的典章制度（率由旧章）。"所谓"旧章"，是古圣王的典章制度。所谓"率由"，就是遵循的意思。这里是说先圣的典章制度，虽然不能深入地了解和详细知晓他们的原则，但同样不会失掉他们美好的功效。现在郊祭侍奉上天的含义，这是圣人原有的。所以古代的圣王，制定典章中最重要的内容，前代君主没有人不顺从重视它，谨慎真诚地奉行，来侍奉上天。到了秦朝却独独废除空缺了，这是何等的不遵循先王典章制度啊！

天者，百神之大君也。事天不备，虽百神犹无益也。何以言其然也？祭而地神者，《春秋》讥之。[1]孔子曰[2]："获罪于天，无所祷也。"是其法也。故未见秦国致天福如周国也。《诗》云："唯此文王，小心翼翼，昭事上帝，允怀多福。[3]"多福者，非谓人也，事功也，谓天之所福也。传曰："周国子多贤，蕃殖至于骈孕[4]男者四，四产而得八男，皆君子俊雄也。"此天之所以兴周国也，非周国之所能为也。今秦与周俱得为天子，而所以事天者异于周。以郊为百神始，始入岁首，必以正月上辛日先享天，乃敢于地，先贵之义也。夫岁先之，与岁弗行也，相去远矣。[5]

注释

1 祭而地神者，《春秋》讥之：事见《春秋》僖公三十一年，鲁僖公占卜不宜，于是免除了郊祭的牺牲，但却在泰山、河、海举行了三场望祭。《春秋》特地记录表示批评。2 孔子曰：下引文见《论语·八佾》。3 "唯此"至"多福"：见《诗经·大雅·大明》。翼翼，小心谨慎的样子。4 骈孕：双胞胎。5 "夫岁先之"至"远矣"：指周朝在岁首郊天，秦朝废除了郊祀不施行，两者相差甚远。

译文

上天，是各种神灵的君主。侍奉上天如果不周备，即使侍奉众神再好也没有什么益处。为什么这么说呢？（不祭祀上天）而只祭祀地神，《春秋》就会讥讽他。孔子说："得罪了上天，就没有什么好祈祷的了。"这就是孔子的原则。所以没有见到秦朝能像周朝那样招致上天的福佑。《诗经》说："就是这位文王，小心谨慎，明白地侍奉上天，真能得到很多福佑。"很多福佑不是指在人身上的，而是功业上的，是说上天赐给的幸福。古书上说："周朝的子孙多有贤才，繁衍出现怀孕双胞胎男孩四次，四次生出八个男孩，都是杰出雄武的君子。"这是上天让周朝兴起，不是周朝自己能做到的。如今秦朝君主和周朝君主一样都当上天子，但秦朝侍奉上天却和周朝不同。周朝将郊祭作为祭祀众神的开始，把它放在一年的初始，一定在正月的第一个辛日先享祭上天，然后才敢再祭祀地神，是把尊贵者放在前面的意思。每年的开始先祭祀上天，与每年不祭祀上天，相差太远了。

天下福若[1]，无可怪者，然所以久弗行者，非灼灼见其当而故弗行也[2]，典礼之官常嫌疑[3]，莫能昭昭明其当也。今切[4]以为其当与不当，可内反于心而定也。尧谓舜曰："天之历数在尔躬。"言察身以知天也。今身有子，孰不欲其有子礼也？圣人正名，名不虚生。天子者，则天之子也。以身度天，独何为不欲其子之有子礼也？今为其天子，而阙然[5]无祭于天，天何必善之？所闻曰："天下和平，则灾害不生。"今灾害生，见天下未和平也。天下所未和平者，天子之教化不行也。《诗》曰[6]："有觉德行，四国顺之。"觉者著也，王者有明著之德行于世，则四方莫不响应风化，善于彼矣。故曰：悦于庆赏，严于刑罚，疾于法令。

注释

1 天下福若：上天降下福德给天子。若，即你，代表天子。2 非灼灼见其当而故弗行也：是说秦朝废除郊祀之礼并非出自真知灼见，而是自己觉得合适就不施行了。3 典礼之官常嫌疑：主持典礼的官员也常常有所怀疑。典礼之官，主管礼仪的官员。典，主管。4 切：确切。一说，疑应作"窃"，自谦之词，指自己。5 阙然：空白的样子。6《诗》曰：下引诗句见《诗经·大雅·抑》。

译文

上天降下福禄给天子，没有什么可奇怪的，然而秦国长久不施行郊祭，并不是出于真知灼见而是自己认为应当如此，主管礼仪的官员也常心怀疑虑，不能清楚明了怎么做恰当。现在要确定它恰当与不恰当，可以向自己内心反省来确定。尧告诉舜说：“天道的运行规律在你自己身上。”是说省察自身便可以了解天道。如今自身有了儿子，谁不想儿子对自己行儿子的礼仪呢？圣人匡正名称，名称不是凭空出现的。天子，就是上天的儿子。用自身去推测上天，上天为什么单单不想让自己的儿子行儿子的礼仪呢？如今身为天的儿子，却不祭祀上天，上天何必要善待他？我所听说的是：“如果天下和平，灾害就不会发生。”现在灾害发生了，可知天下没能和平。天下没能和平，是天子的教化未能施行。《诗经》说：“把显著的德政施行天下（有觉德行），四方各国就都来归顺。”觉，就是显著的意思，君王如能在世上施行显著的德政，四方各国没有不响应顺从教化的，因为比他们美善。所以说：德政比赏赐更令人愉悦，严厉却超过刑罚，传播的速度则超过法令。

郊义第六十六

导读

本篇讲述郊祭之义，即郊祭礼的具体仪文轨范，但篇幅较短，应为原篇之首段。篇中申述强调郊祭礼一定要在一年开始的时候举行，为全年一切祭祀之首，并且君王一定要亲自参加，不能使人代祭，这都是表示郊祭在所有祭祀中最为尊贵，是表示对天的尊崇之意。

郊义[1]：《春秋》之法，王者岁一祭天于郊，四祭于宗庙。宗庙因于四时之易，郊因于新岁之初，圣人有以起之，其以[2]祭不可不亲也。天者，百神之君也，王者之所最尊也。以最尊天之故，故易始岁更纪[3]，即以其初郊。郊必以正月上辛者，言以所最尊，首一岁之事。每更纪者，以郊郊祭首之[4]，先贵之义，尊天之道也。

注释

1 郊义：祭祀上天的规则。此句为本篇篇名，应为原篇篇名。其余“郊语”“郊祭”各篇名为后人所加。郊，郊野，即郊外。因祭天在郊外举行，所以祭天仪式又称“郊祭”“郊”。义，规则、原则。2 以：于。3 故易始岁更纪：因此每当年岁更替，就在每年开始的时候举行郊祭。易始岁，应作“始易岁”，即改换年岁，新的一年开始。4 以郊郊祭首之：当作“以郊祭首之”。

译文

郊祭的规则：根据《春秋》的原则，君王每年要在都城郊野祭祀上天一次，在宗庙举行四次祭祀祖先的祭礼。宗庙祭祀根据四季的变化而举行，郊祭在新的一年开始的时候举行，圣人是据此而制定的祭礼，在祭祀时，不可以不亲自参加。上天是众神的君主，是君王最尊敬的神灵。因为最尊敬上天的缘故，所以每当年岁更替，就在开始的时候举行郊祭。郊祭一定在正月的第一个辛日举行，这是表明祭祀上天是最尊贵的事，要将这件事放在一年当中所有的事之前。每当年岁更替的时候，都首先要举行郊祭，是表示把尊贵之事放在最先的意思，这是尊崇上天的道理。

郊祭第六十七

导读

本篇继续论述郊祭礼的重要性，将郊祭与宗庙祭祀遇丧事停止与不停止对比。其余宗庙祭祀遇丧事则停止，郊祭则不停止，论证郊祭的重要。又再次以天与天子的父子关系，强调郊祭事天之重要。文中关于国家财政有限，百姓贫苦，应不应废止郊祭的辩论，似为应当时反对观点而发，应为当时争论的记录。

《春秋》之义，国有大丧[1]者，止宗庙之祭，而不止郊祭，不敢以父母之丧废事天地[2]之礼也。父母之丧，至哀痛悲苦也，尚不敢废郊也，孰足以废郊者？故其在礼亦曰：“丧者不祭，唯祭天为越丧而行事。”夫古之畏敬天而重天郊，如此甚也。今群臣学士不探察，曰：“万民多贫，或颇饥寒，足郊乎？”是何言之误！天子父母事天，而子孙畜万民。民未遍[3]饱，无用祭天者，是犹子孙未得食，无用食[4]父母也。言莫逆于是，是其去礼远也。先贵而后贱，孰贵于天子？天子号天之子也，奈何受为天子之号而无天子之礼？天子不可不祭天也，无异人之不可以不食父。为人子而不事父者，天下莫能以为可。今为天之子而不事天，何以异是？是故天子每至岁首，必先郊祭以享天，乃敢为地[5]，行子礼也；每将兴师，必先郊祭以告天，乃敢征伐，行子道也。

注释

1 大丧：指君王的父母死亡。2 地：应为衍文，郊祭祭天，不祭地。3 遍：普遍。4 食（sì）：给……吃，供养。5 为地：祭地。

译文

《春秋》的原则是，国家遇到重大的丧事，就要停止宗庙的祭祀，却不停止郊祭，不敢因为父母的丧事，废弃侍奉上天的礼节。父母的丧事，是极其悲哀痛苦的，尚且不敢随意废弃郊祭，还有什么事可以废弃郊祭呢？所以在礼仪上也说：“有父母之丧的人不祭宗庙，只有祭天不受丧事影响照常进行。”古人敬畏上天而重视郊祭到了这样的程度。如今群臣和学者们不探察其中的原因，就说：“百姓贫困的多，有的还非常地饥饿寒冷，还值得去祭天吗？”这是多么错误的言论！天子像侍奉父母一样侍奉上天，像对待自己的子孙一样畜养百姓。百姓还没有普遍实现温饱，就不去祭祀上天，这就如同子孙没有东西吃就不用给父母吃一样。没有比这种言论更悖逆常理的了，这种说法非常地不合礼。礼要把尊贵的放在前面，而低贱的放在后面，谁能比天子更尊贵？天子号称是天的儿子，为什么接受了天子的称号，却没有天子的礼节？天子不可以不祭祀天，跟人不能不赡养父母没有区别。做人的儿子却不侍奉父亲的，天下没有谁能认可。如今作为上天之子却不侍奉上天，和这有什么区别呢？所以天子每到年初，一定先举行郊祭而享祀上天，然后才敢祭祀地神，是行儿子之礼；每次要发兵出征，一定首先举行郊祭禀告上天，才敢去征伐，是行儿子之道。

文王受天命而王天下，先郊乃敢行事，而兴师伐崇。其《诗》曰[1]："芃芃棫朴[2]，薪之槱之[3]。济济辟王，左右趋之。[4]济济辟王，左右奉璋[5]。奉璋峨峨[6]，髦士攸宜[7]。"此郊辞也。其下曰："淠彼泾舟[8]，烝徒楫之[9]。周王于迈，六师及之[10]。"此伐辞也。其下曰[11]："文王受命，有此武功，既伐于崇，作邑于丰。"以此辞者，见文王受命则郊，郊乃伐崇，伐崇之时，民何处央[12]乎？

注释

1 其《诗》曰：下引诗句见《诗经·大雅·棫（yù）朴（pò）》。2 芃芃（péng péng）棫朴：芃芃，草木盛长的样子。棫，白桵，一种丛生小树，茎上有刺，果实紫红色，可食。一说为柞树。朴，一种落叶乔木，叶椭圆形，树皮可药用。3 薪之槱（yǒu）之：把棫树朴树砍下来作柴火，堆起来焚烧祭天。槱，将薪柴堆积起来。4 济济辟王，左右趋之：诸侯们恭敬地在天子左右来回奔走以助祭。济济，恭敬的样子。辟王，指诸侯王。5 奉璋：捧着玉璋。璋，玉器、礼器的一种，状如半圭。6 峨峨：仪容盛壮的样子。7 髦士攸宜：俊杰之士所适宜做的。髦士，俊杰之士。8 淠（pì）彼泾舟：船只在泾水上行走。淠，船在水中行进的样子。泾，泾水，发源于甘肃，流入陕西，与渭水汇合。9 烝徒楫之：众多的船夫划动船桨。烝徒，犹众人。烝，众多。楫，船桨。这里指用桨划船。10 六师及之：六师军队跟随着他。六师，又称六军。按礼，春秋天子有六军，诸侯有三军。11 其下曰：下引诗句见《诗经·大雅·文王有声》。12 处央：处于灾祸中。央，通"殃"，灾祸。

译文

文王接受天命而称王天下，首先举行郊祭然后才敢行天子之政事，而发兵征伐崇国。《诗经》说："茂盛的棫树和朴树，砍伐下的薪柴堆积着焚烧。恭敬的诸侯王，在天子左右奔走助祭。恭敬的诸侯王，在天子左右捧着玉璋。捧璋之人仪容壮美，俊杰之士最适宜做。”这是郊祭时的祝辞。下面又说：“船只行驶过泾水，众人用桨齐划船。周王前往去征伐，六军紧紧跟随他。”这是征伐时的歌辞。下面又说：“文王禀受天命，有了重大武功，在征伐崇地之后，在丰地修筑城邑。”从这段诗文，可以看出文王接受天命后就举行了郊祭，郊祭之后才敢征讨崇国，这样攻打崇国，他的百姓怎么会承受灾殃呢？

四祭第六十八

导读

本篇讲四季的宗庙祭祀，分别为祠、礿、尝、蒸，四祭的内涵都是人向祖先表示怀念爱敬之情，是通于孝道，合于天地法则的。又引《诗经》说明周朝兴起是因恭敬上天从而禀受天命得来的。

古者岁四祭。四祭者，因四时之所生，孰[1]而祭其先祖父母也。故春曰祠，夏曰礿，秋曰尝，冬曰蒸。此言不失其时，以奉祭先祖也。过时不祭，则失为人子之道也。祠者，以正月始食韭[2]也；礿者，以四月食麦也；尝者，以七月尝黍稷[3]也；蒸者，以十月进初稻也。此天之经也，地之义也。孝子孝妇，缘天之时，因地之利。地之菜茹[4]瓜果，艺[5]之稻麦黍稷；菜生谷熟，永思[6]吉日，供具祭物，斋戒沐浴，洁清致敬，祀其先祖父母。孝子孝妇不使时过，已处之以爱敬，行之以恭让，亦殆免于罪矣。

已受命而王，必先祭天，乃行王事，文王之伐崇是也。《诗》曰："济济辟王，左右奉璋。奉璋峨峨，髦士攸宜。"此文王之郊也。其下之辞曰："淠彼泾舟，烝徒楫之。周王于迈，六师及之。"此文王之伐崇也。上言奉璋，下言伐崇，以是见文王之先郊而后伐也。文王受命则郊，郊乃伐崇。崇国之民方困于暴乱之君，未得被圣人德泽，而文王已郊矣。安在德泽未洽[7]者不可以郊乎？

注释

1 孰："熟"的古字。2 韭：韭菜。3 黍稷：黍子和谷子。4 茹：蔬菜的总称。5 艺：种植。6 永思：常常思考、想着。7 洽：广博，普遍。

译文

古时候每年举行四次祭祀。四次祭祀，根据四时生长的农作物来制定，在它们成熟时用来祭祀过世的先祖和父母。所以春祭叫祠，夏祭叫礿，秋祭叫尝，冬季叫蒸。这是按照季节来祭祀祖先。如果错过季节不祭祀，就不符合作为人子的原则。祠祭，是在正月开始时用韭菜供奉祖先食用；礿祭，是在四月用新麦供奉祖先食用；尝祭，是在七月用黍、稷供奉祖先品尝；蒸祭，是在十月荐献新稻给祖先。这是天的常道，地的义理。孝子孝妇遵循天时，因趁地利。种植蔬菜瓜果，种植稻麦黍稷；蔬菜长成，谷物成熟后，常常想着选择一个美好的时日，准备齐全祭品，斋戒沐浴，洁净恭敬，祭祀自己的先祖父母。孝子孝妇不会错过祭祀的时机，自己用爱戴和恭敬的心对待祭祀，用恭敬礼让的态度行事，大概可以免除罪过。

已经禀受天命而成为君王，一定要首先祭祀上天，然后才可以行君王之事，文王攻打崇国就是这样。《诗经》说：“恭敬的诸侯王，在天子左右捧着玉璋。捧璋之人仪容壮美，俊杰之士最适宜做。”这是描述文王郊祭的情形。《诗经》下面又说：“船只行驶过泾水，众人用桨齐划船。周王前往去征伐，六军紧紧跟随他。”这是叙述文王攻打崇国的事情。上面说捧着玉璋，下边说攻打崇国，由此可见文王是先进行郊祭而后再攻伐。文王接受天命后就行郊祭，之后才攻伐崇国。崇国的百姓正被暴乱的国君统治，未能领受圣人的恩泽，而文王已经举行郊祭了。可见哪里是在恩泽没能普及时就不可以举行郊祭呢?

郊祀第六十九

导读

本篇引《诗经·云汉》周宣王遇灾荒祷祀上天事，再次申明天命对于世俗权力的决定性，与权力来源的合法性。又引《春秋》讥刺颠倒祭祀顺序，不先举行郊祭就祭祀山川的事例。用意皆在引用儒家经典、圣人言论、先王事迹来论证崇奉天命、郊祀祭天的必要性。

周宣王[1]时，天下旱，岁恶甚，王忧之。其《诗》曰[2]："倬彼云汉，昭回于天。[3]王曰呜呼！何辜[4]今之人？天降丧乱，饥馑荐臻[5]。靡神不举，靡爱斯牲，[6]圭璧既卒，宁莫我听。[7]旱既太甚，蕴隆虫虫[8]。不殄禋祀，自郊徂宫。[9]上下奠瘗，靡神不宗。[10]后稷不克，上帝不临。[11]耗射下土，宁丁我躬。[12]"

注释

1 周宣王：周厉王之子，厉王为国人放逐，周室衰微，宣王励精图治，史称"宣王中兴"。2 其《诗》曰：下引诗句见《诗经·大雅·云汉》。3 倬（zhuō）彼云汉，昭回于天：那银河是多么显著，光明地在天空中回转。倬，显明、显著。云汉，银河。回，回还、转动。4 辜：罪。5 饥馑荐臻：饥荒连年而至。饥馑，荒年，五谷不收。荐，重复、一再。臻，至、到来。6 靡神不举，靡爱斯牲：对神灵无不祭祀，也不吝惜祭祀用的牺牲。靡，没有。爱，吝惜。7 圭璧既卒，宁莫我听：祭祀用的玉器宝物都用完了，为什么还不听取我的祷告呢？圭璧，皆为祭祀用的玉制礼器。宁莫，为何？听，听从、听取。8 蕴隆虫虫：蕴积的热气丰盛浓厚。蕴，浓盛。隆，盛大、多。虫虫，熏热。9 不殄禋祀，自郊徂宫：不断地进行祭祀，从郊外祭天到宗庙祭祀父母祖先。殄，尽、断绝。禋祀，泛指祭祀。徂，往、到。宫，宗庙。10 上下奠瘗（yì），靡神不宗：天地神灵都加以供奉，没有神灵不加以尊崇。上，指祭天。下，指祭地。奠瘗，指祭祀时所用的物品。奠，祭祀时摆放祭品。瘗，祭祀时祭品掩埋在地下。宗，尊崇、尊奉。11 后稷不克，上帝不临：不能令祖先后稷福佑，也不能令上帝降临看护。后稷，名弃，周朝的始祖，据说他首创耕种百谷，所以名后稷。克，能。12 耗射（yì）下土，宁丁我躬：上天由于厌恶而降下灾害来败坏人间，这些灾害竟然都由我亲自遭受。耗，耗败、败坏。射，《诗经》作"斁"（dù），毁败，也是败坏的意思。丁，当、正值。躬，自身。

译文

周宣王时，天下大旱，年成特别不好，宣王为此非常忧虑。《诗经》记载说：

“那条显明的银河，它的光芒在天空中回转。君王说：啊，今天的百姓到底有什么罪过？上天降下祸乱，饥荒连年而至。我对神灵无不祭祀，也不吝惜牺牲。祭神用的圭玉已经用尽，为什么还不听取我的祷告？干旱已经太严重，热气已经蕴积得厉害。不断地进行祭祀，从郊野到宗庙的宫室。上祭奠天，下瘗奉地，没有一位神灵不尊崇。却不能令祖先后稷降福，也不能令上天临佑。厌恶下土降灾百姓，这些灾害竟都由我亲自遭受。”

宣王自以为不能乎后稷，不中乎上帝，故有此灾。有此灾，愈恐惧，而谨事天。天若不予是家，是家者安得立为天子？立为天子者，天予是家。天予是家者，天使是家。天使是家者，是家天之所予也，天之所使也。天已予之，天已使之，其间[1]不可以接天何哉？故《春秋》凡讥郊，未尝讥君德不成于郊也，乃不郊而祭山川，失祭之叙[2]，逆于礼，故必讥之。以此观之，不祭天者，乃不可祭小神也。郊因先卜[3]，不吉不敢郊。百神之祭不卜，而郊独卜，郊祭最大也。《春秋》讥丧祭，不讥丧郊，郊不辟[4]丧。丧尚不辟，况他物？郊祝曰：“皇皇上天，照临下土。集地之灵，降甘风雨，庶物群生，各得其所。靡今靡古，维予一人某，敬拜皇天之祜。”夫不自为言，而为庶物群生言，以人心庶天无尤[5]焉。天无尤焉，而辞恭顺，宜可喜也。右郊祝九句，九句者，阳数也。[6]

注释

1 其间：当作“其家”。2 叙：序，顺序。3 郊因先卜：郊祭之前要先行占卜。这里是指鲁国的郊礼，天子行郊祭不需要占卜。4 辟：避开。5 以人心庶天无尤：因为人们心里希望上天不要指责。庶，期望的意思。尤，指责、责怪。6 右郊祝九句，九句者，阳数也：疑为注文羼入。

译文

周宣王自认为不能令后稷降福，不能合乎天帝的心意，所以有这样的灾祸。有了这样的灾祸，就更加恐惧而恭谨地侍奉上天。上天如果不授命给这家，这家怎么能被立为天子？被立为天子的，就是上天授命给了这家。上天授命给了这家，就是上天要支使这家。上天支使这家，这家就是上天所授命的，是上天所支使的。上天已经授予他，上天已经支使他，这家为什么不可以承接天命？所以《春秋》讥刺郊祭，从没有讥刺过君王的德行不配祭祀上天，而是不行郊祭而祭祀山川，颠倒了祭祀的顺序，与礼相违背，所以一定讥刺他。由此看来，不祭祀上天，就不可以祭祀小的神灵。郊祭要先进行卜问，不吉利就不敢进行郊祭。众神的祭祀就不用卜问，唯独只有郊祭要卜问，因为郊祭最为重大。《春秋》讥刺行丧礼时还举行祭祀，但不讥刺丧事时举行郊祭，举行郊祭不必回避丧事。丧事尚且不回避，何况别的事情呢？郊祭时的祝辞说："光荣的上天，照耀着人间。汇集大地的灵气，下降甘霖风雨，万物都欣欣向荣，各自找到合适的地方。无论古今，只有我一个人某某，敬拜伟大的上天福佑。"天子不替自己说话，而替万民的生存而说话，因为百姓心里期望上天不要责怪他们。上天不责怪他们，而人的言辞恭谨顺从，应该是可喜的事。上面是郊祭时的祝辞，共九句话，九句，是个阳数。

顺命第七十

导读

本篇纳入《春秋》所厘定的尊卑等级、名号秩序，强调政治秩序中，从天与天子、天子与诸侯、父子、君臣、夫妻之间相互受命的关系，相对于先秦儒家君臣、父子、夫妻间的相对伦理义务，显示出较为强烈的绝对色彩。在这样的一种绝对秩序中，最为凸显的是天命。篇中借助《春秋》用辞例法，也是强调在这样一套秩序中，各顺其命的律令性。

父者，子之天也；天者[1]，父之天也。无天而生，未之有也。天者，万物之祖，万物非天不生。独阴不生，独阳不生，阴阳与天地参然后生。故曰：父之子也可尊[2]，母之子也可卑。尊者取尊号，卑者取卑号。故德侔天地者，皇天右[3]而子之，号称天子；其次有五等之爵以尊之，皆以国邑为号。其无德于天地之间者，州、国、人、民[4]，甚者不得系国邑[5]，皆绝骨肉之属，离人伦，谓之阍[6]盗而已。无名姓号氏于天地之间，至贱乎贱者也。[7]其尊至德，巍巍乎不可以加矣；其卑至贱，冥冥其无下矣。

注释

1 天者：应作"祖者"。2 父之子也可尊：当作"天之子也可尊"，意思是王者是天的儿子，因此是尊贵的。3 右：亦作"佑"，福佑、保佑。4 州、国、人、民：民，当作"氏"。《公羊传》庄公十年："州不若国，国不若氏，氏不若人，人不若名，名不若字，字不若子。"5 甚者不得系国邑：更甚者不能与国名、邑名联系起来。6 阍（hūn）：守门人。在古代，这种守门人常常受过刑罚，所以社会地位极低。7 "无名姓号氏"至"贱者也"：（《春秋》的记载中）没有名字是贱中之最贱者。例如《春秋》襄公二十九年："阍弑吴子馀祭。"哀公四年："盗杀蔡侯申。"都是不记录名字，表示最为贱视的。

译文

父亲是儿子的天；祖父是父亲的天。没有天还能出生，从来没有过这种情况。天是万物的祖宗，万物没有上天不能生活。只有阴气不能孳生，只有阳气也不能孳生，阴阳与天地互相参合然后才能生万物。所以说：天之子是尊贵的，母亲之子是卑贱的。尊贵的取尊贵的名号，卑贱的取卑贱的名号。所以德行和天地相等同，伟大的上天保佑并养育他，号称为天子；在这之下有五个等级的爵位来表示他们地位尊贵，都用国家、城邑作为名号。在天地之间没有德行的人，则用州、国、人、氏等作为名号，更严重的不能归属到某一国、邑，甚至要同他断绝骨肉之亲的血缘、人伦关系，叫作阍人、盗贼而已。在天地之间没有姓氏名号，是极其卑贱的人。尊敬德行高尚的人，将他抬高到不能再高的地位；轻视卑贱的人，将他压抑到幽深得不能再低下的地位。

《春秋》列序位，尊卑之陈，累累乎[1]可得而观也。虽暗且愚，莫不昭然。公子庆父[2]罪亦不当系于国，以亲之故为之讳，而谓之齐仲孙，去其公子之亲也。故有大罪不奉其天命者，皆弃其天伦。人于天也，以道受命；其于人，以言受命。不若于道者，天绝之；不若于言者，人绝之。臣子大受命于君，辞而出疆，唯有社稷国家之危，犹得发辞而专安之，盟是也。[3]天子受命于天，诸侯受命于天子，子受命于父，臣妾受命于君，妻受命于夫。诸所受命者，其尊皆天也，虽谓受命于天亦可。天子不能奉天之命，则废而称公，王者之后是也；公侯不能奉天子之命，则名绝而不得就位，卫侯朔是也；[4]子不奉父命，则有伯讨之罪，卫世子蒯聩是也；[5]臣不奉君命，虽善以叛言，晋赵鞅入于晋阳以叛是也；[6]妾不奉君之命，则媵女先至者是也；[7]妻不奉夫之命，则绝，夫不言及是也。[8]曰：不奉顺于天者，其罪如此。

注释

1 累累乎：相连一贯的样子。2 公子庆父：鲁庄公之弟。庄公死后，其子子般继位，庆父杀子般立闵公，又杀闵公，后迫于压力，出奔莒国。季友立僖公，贿赂莒国而送庆父回鲁，庆父自杀。3 “臣子”至“盟是也”：意思是大臣受君命出使的，离开国境后，除非有关系社稷国家安危的事，才能自己擅自作决定，鄄之盟就是这样的。据《公羊传》庄公十九年：“大夫受命不受辞，出竟有可以安社稷、利国家者，则专之可也。”何休注引鄄幽之会释之，故“盟是也”句当作“鄄盟是也”。鄄幽之会，参见《精华》篇注。4 “公侯”至“卫侯朔是也”：卫侯朔，即卫惠公，名朔。惠公是在害死他的异母长兄后得到王位的，虽然得到周庄王的任命，但卫国军队不服从他，后来他逃奔齐国。《公羊传》记载他受天子召唤不至，所以说《春秋》记录他的名字表示断绝他，“而不得就位”。5 “子不奉”至“蒯聩（kuǎi kuì）是也”：蒯聩，卫庄公。蒯聩为卫灵公世子，因灵公宠爱夫人南子，蒯聩欲杀南子，被废，逃奔晋国。后借晋军想要归国复位，按礼制，为父放逐者，无资格继位，因此是“不奉父命”。6 “臣不奉”至“以叛是也”：赵鞅，晋国大夫。鲁定公十三年，恶臣荀寅、士吉射二人攻赵鞅，鞅奔晋阳，取晋阳军队攻逐荀寅、士吉射二人。因为这个行为没有得到晋君授命，所以说他“入于晋阳以叛”。7 “妾不奉”

至“先至者是也”：鲁僖公本聘楚女为夫人，齐女为媵。但齐女哀姜因邻近鲁国而先期到达，齐国就强迫僖公以齐女为夫人。所以说“媵女先至”。媵（yìng），从嫁，陪嫁。这里指陪嫁的女子。8“妻不奉”至“不言及是也”：鲁桓公夫人姜氏与齐襄公私通，引诱桓公与齐襄公相会于泺，襄公派人杀桓公。《春秋》记载说“公夫人姜氏遂如齐”，不说“公及夫人如齐”，是表示“妻不奉夫之命”，应当断绝关系。夫不言及，应作“夫人不言及”。

译文

《春秋》排列位次，对尊贵卑贱的排列，其间相连一贯是可以看得出来的。即便昏昧、愚笨的人，也不会不明白。公子庆父罪过深重不应该与其国家联系起来，因为他是鲁君亲人的缘故替他避讳，而称他齐仲孙，这是为了去除他鲁国公子的血亲身份。所以犯有重大罪行而不奉行天命的人，都要弃绝其天伦血亲关系。人对于天，是通过天道接受天命；对于君主，是通过言辞接受命令。不合于天道的，天灭绝他；不合于言辞的，君主灭绝他。大臣从国君那里接受使命，辞别国君离开国境后，只有遇到危及国家社稷安全的事，才能发表言论并自行作决定处理而安定国家，鄄之盟就是这样。天子从天那里接受命令，诸侯从天子那里接受命令，儿子从父亲那里接受命令，臣妾从国君那里接受命令，妻子从丈夫那里接受命令。这些接受命令的，所尊重的都是天，即使都说成是从天那里接受命令也是可以的。天子如果不能遵奉上天的命令，就废弃而称他为公，前代帝王的后代就是如此；公侯不能遵奉上天的命令，就断绝他的名号而不能继承王位，卫侯朔就是如此；儿子不遵奉父亲的命令，就会有被霸主讨伐的罪过，卫世子蒯聩就是如此；臣子不遵奉国君的命令，即使是善行也要记作背叛，记载晋国赵鞅进入晋阳而背叛就是如此；妾不遵奉国君的命令，《春秋》所说的陪嫁的媵女先到就是这种情况；妻子不遵奉丈夫的命令，就与之断绝关系，《春秋》记载国君与夫人同行而不用“及”就是这种情况。这就是说：不遵奉依循上天的人，他们的罪过就是如此。

孔子曰：“畏天命，畏大人，畏圣人之言。”其祭社稷、宗庙、山川、鬼神，不以其道，无灾无害。至于祭天不享，其卜不从[1]，使其牛口伤[2]，鼷鼠[3]食其角。或言食牛，或言食而死，或食而生，或不食而自死，或改卜[4]而牛死，或卜而食其角。过有深浅薄厚[5]，而灾有简甚，不可不察也。犹[6]郊之变，因其灾而

之变，应而无为也。[7] 见百事之变之所不知而自然者 [8]，胜言与 [9]？以此见其可畏。专诛绝者其唯天乎？臣杀君，子杀父，[10] 三十有余。诸其贱者则损 [11]。以此观之，可畏者其唯天命、大人乎！亡国五十有余，皆不事畏者也。况不畏大人，大人专诛之，君之灭者，何日之有哉 [12]？鲁宣违圣人之言，变古易常而灾立至。[13] 圣人之言可不慎？此三畏者，异指而同致 [14]，故圣人同 [15] 之，俱言其可畏也。

注释

1 其卜不从：占卜郊天的卜兆显示不吉利。2 使其牛口伤：使郊祭所用的牛口受伤。饲养牲牛不当所致，显然是非常不恭敬的事。3 鼷（xī）鼠：一种体型很小的鼠类。4 改卜：改换占卜（另一头牛）。5 薄厚：意为轻、重，大、小。6 犹：通“由”。7 因其灾而之变，应而无为也：由于灾异的出现而变故，是相应发生而真切无伪的。无为，即“无伪”，真实。为，通“伪”。8 见百事之变之所不知而自然者：可见许多事情的变化是人所不能了解而自然这样的。之所不知，应作“人所不知”。9 胜言与：当作“可胜言与”，哪里说得尽？10 臣杀君，子杀父：当作“臣弑君，子弑父”。11 诸其贱者则损：卑贱（《春秋》所贱视）的人就去掉姓名只称人。12 何日之有哉：怎么会有长久的时日？13 “鲁宣”至“立至”：鲁宣公违背圣人“三畏”的言论，改变古代的制度和通常的准则，而灾害马上发生了。14 异指而同致：内容不同而目的相同。15 同：统一。

译文

孔子说：“敬畏天命，敬畏在上者，敬畏圣人的言论。”祭祀社稷、宗庙、山川、鬼神，不按照正确仪轨，还不会发生灾害。至于祭祀天帝而天帝不享用祭品，占卜的结果不吉利，让祭祀用的牛口受伤，鼷鼠咬坏祭牛的角。文献上有的是说吃了牛角，有的说是郊牛被吃了角后死了，有的说郊牛被吃了角但还活着，有的说郊牛的角没有被吃而自己死了，有的说改换占卜另一头牛而那头牛又死了，有的说是占卜后鼷鼠才吃了牛的角。过错有深浅大小的不同，而灾祸有轻微严重的区别，不可以不仔细审察。从郊祭的变化来加以推究，由于灾异的出现而变故，是相应发生而真切无伪的。可见许多事情的变化是人所不能了解而自然这样的，这些事哪里能说得尽呢？由此可见不顺应天命的可畏。专享诛杀灭绝的难道是天吗？（《春秋》记载的）臣子杀死国君，儿子杀死父亲，有三十多起。记录那些卑贱的人就损除姓名而称人。由此看来，可畏惧的大概只有天命和在上者吧！（《春秋》记载的）国家被灭亡的有五十多起，都是不存敬畏之心的。何况是不敬畏在上者呢，在上者是专事诛责的，这些国君的灭亡，还能有长久的时日吗？鲁宣公违背圣人之言，改变古代的制度和常规，灾祸立即到来。圣人之言可以不慎重对待吗？这三种畏惧，内容不同但目的一致，所以圣人把它们统一起来，都说它们是可敬畏的。

郊事对第七十一

导读

董仲舒晚年因病免官，归居长安，以修学著书为事，朝廷如有大事，仍会派遣使者及廷尉张汤前往求教，本篇即为其中一事。郊事即郊祀祭天之事，汉初王室以神化汉高祖来强化刘姓王权的神圣性，重宗庙祭祀不重郊祭，随着刘姓王权的稳定，诸侯王威胁中央权力问题的凸显，郊祀取代宗庙祭祀地位之事刻不容缓。武帝遣使廷尉就问，当与彼时政治背景密切相关。董仲舒的回答显然针对郊祭与宗庙祖先祭祀先后轻重表态，并特别解释了周公之祀特异的原因，以儒家一贯的立场称述周公为辅佐成王的圣人。

廷尉臣汤昧死言[1]：“臣汤承制[2]，以郊事问故胶西相[3]仲舒。”

臣仲舒对曰：“所闻古者天子之礼，莫重于郊。郊常以正上月辛者，所以先百神而最居前。礼，三年丧，不祭其先而不敢废郊。郊重于宗庙，天尊于人也。《王制》[4]曰：‘祭天地之牛茧栗，宗庙之牛握，宾客之牛尺。[5]’此言德滋美而牲滋微也。《春秋》曰：‘鲁祭周公，用白牡。[6]’色白贵纯也。帝牲在涤三月[7]，牲贵肥洁，而不贪其大也。凡养牲之道，务在肥洁而已。驹犊未能胜刍豢之食，莫如令食其母便。[8]”

注释

1 廷尉臣汤昧死言：廷尉臣张汤冒昧大胆陈说。廷尉，秦汉两代官名，掌司法的最高级官员。汤，即张汤，汉代名臣，西汉初年杜（后为杜陵，即今陕西西安附近）人，武帝时曾为吏，掌刑狱，以能用酷刑闻名。昧，冒昧。昧死言，为当时大臣言事习语，表敬畏。2 承制：秉承皇帝的命令。3 胶西相：董仲舒曾为胶西相。4《王制》：《礼记》中的一篇，描述古代君主治理天下的各种规章制度，为儒家理想的制度。5 宗庙之牛握，宾客之牛尺：天子祭祀宗庙所用的牛，牛角只有四指长；宴请宾客用的牛，牛角可以长到一尺长。握，指牲牛角长度不盈握，即不过四指长。6 鲁祭周公，用白牡：鲁国祭祀周公，用白色的公牛。7 帝牲在涤三月：祭祀天帝用的牛，养在涤宫三个月。涤，官名，饲养祭祀天帝牺牲的地方。因牺牲在祭祀前要在这里洗涤干净，所以称为涤宫。8“驹（jū）犊”至“其母便”：小牲畜不能吃草料，不如给母牛喂好的饲料。驹犊，小马和小牛。刍豢，草料。便，方便，即更好的意思。

译文

廷尉张汤冒昧大胆陈说："臣张汤秉承皇帝的命令，就郊祭之事向前胶西相董仲舒询问。"

臣董仲舒回答说："我听说古代天子的礼仪中，没有比郊祭更重要的。郊祭通常要在正月的第一个辛日举行，这是因为郊祭要在祭祀众神的最前面。礼制规定守丧三年，丧期中可以不祭祀自己的先人，但不敢废弃郊祭。郊祭比祭祀祖先宗庙重要，是因为天比人尊贵。《礼记·王制》说：'祭祀天地的牲牛，角像蚕茧、栗子般（刚长出来）；祭祀宗庙的牲牛，角只有四指长；宴享宾客的牲牛，角可以有一尺长。'这是说德越是美好而牺牲可以越小。《春秋》说：'鲁国祭祀周公，用白色的公牛。'用白色，是因为纯色是尊贵的。又说：'祭祀天帝的牲牛要在涤宫清洁喂养三个月。'牺牲以肥美洁净为贵，而不贪求它大。大凡饲养牺牲的原则，务必让它肥美洁净而已。小牲畜不能吃草料，不如给母牛喂更好的草料。"

臣汤谨问仲舒："鲁祀周公用白牡，非礼也？"

臣仲舒对曰："礼也。"

臣汤问："周天子用骍犅，群公不毛。[1]周公，诸公也，何以得用纯牲？"

臣仲舒对曰："武王崩，成王立而在襁褓之中[2]，周公继文武之业，成二圣之功，德渐天地，泽被四海，故成王贤而贵之。《诗》云[3]：'无德不报。'故成王使祭周公以白牡，上不得与天子同色，下有异于诸侯。臣仲舒愚以为报德之礼。"

臣汤问仲舒："天子祭天，诸侯祭土，鲁何缘以祭郊？[4]"

臣仲舒对曰："周公傅[5]成王，成王遂及圣，功莫大于此。周公，圣人也，有祭于天道。故成王令鲁郊也。"

注释

1 周天子用骍（xīng）犅（gāng），群公不毛：周天子祭祀用赤色的公牛，诸侯祭祀用毛色不纯的牛。骍犅，赤色的公牛。骍，赤土色。不毛，不是单一纯色。2 成王立而在襁褓之中：成王即位之年说法不一，《尚书·金縢》篇说成王即位时已成年，《五经异义》引古文《尚书》说"年十三"，《新书·修政》篇说成王六岁即位，《礼记》《尚书大传》《史记·鲁世家》《淮南子·要略训》等则说幼在襁褓。3《诗》云：下引诗句见《诗经·大雅·抑》。4 "天子祭天"至"祭郊"：天子祭天，诸侯祭社稷，鲁国是什么原因也举行郊祭？土，谓社稷。5 傅：教导、辅佐帝王或王子。

译文

臣张汤恭谨询问董仲舒："鲁国祭祀周公使用白色公牛，不符合礼吗？"

臣董仲舒回答说："符合礼。"

臣张汤问："周天子祭祀用赤色的公牛，诸侯祭祀用毛色不纯的牲牛。周公也是诸侯，为什么可以用纯色的牲牛？"

臣董仲舒回答说："武王逝世，成王继位时，还是在襁褓当中的小孩子，周公继承周文王、武王的事业，完成文武二圣王的功业，德行浸润天地，恩泽遍布四海，所以成王认为他贤能并尊重他。《诗经》说：'受到恩德无不回报。'所以成王让鲁国祭祀周公时用白色的公牛，往上不能和天子祭祀使用相同的颜色，往下要和诸侯们有所差别。臣董仲舒愚昧，认为这就是报答恩德的礼节。"

臣张汤向董仲舒发问说："天子祭祀上天，诸侯祭祀社稷，鲁国是什么原因可以祭祀上天？"

臣董仲舒回答："周公教导、辅佐周成王，周成王因此达到圣王境界，功业没有比这更大的了。周公是圣人，有祭祀天的道理，所以成王让鲁国举行郊祭祀天。"

臣汤问仲舒："鲁祭周公用白牡，其郊何用？"

臣仲舒对曰："鲁郊用纯骍犅。周色上赤，鲁以天子命郊，故以骍。"

臣汤问仲舒："祠宗庙或以鹜当凫[1]，鹜非凫，可用否？"

仲舒对曰："鹜非凫，凫非鹜也。臣闻孔子入太庙，每事问，[2]慎之至也。陛下祭躬亲，斋戒沐浴，以承宗庙，甚敬谨。奈何以凫当鹜，鹜当凫？名实不相应，以承太庙，不亦不称[3]乎？臣仲舒愚以为不可。臣犬马齿衰，赐骸骨，伏陋巷。[4]陛下乃幸使九卿[5]问臣以朝廷之事，臣愚陋，曾不足以承明诏，奉大对。臣仲舒昧死以闻。"

注释

1 以鹜当凫：把家鸭当野鸭用。鹜，家鸭。凫，野鸭。2 孔子入太庙，每事问：见《论语·八佾》。3 称：相称，合适。4 臣犬马齿衰，赐骸骨，伏陋巷：臣下已经年老齿衰了，蒙君主允许退休，居处在简陋的街巷。犬马，自谦之辞。齿衰，年事已高。赐骸骨，古代大臣为朝廷效力就是奉献整个身心，君主允许其退休，等于是赐还身体，所以叫赐骸骨。伏陋巷，指地位低下、居处简陋。5 九卿：直接辅佐君主统治国家的高级官吏。汉代的九卿包括：太常、光禄、卫尉、太仆、廷尉、大鸿胪、宗正、大司农、少府。张汤为廷尉，故称九卿。

译文

臣张汤向董仲舒发问："鲁国祭祀周公用白色的公牛，那郊祭时用什么样的牲牛？"

臣董仲舒回答说："鲁国郊祭用纯赤色的公牛，因为周代崇尚赤色，鲁国是奉周天子之命举行郊祭的，所以要用赤色公牛。"

臣张汤向董仲舒发问："祭祀宗庙有的用家鸭充当野鸭，家鸭不是野鸭，能使用它吗？"

臣董仲舒回答说："家鸭不是野鸭，野鸭不是家鸭。我听说孔子进入太庙，对每件事都要询问，谨慎到了极致。陛下祭祀一定亲自主持，还要斋戒沐浴，以承奉宗庙，甚为恭谨。为什么要把野鸭当作家鸭，家鸭当作野鸭呢？名称和实际不相符合，用来承奉太庙，难道不是不相称吗？我董仲舒愚昧，认为不可以。臣下已经年老齿衰，陛下恩赐允许我退休，居处在简陋的街巷。陛下竟派遣九卿向我询问朝廷大事，臣下愚笨浅陋，不足以承接君王圣明的诏令，回答君王的问题。臣董仲舒冒昧大胆向您说明。"

求雨第七十四

导读

本篇详细记述了西汉时期的求雨祭祀仪式，是难得的展现古代社会生活世界的篇章。求雨仪式以四季为别，所行之事、所祀之物、服色、祭物牺牲、祝者、方位、人数等又皆依五行为类，是当时阴阳、五行，以及物类感应等思想合流在社会生活层面的充分体现。《淮南子·说山训》："圣人用物，若用朱丝约刍狗，若为土龙以求雨。"东汉著名的无神论者王充也在《论衡·乱龙》篇说："董仲舒申《春秋》之雩，设土龙以招雨，其意以云龙相致……天道自然，非人事也。事与彼云龙相从，同一实也。"说明董仲舒求雨的说法在当时是普遍的观念。

春旱求雨，令县邑以水日祷社稷山川[1]，家人祀户，无伐名木，无斩山林。暴巫聚尪八日[2]，于邑东门之外为四通之坛，方八尺，植苍缯八[3]。其神共工[4]，祭之以生鱼八、玄酒[5]，具清酒[6]、膊脯[7]。择巫之洁清辩利者以为祝[8]。祝斋三日，服苍衣，先再拜，乃跪陈，陈已，复再拜，乃起。祝曰："昊天生五谷以养人，今五谷病旱，恐不成实，敬进清酒、膊脯，再拜请雨，雨幸大澍[9]。"

注释

1 令县邑以水日祷社稷山川：命令县邑在水日这一天祷告社稷山川诸神。水日，五行属水的日期。2 暴巫聚尪（wāng）八日：把女巫和患有尪病的人聚集到一起暴晒八天。尪，骨骼弯曲症。3 植苍缯八：树立八面深青色丝绸制成的旗子。4 共工：传说中的水神，所以求雨祭祀共工。5 玄酒：上古时期祭祀时替代酒的清水。水深黑色，故称玄酒。6 清酒：古代祭祀用的陈酒。7 膊（bó）脯（fǔ）：祭祀用的切成厚块的肉和干肉。8 择巫之洁清辩利者以为祝：挑选女巫中清洁且有口才的作为主持祝告的人。辩利者，指能言善辩口齿伶俐的人。祝，主持祭祀的人。9 大澍（shù）：及时降大雨。澍，及时的雨。

译文

春天干旱祈雨，命令县邑在水日这一天祈祷社稷、山川诸神，家家祭祀户神，不要砍伐高大的树木，也不要砍伐山中林木。把女巫和尪者聚集在一起暴晒八天，在城邑东门外建起四面通达的祭坛，长宽各八尺，树立八面深青色丝绸制成的旗子。其中供奉水神共工，用八条活鱼、清水祭祀，同时陈设清洁的陈酒、肉干。选择女巫中洁净、口齿伶俐的做主祭人。主祭人要斋戒三天，穿深青色衣服，祭祀时主祭人要先拜两次，然后跪下陈述祷辞，陈述完了，又再次跪拜，才起身。主祭人祷告说："上天生出五谷来养活百姓，如今五谷困于干旱，恐怕不能结出果实，恭敬地进献清酒、肉干，再次跪拜来请求下雨，希望这样能有幸及时降下大雨。"

即奉牲祷，以甲乙日[1]为大苍龙一，长八丈，居中央；为小龙七，各长四丈，于东方。皆东乡[2]，其间相去八尺。小童八人，皆斋三日，服青衣而舞之。田啬夫[3]亦斋三日，服青衣而立之。凿社通之于闾外之沟，取五虾蟆[4]，错置[5]社之中。池方八尺，深一尺，置水虾蟆焉。具清酒、膊脯，祝斋三日，服苍衣，拜跪、陈祝如初。取三岁雄鸡与三岁豭猪[6]，皆燔[7]之于四通神宇。令民阖[8]邑里南门，置水其外，开邑里北门，具老豭猪一，置之于里北门之外；市中亦置豭猪一，闻鼓声，皆烧豭猪尾。取死人骨埋之，开山渊，积薪而燔之。通道桥之壅塞不行者，决渎[9]之。幸而得雨，报以豚一[10]，酒、盐、黍财足，以茅为席，毋断。

注释

1 甲乙日：甲日或乙日。以天干地支纪日的方法。2 乡：通"向"。3 田啬夫：乡官。汉代十里一亭，十亭一乡，乡啬夫主管听讼、收税、徭役等。4 虾蟆：即"蛤蟆"，蛙类。5 错置：即措置。错，通"措"，放置。6 豭（jiā）猪：公猪。7 燔：焚烧。8 阖：关闭。9 决渎：疏通河流。10 报以豚一：用一头小猪等报答酬谢神灵。

译文

这样就供奉牺牲来祭祀，在甲乙日制作一条大青龙，身长八丈，放在中间；制作七条小青龙，身长各四丈，放在东方。全都朝向东方，中间相隔各八尺。八名童子，全都斋戒三天，穿上青色的衣服跳舞。田啬夫也斋戒三天，穿青色衣服站在那里。凿通社庙到闾门之外的水渠，拿五只蛤蟆放置在社庙中。建造一个长宽各八尺，深一尺的水池，在里面放入水和蛤蟆。备齐清酒、肉干。主祭人斋戒三天，穿深青色衣服，像上次一样跪拜，然后陈述祷辞。取三岁的雄鸡和三岁的公猪，放在四面通达的神庙中焚烧。让百姓关好城邑、闾里的南门，在门外放水，打开城邑、闾里的北门，准备一头老公猪，放在闾里北门之外；集市当中也放置一头公猪，听到击鼓的声音，就都焚烧公猪的尾部。取来死人尸骨掩埋好，开通山渊，堆上木柴焚烧。开通道路、桥梁中的堵塞不通的地方，疏通河道。这样如能有幸降雨，就供奉一头小猪，以及酒、盐、黍等充足的财物来酬谢神灵，用茅草编织供放祭品的席子，不要折断。

夏求雨，令县邑以水日，家人祀灶，无举土功，更火浚井。[1]暴釜于坛，臼杵于术，[2]七日。为四通之坛于邑南门之外，方七尺，植赤缯七。其神蚩尤[3]，祭之以赤雄鸡七、玄酒，具清酒、膊脯。祝斋三日，服赤衣，拜跪陈祝如春辞。以丙丁日为大赤龙一，长七丈，居中央；又为小龙六，各长三丈五尺，于南方。皆南乡，其间相去七尺。壮者七人，皆斋三日，服赤衣而舞之。司空啬夫[4]亦斋三日，服赤衣而立之。凿社而通之闾外之沟。取五虾蟆，错置里社之中。池方七尺，深一尺。具酒、脯，祝斋，衣赤衣，拜跪陈祝如初。取三岁雄鸡、豭猪，燔之四通神宇，开阴闭阳如春也。

注释

1 家人祀灶，无举土功，更火浚（jùn）井：家庭里祭祀灶神，不兴起建造房屋等土木工程，更换陈水，疏通淤井。更火浚井，应作“更水浚井”，即更换陈水，疏浚淤井。浚，疏浚。2 暴釜于坛，臼杵于术：把锅放在祭坛上进行暴晒，把杵臼放在大道上。釜，古代做饭的锅。臼杵，舂米的石臼和捣槌。术，城邑中的大道。3 蚩尤：传说中黄帝、炎帝时期，九黎部落的首领，能呼风唤雨。4 司空啬夫：县里掌管土木建设的官吏。

译文

夏季求雨，命令县邑在水日祭祀，各家的人祭祀灶神，不要兴建土木工程，更换陈水，疏浚水井。把铁锅放在祭坛上暴晒，把杵臼放在大道上，放七天。在城邑的南门外修造四面通达的祭坛，长宽各七尺，树立七面赤色丝绸制成的旗子。供奉蚩尤神，用七只赤色雄鸡、清水作祭品，同时陈设清洁的陈酒、肉干。主祭人斋戒三天，穿赤色衣服，像春天求雨一样跪拜陈述祷辞。在丙丁日制作一条大赤龙，身长七丈，放在中央；又准备六条小龙，身长三丈五尺，放在南方。都朝向南方，龙和龙之间相距七尺。七名年壮的人，全部斋戒三天，穿上赤色的衣服舞蹈。司空啬夫也斋戒三天，穿上赤色衣服站在那里。凿通社庙到闾门外的水沟。取五只蛤蟆，放置在社庙中。水池长宽各七尺，深一尺。准备齐全酒和肉干，主祭人斋戒，穿上赤色的衣服，跪拜陈述前面的祝辞。取三岁雄鸡、公猪，在四面通达的神庙中焚烧。像春天祭祀时一样开放阴气，闭塞阳气。

季夏祷山陵以助之。令县邑十日一徙市[1]于邑南门之外，五日禁男子无得行入市，家人祠中霤[2]，无举土功。聚巫市傍[3]，为之结盖[4]。为四通之坛于中央，植黄缯五。其神后稷，祭之以母䭲[5]五、玄酒，具清酒、膊脯。令各为祝斋三日，衣黄衣，皆如春祠。以戊己日为大黄龙一，长五丈，居中央；又为小龙四，各长二丈五尺，于南方。皆南乡，其间相去五尺。丈夫五人，皆斋三日，服黄衣而舞之；老者五人，亦斋三日，衣黄衣而立之。亦通社中于闾外之沟。虾蟆池方五尺，深一尺，他皆如前。

注释

1 徙市：把商业集市迁移到别的地方。2 中霤（liù）：本义为屋子中央，这里指居于屋内中央的神灵。3 傍：通“旁”，旁边。4 结盖：搭盖凉棚。5 母䭲（yǐ）：黍米饭和稀粥。母，即“淳母”，古代八珍食物之一，用黍米和肉末煎制成的食物。䭲，《周礼》之䭲食。

译文

季夏时祈祷山陵以帮助求雨，命令县邑每十天把商业集市调迁到城邑南门外一次，过五天就禁止男子进入集市，各家的人祭祀宅神，不要兴建土木工程。将女巫聚集到集市旁边，替她们搭盖遮阳的凉棚。在城邑中央修建四方通达的祭坛，树立五面黄色丝绸制成的旗子。供奉后稷神，用五份黍米饭、稀粥、清水，并陈设清酒、肉干。令主祭人斋戒三天，穿黄色的衣服，都跟春季祭祀求雨相同。在戊己日准备一条大黄龙，身长五丈，放置在中央；又准备四条小龙，各长二丈五尺，放置在南方。全都头朝南，中间相隔各五尺。五个成年男子，全部斋戒三天，穿上黄色衣跳舞；五位老年人，也斋戒三天，穿黄色衣服站在那里。也凿通社庙中到闾门之外的水沟。蛤蟆池长宽各五尺，深一尺。其他都与春季求雨的祭祀一样。

秋暴巫尪至九日，无举火事，无煎金器，[1]家人祠门。为四通之坛于邑西门之外，方九尺，植白缯九。其神少昊[2]，祭之以桐木鱼九、玄酒，具清酒、膊脯。衣白衣[3]，他如春。以庚辛日为大白龙一，长九丈，居中央；为小龙八，各

长四丈五尺，于西方。皆西乡，其间相去九尺。鳏者九人，皆斋三日，服白衣而舞之。司马[4]亦斋三日，衣白衣而立之。虾蟆池方九尺，深一尺。他皆如前。

注释

1 无举火事，无煎金器：不要生火，不能冶炼金属器具。煎，冶炼。2 少昊：上古传说中的部落首领，黄帝之子。3 衣白衣：此句上应补入“祝斋三日”。4 司马：掌管军队兵事的官吏。

译文

秋天求雨要暴晒女巫和尪病者九天，不能生火，不要冶炼金属器具，各家的人祭祀门神。在西门外边修建四方通达的祭坛，长宽各九尺，树立九面白色丝绸制成的旗子。供奉少昊神，用九条桐木鱼、清水供奉，同时陈设清酒、肉干。（主祭人斋戒三日，）穿白色的衣服，其他仪式如同春季的祭祀。在庚辛日准备一条大的白龙，身长九尺，放在中央；准备八条小龙，各长四丈五尺，放置在西方。全都朝向西方，中间相隔各九尺。九个鳏夫，都斋戒三日，穿白色的衣服跳舞。司马也斋戒三天，穿白色衣服站在那里。蛤蟆池长宽各九尺，深一尺。其他仪式都和之前的一样。

冬舞龙六日，祷于名山以助之。家人祠井，无壅水。为四通之坛于邑北门之外，方六尺，植黑缯六。其神玄冥[1]，祭之以黑狗子六、玄酒，具清酒、膊脯。祝斋三日，衣黑衣，祝礼如春。以壬癸日为大黑龙一，长六丈，居中央。又为小龙五，各长三丈，于北方。皆北乡，其间相去六尺。老者六人，皆斋三日，衣黑衣而舞之。尉[2]亦斋三日，服黑衣而立之。虾蟆池如春。

四时皆以水日，为龙，必取洁土为之，结盖，龙成而发之[3]。四时皆以庚子之日，令吏民夫妇皆偶处。凡求雨之大体[4]，丈夫欲藏匿，女子欲和而乐。

注释

1 玄冥：水神，传说为少昊之子。2 尉：主管兵事刑狱的官员。3 发之：打开，揭开。4 大体：大要，要点。

译文

冬天求雨要舞龙六天，向名山祈祷以帮助求雨。各家的人祭祀井神，不要堵塞流水。在北门外修建四方通达的祭坛，长宽各六尺，树立六面黑色丝绸制成的旗子。供奉玄冥神，用六条小黑狗、清水作祭品，陈设清酒、肉干。主祭人斋戒三天，穿黑色衣服，祭祀礼仪和春天相同。在壬癸日制作一条大黑龙，长六丈，放置在中央；又制作五条小龙，各身长三丈，放置在北方。全都朝向北，中间距离各六尺。六名老年人，全都斋戒三天，穿黑色衣服跳舞。军尉也斋戒三天，穿黑色衣服站在那里。蛤蟆池和春天祈雨时相同。

四季求雨都要在水日，制作龙，一定要用洁净的土制作，制作时要先搭盖遮阳的凉棚，等到龙制好了再打开棚盖。四季求雨都要在庚子日，让官吏和百姓都要夫妇居住在一起。大凡求雨的要点，就是男子要藏匿起来，女子要和顺而快乐。

止雨第七十五

导读

止雨祭祀仪式的基本原理与求雨相同，都是运用阴阳、五行思想，以及物类相感应等观念。文中“二十一年八月甲申，朔。丙午”，仲舒告内史中尉，应为董仲舒任江都相时期事。依《汉书》等文献记载，“三公典调和阴阳”，阴阳之事为丞相所职，董仲舒言求雨、止雨事，正为其职事所在，也反映了汉代儒学并不局限于精英阶层关注的形上学、政治学探讨，而与社会风俗、百姓生活没有隔膜。

雨太多，令县邑以土日塞水渎[1]，绝道，盖井，禁妇人不得行入市。令县乡里皆扫社下。县邑若丞、令史、啬夫[2]三人以上，祝一人；乡啬夫若吏三人以上，祝一人；里正、父老[3]三人以上，祝一人。皆斋三日，各衣时衣[4]，具豚一，黍、盐、美酒财足，祭社。击鼓三日，而祝先再拜，乃跪陈，陈已，复再拜，乃起。祝曰：“嗟！天生五谷以养人，今淫雨太多，五谷不和。敬进肥牲清酒，以请社灵，幸为止雨，除民所苦，无使阴灭阳。阴灭阳，不顺于天。天之常意，在于利人，[5]人愿止雨，敢告于社。”鼓而无歌，至罢乃止。凡止雨之大体，女子欲其藏而匿也，丈夫欲其和而乐也。开阳而闭阴，阖水而开火。以朱丝萦社十周。衣赤衣赤帻[6]。三日罢。

注释

1 令县邑以土日塞水渎（dú）：命令县邑在土日堵塞水沟。塞水渎，堵塞水沟。2 若丞、令史、啬夫：县一级的各类官员。若，语助词。丞，县令的副手，即副县官。令史，指掌管文书的官吏。啬夫，乡官，主管赋税、听讼等。3 里正、父老：里正为乡里的小吏。父老，指乡里较有德行、威望的老者。4 衣时衣：指穿着符合时令的颜色的衣服。按习俗，春为苍青、夏为赤色、秋为白色、冬为黑色。5 天之常意，在于利人：当作“天之意，常在于利人”。6 衣赤衣赤帻（zé）：穿赤色的衣服，包赤色的头巾。帻，头巾。

译文

雨水太多，命令县邑在土日堵塞水沟，断绝水流的道路，盖好水井，禁止妇女走入集市。命令县、乡、里都打扫社庙。县邑中的县丞、令史、啬夫有三人以上，就设主祭人一名；乡官啬夫等官吏有三人以上，设主祭人一人；里正、父老有三人以上，设主祭人一名。全都要斋戒三天，分别穿与时令相合颜色的衣服，准备好一头小猪，黍子、盐、美酒等充足的财货，祭祀社神。击鼓三天，主祭人先拜两拜，就跪下来向神陈述祷辞，陈述完毕，再拜两次，才起身。主祭人祷告说："唉！上天生出五谷来养活人类，现在雨水太多，五谷生长不和顺。恭敬地进献肥美的祭牲和清酒，以此请求土地神灵，希望停止下雨，去除百姓的痛苦，不要让阴气消灭了阳气。阴气消灭了阳气，就与天意不相顺了。天意常常是对人有利的，人们希望停止下雨，冒昧地向土地神祷告。"击鼓但不唱歌，直到祭祀结束为止。大凡祭祀止雨的要点，就是女子要隐藏躲避，男子要和顺而快乐。开放阳气而闭合阴气，闭合水而开放火。用红色丝线绕社庙十周，穿红色的衣服戴红色的头巾。三天才停止。

二十一年八月甲申，朔。[1] 丙午，江都相仲舒告内史中尉[2]：阴雨太久，恐伤五谷，趣止雨[3]。止雨之礼，废阴起阳。书[4] 十七县，八十离[5] 乡，及都官吏千石以下夫妇在官者，咸遣妇归。女子不得至市，市无诣井[6]，盖之，勿令泄。鼓用牲于社。祝之曰："雨以[7] 太多，五谷不和，敬进肥牲，以请社灵，社灵幸为止雨，除民所苦，无使阴灭阳。阴灭阳，不顺于天。天意常在于利民，愿止雨，敢告。"鼓用牲于社，皆一以辛亥之日，书到即起[8]，县社令、长，若丞尉官长，各城邑社啬夫、里吏正、里人皆出，至于社下，铺[9] 而罢。三日而止。未至三日，天曜[10] 亦止。

注释

1 二十一年八月甲申，朔：二十一年，当指江都王二十一年，即武帝元光元年。此时董仲舒被任命为江都相。朔，旧历每月初一。此句宋嘉定计台本作"八月庚申朔"，通行本可能有误。2 内史中尉：内史，汉代掌治京师的官吏。中尉，管理京师治安的官员。3 趣（cù）止雨：赶快想办法停止下雨。趣，催促、急促。4 书：文书，此处指发布文书。5 离：本字疑有误，当删。6 诣（yì）井：到井边去。诣，到。7 以：通"已"，已经。8 即起：立即发动。9 铺：指申时，相当于下午三点至五点。10 曜：同"晴"。

译文

江都王二十一年八月甲申日，初一。丙午，江都相董仲舒告诉内史中尉说：阴雨时间太长，恐怕会伤害五谷，赶快想法止雨。止雨的礼仪，是要废除阴气而兴起阳气。向十七个县，八十个乡下发文书，品级在千石以下的官员，如有夫妇都在官署的，都要遣送妻子回家。女子不准进入集市，集市中人也不要到井边去，把水井盖起来，不要让水汽漏出。在社庙击鼓并供奉牺牲。祷告说："雨水已经太多，五谷不调和，恭敬地进献肥美的牺牲，以此请求社神，希望为百姓止住下雨，蠲除百姓的痛苦，不要让阴气消灭了阳气。阴气消灭阳气，就与天意不随顺了。天意常常是在对百姓有利，希望停止下雨。冒昧地向社神祷告。"在社庙击鼓并供奉牺牲，都统一在辛亥日，文书到达，就立即发动，县社的令、长和县丞、尉等官员，各城邑的啬夫，里吏正、里人全都出来，到社庙祷告，直到申时才能结束。三天才能停止。如果不到三天，天就晴了，也可以停止。

祭义第七十六

导读

本篇讲四季宗庙之祭，详尽生动地描绘了古代社会生活中，祭祀礼俗与宗教意涵，充分展现了古人的物质与精神生活和谐丰富的状态。四祭是一年四个季节中在宗庙举行的供奉、追思祖先的祭祀，每一季节都以当季时新的谷物食品供奉宗庙祖先神位，荐献先祖后今人才敢食用。且祭祀时一定澄明其意，以美好洁净之物祀享祖先，祭祀时犹如祖先就在自己面前。古人在祭礼中体现和修养的是谦卑、诚敬之德，对于鬼神畏而不欺，信而不任，体现了儒家君子既保有对于超越维度的敬畏之心，又具有对命运自负其责的道德理性。

五谷食物之性[1]也，天之所以为人赐也。宗庙上四时之所成，受赐而荐[2]之宗庙，敬之性[3]也，于祭之而宜矣。宗庙之祭，物之厚无上也。春上豆实[4]，夏上尊[5]实，秋上机[6]实，冬上敦[7]实。豆实，韭也，春之所始生也；尊实，麷[8]也，夏之所受初[9]也；机实，黍也，秋之所先成也；敦实，稻也，冬之所毕熟也。始生故曰祠，善其司也；夏约故曰礿[10]，贵所受初[11]也；先成故曰尝，尝言甘也；毕熟故曰蒸，蒸言众也。奉四时所受于天者而上之，为上祭，贵天赐，且尊宗庙也。孔子受君赐则以祭，况受天赐乎？一年之中，天赐四至，至则上之，此宗庙所以岁四祭也。故君子未尝不食新，新天赐至[12]，必先荐之，乃敢食之，尊天、敬宗庙之心也。尊天，美义也；敬宗庙，大礼也。圣人之所谨也。不多而欲洁清，不贪数[13]而欲恭敬。君子之祭也，躬亲之，致其中心之诚，尽敬洁之道，以接至尊，故鬼享之。享之如此，乃可谓之能祭。

注释

1 性：生。2 荐：献，进献祭品。3 性：应作“至”。4 春上豆实：春天供上木器盛放的食品。豆，古代的高脚形木质祭器，形似现高脚杯，有盖。实，盛放的食物。5 尊：为“簨”字之误。簨（suǎn），即笾（biān），祭祀用的竹编食器。6 机（guǐ）：同“簋”，食器，亦作祭祀用器。7 敦（duì）：祭祀时盛黍稷的器具。8 麷（fēng）：煮或炒熟的小麦。9 受初：应作“初受”。10 夏约故曰礿（yuè）：当作“初受故曰礿”，即夏天用最初收获的麦子祭祀宗庙。礿，夏季祭祀。按《公羊传》“夏曰礿”句注云“始熟可汋（礿），故曰礿”，谷物成熟可以汋取（挹取），所以称为礿。11 贵所受初：应作“贵所初礿”，即表示对最初收获的重视。12 新天赐至：应作“天赐新至”。13 数：频繁。

译文

五谷食物的生长，是上天赐给人的。在宗庙祭祀中献上四时生长的五谷，接受上天的赏赐而将它荐献给宗庙，这是最恭敬的，作祭祀是合宜的。宗庙的祭祀，祭品没有比这更丰厚的了。春季献上用木豆装满的祭品，夏天献上用竹笾装满的祭品，秋天献上用簋装满的祭品，冬天献上用敦装满的祭品。豆中装的，是韭菜，是春季开始生长的；笾中装的，是煮熟的小麦，是夏天最早接受天赐的；簋中装的，是黍子，是秋天最早成熟的；敦中装的，是稻谷，是冬季最后成熟的。春祭用刚刚生长的韭菜，所以叫作祠，称赞祖先善于管理；夏祭用最初收获的麦子，所以叫作礿，表示看重最初接受的东西；秋祭用最先成熟的黍子，所以叫作尝，尝是说甘甜的意思；冬祭用最后成熟的稻子，所以叫作蒸，蒸就是祭品众多的意思。捧持四季所接受的天赐而奉献给祖先，作为上等的祭品，是重视上天赐予又尊敬宗庙祖先的意思。孔子接受君主的赏赐还要用来祭祀，何况接受上天的恩赐呢？一年之中，上天的恩赐有四次，一收到就献给祖先，这是宗庙之所以每年有四次祭祀的原因。所以君子不是不吃新成熟的谷物，新的赐予一到，一定先荐献宗庙，之后自己才敢食用，这就是尊崇上天、恭敬宗庙的心态。尊崇上天，是美好的德义；恭敬宗庙，是重大的礼节。这是圣人所谨慎对待的事。祭祀不在供品数量多而在洁净，不在举行次数多而在内心恭敬。君子进行祭祀，一定亲自参加，表达内心中的虔诚，尽力做到恭敬洁净的要求，以此来迎接最尊贵的神灵，所以鬼神享用这种恭敬和诚心。鬼神只有这样来享用，才可以称得上擅于祭祀。

祭者，察[1]也，以善逮[2]鬼神之谓也。善乃逮不可闻见者，故谓之察。吾以名之所享，故祭之不虚，安所可察哉？祭之为言际也与[3]？祭然后能见不见。见不见之见者，然后知天命鬼神，知天命鬼神，然后明祭之意。明祭之意，乃知重祭事。孔子曰[4]："吾不与祭，如不祭。祭神如神在。"重祭事，如事生。故圣人于鬼神也，畏之而不敢欺也，信之而不独任，事之而不专恃。[5]恃其公，报有德也；幸其不私，与人福也。其见于《诗》曰："嗟尔君子，毋恒安息。静共尔位，好是正直。神之听之，介尔景福。[6]"正直者得福也，不正直者不得福，此其法也。以《诗》为天下法[7]矣，何谓不法哉？其辞直而重[8]，有[9]再叹之，欲人省其意也。而人尚不省，何其忘哉！孔子曰[10]："书之重，辞之复。呜呼！不

可不察也。其中必有美者焉。”此之谓也。

注释

1 察：这里是至的意思，当读“祭”。《太平御览》引《尚书大传》云“祭之为言察也。察者，至也，人事至然后祭。”2 逮：及，达到。3 祭之为言际也与：祭说的就是交接达到。际，会合、交会。4 孔子曰：下引文见《论语·八佾》。5 信之而不独任，事之而不专恃：敬信鬼神但不放任，侍奉鬼神但不一味依赖。6“嗟尔君子”至“介尔景福”：见《诗经·小雅·小明》。嗟，感叹词。安息，安处。静，《诗经》原文作“靖”，谋的意思。共，通“恭”，恭敬。尔位，你的职位。介尔景福，帮助你实现最大的幸福。介，帮助。景，大的意思。7 法：效法，遵循法度。8 重：重复。9 有：通“又”。10 孔子曰：下引文见《公羊传》僖公四年“喜服楚也”句何休注，又见《春秋纬》。

译文

所谓祭，就是“察”，用美好的事物接待鬼神的意思。美好的事物能够达到不可见闻的鬼神，所以叫作“察”。我以“祭”来称呼奉享鬼神，所以我的祭祀是不虚妄的，祭祀时怎样才能交接鬼神呢？祭的意思是交际、达到？祭祀然后就能发现见不到的事物。发现见不到的事物，然后就能知道天命、鬼神了，能知道天命和鬼神，然后就能明白祭祀的意义。明白祭祀的意义，才能知道要重视祭祀。孔子说：“我如果不能亲自参加祭祀，就如同没有祭祀过。祭祀神灵就要像是神就在眼前。”重视祭祀鬼神，要像侍奉活着的人一样。所以圣人对待鬼神，敬畏而不敢欺骗，信任他们却不放任，侍奉他们却不一味依赖。依靠他们的公正，回报有德的人；希望他们没有私心，给人们致福。这种情况在《诗经》有记载：“唉！你这位君子，不要总安逸地休息。恭谨谋划你的职责，喜好这样正直的德性。神明会听察到，助你实现最大的幸福。”正直的人，能得到福佑，不正直的人，得不到福佑，这就是神明的法则。用《诗经》的话当作天下的法则，什么是不合法则的呢？《诗经》的用辞正直而一再重复，又两次感叹，是希望人们能够省察它的含义。可是人们还是不省察，多么疏忽啊！孔子说：“重复的记载，反复的文辞。唉！不可以不辨识清楚啊！其中一定有美好的含义。”说的就是这个意思。

天地之行第七十八

导读

本篇借天地运行规律来讲政治秩序中的君臣关系，认为为君者应当效法天道，要能深居隐处并任贤使能，且能制服臣下，拥有绝对威势。为臣者则应效法地道，不仅要谦卑事主，乃至死难尽忠，立有功劳也要归于君主。君与臣又被喻为人体之心与形体，强调二者之间关系和谐则上下相安，否则就会相互丧亡。这一比喻是基于本书天人相偶的思想，本篇试图将儒家思想中的仁、义、忠、信等伦理价值融入天人相偶的结构中去，并用来安顿君臣之间的政治伦理。

天地之行美也。是以天高其位而下其施，藏其形而见其光，序列星而近至精[1]，考阴阳[2]而降霜露。高其位所以为尊也，下其施所以为仁也，藏其形所以为神也，见其光所以为明也，序列星所以相承也，近至精所以为刚也，考阴阳所以成岁也，降霜露所以生杀也。为人君者，其法取象于天。故贵爵而臣国[3]，所以为仁也；深居隐处，不见其体，所以为神也；任贤使能，观听四方，所以为明也；量能授官，贤愚有差，所以相承也；引贤自近，以备股肱[4]，所以为刚也；考实事功，次序殿最，所以成世也；[5]有功者进，无功者退，所以赏罚也。是故天执其道为万物主，君执其常为一国主。天不可以不刚，主不可以不坚。天不刚则列星乱其行，主不坚则邪臣乱其官。星乱则亡其天，臣乱则亡其君。故为天者务刚其气，为君者务坚其政，刚坚然后阳道制命[6]。

注释

1 序列星而近至精：排列众星宿的次序而积聚众多的精气。序，排列次序。列，众多。近至精，疑当作“积众精”。2 考阴阳：考正阴阳。考，考正。3 贵爵而臣国：句疑有脱文。《离合根》篇云：“任群贤，所以为受成；乃不自劳于事，所以为尊也；泛爱群生，不以喜怒赏罚，所以为仁也。”4 股肱：大腿和胳膊，比喻辅佐君主的大臣。5 考实事功，次序殿最，所以成世也：考核功绩的实际大小，核定高低等级，是为了形成时代风气。次序，排定顺序。殿最，古代考核军功、政绩所划分的等级，上等为最，下等为殿。6 刚坚然后阳道制命：刚强坚固，代表阳道的天和君主才能掌握主宰权。

译文

天地的运行是完美的。天使自己的位置很高而向下施予恩惠，隐藏其形体而显露光芒，排列众星宿的次序而积聚精气，考正阴阳二气来降下霜露。使自己的位置很高，是为了显示尊贵；向下施予恩惠，是为了施行仁道；隐匿其形体，是为了显示神妙；显露光芒，是为了显示圣明；排列众星宿次序，是为了让它们互相承接；积聚精气，是为了变得刚强；考正阴阳二气，是为了完成年岁；降下霜露，是为了主宰万物出生和衰亡。做君主的，他的治国之法是效法上天而来的。因此使爵位尊贵而使诸侯臣服，是为了施行仁道；居处隐避的深宫，看不见他的形体，是为了显示神妙；任命使用贤能的人，观察、倾听四方的情况，是为了明察秋毫；根据能力授予官职，区别贤愚，是为了使他们互相承接；引进贤能而自己主动接近他，给自己配备股肱助手，是为了变得刚强；考核事情的实际功效，排列功绩高低等级，是为了形成时代风气；有功绩的晋升，没有功绩的贬退，是为了赏罚分明。因此上天掌握天道，成为万物之主；君主掌握治国之常道，成为一国之主。上天不可以不刚强，君主不可以不坚定。上天不刚强，众星的运行就会混乱；君主不坚定，奸臣就要扰乱官员的秩序。星宿乱行就会使上天灭亡，臣下乱行就会使君主灭亡。所以作为上天一定要使气刚强，做国君的一定要使自己的国政坚定，刚强坚定，然后代表阳道的上天和君主才能掌握主宰权。

地卑其位而上其气，暴[1]其形而著其情，受其死而献其生[2]，成其事而归其功[3]。卑其位所以事天也，上其气所以养阳也，暴其形所以为忠也，著其情所以为信也，受其死所以藏终也，献其生所以助明[4]也，成其事所以助化也，归其功所以致义[5]也。为人臣者，其法取象于地。故朝夕进退，奉职应对，所以事贵也；供设饮食，候视疢疾[6]，所以致养也；委身致命[7]，事无专制，所以为忠也；竭愚写情[8]，不饰其过，所以为信也；伏节死难[9]，不惜其命，所以救穷[10]也；推进光荣，褒扬其善，所以助明也；受命宣恩，辅成君子，所以助化也；功成事就，归德于上，所以致义也。是故地明其理为万物母，臣明其职为一国宰[11]。母不可以不信，宰不可以不忠。母不信则草木伤其根，宰不忠则奸臣危其君。根伤则亡其枝叶，君危则亡其国。故为地者务暴其形，为臣者务著其情。

注释

1 暴：暴露。2 受其死而献其生：承受死亡而献出生命。3 成其事而归其功：完成其职责而将功劳归于上天。4 明：通“萌”，开始生长。5 致义：尽义务。6 候视疢（chèn）疾：候视，探视、问候。疢疾，疾病。7 委身致命：以身事人而舍弃生命。8 竭愚写（xiè）

情：竭尽自己的智慧并充分表达情感。竭愚，用尽自己的智慧。愚，对自己智慧的谦虚说法。写情，即极力表达自己的情感。写，倾泻。9 伏节死难：为国难殉节而死。10 救穷：拯救困厄。穷，困厄，没有出路。11 宰：宰辅，即宰相，辅佐国君统治国家，等于是国君的助手。

译文

大地卑下自己的位置而使地气上升，暴露形体而显现实情，承受死亡而奉献生命，完成事务而将功归于上天。卑下自己的地位是为了侍奉上天，上升地气是用来养成阳气，显露形体是为了表现忠诚，显现实情是为了显示诚信，承受死亡是为了收藏终结，奉献生命是为了助益上天的圣明，成就事业是为了有助于教化，归功于天是为了尽自己的道义。作为人臣，他的原则是效仿大地。因此早晚上朝退朝，禀奉职责回应对答，是用来侍奉尊贵的人；供养陈设饮食，探视疾病，是为了能够奉养；将身心性命交托出去，做起事来没有专断独行的，是为了表示忠心；竭尽心智倾尽情感，不掩饰过错，是为了表示诚信；为国难殉节而死，不吝惜自己的生命，是为了挽救王事的困厄；推广君主的荣耀，表彰君主的善行，是为了辅助君主更加贤明；承受君命宣扬君王的恩惠，辅佐君王成就德行，是为了辅助完成教化；功业成就，将德行归于君主，是为了尽自己的道义。因此大地明了自己的道理而成为万物之母，臣子表明自己的职责而成为一国的宰相。母亲不可以不诚实，助手不可以不忠诚。母亲不诚实，草木的根就要受伤；宰相不忠诚，奸佞之人就要危害他们的国君。根受伤了枝叶就会枯亡，国君有危害国家就会灭亡。因此作为大地一定要显露自己的形体，作为臣子，一定要显示自己的实情。

一国之君，其犹一体之心也。隐居深宫，若心之藏于胸；至贵无与敌[1]，若心之神无与双也；其官人上士[2]，高清明而下重浊[3]，若身之贵目而贱足也；任群臣无所亲[4]，若四肢之各有职也；内有四辅[5]，若心之有肝肺脾肾也；外有百官，若心之有形体孔窍[6]也；亲圣近贤，若神明[7]皆聚于心也；上下相承顺，若肢体相为使也；布恩施惠，若元气之流皮毛腠理[8]也；百姓皆得其所，若血气和平，形体无所苦也；无为致太平，若神气自通于渊也；致黄龙、凤皇[9]，若神明之致玉女、芝英[10]也。君明，臣蒙其功[11]，若心之神，体得以全[12]；臣贤，君蒙其恩[13]，若形体之静而心得以安。上乱，下被其患，若耳目不聪明而手足为

伤也；臣不忠而君灭亡，若形体妄动而心为之丧。是故君臣之礼，若心之与体，心不可以不坚，君不可以不贤；体不可以不顺，臣不可以不忠。心所以全者，体之力也；君所以安者，臣之功也。

注释

1 与敌："与之敌"的省略，和他相匹敌。敌，匹敌、对等。2 官人上士：授人官职和崇尚士人。官人，使人做官，即委任别人官职。上，同"尚"，崇尚、看重。3 高清明而下重浊：使有德才的人居于高位而使没有德才的居于下位。清明，指有德才者。重浊，品德才能低下者。4 任群臣无所亲：任用群臣没有偏私。5 内有四辅：朝廷之内有四名重要的辅臣。内，指朝廷之内。四辅，国君的四名重要的卿士，即左辅、右弼、前疑、后丞。6 孔窍：指人的口、鼻、耳、眼等器官。7 神明：这里指人的精神智慧。8 腠（còu）理：皮肤的纹理。9 黄龙、凤皇：祥瑞之物。凤皇，即凤凰。10 玉女、芝英：玉女，传说中的神女，手持玉浆，人喝了玉浆可以成仙。芝英，传说中的可以延年益寿的仙草。11 功：当作"恩"。12 体得以全：句前脱"而"字，应作"而体得以全"。13 恩：当作"功"。

译文

一国的国君，如同一个身体的心脏。隐居在深宫中，如同心脏隐藏在胸腔中；极为高贵没有谁能与他对等，如同心的精神没有什么能和它匹配；君主委任官职崇尚士人，使有德才的人居于高位而使没有德才的居于下位，如同人的身体重视眼目而贱视脚；任用群臣没有偏私，如同四肢各自都有自己的职责；朝廷之内有四大辅臣，如同人体内有肝、肺、脾、肾；朝廷之外有百官，如同心脏有身体和孔窍；亲近圣贤，如同精神智慧聚合在心上；君臣上下承接顺畅，如同肢体相互配合使用；布施恩惠，如同元气流动在人的皮肤纹理和毛发之间；老百姓都能各得其所，如同血气平和协调，身体没有什么痛苦；不刻意作为就达致天下太平，如同精神、元气自动通向身体内深处；招来黄龙、凤凰，如同精神得到玉女、芝英。君主圣明，臣子能够蒙受功德，如同心清明，身体就得以保全；臣子贤能，君主能够享受功业，如同身体平静，心也得以安宁。在上者昏乱，在下者就遭受祸患，如同耳目不灵便而手脚就受到伤害；臣下不忠诚，君主就要灭亡，如同身体妄自活动而心就会为之丧亡。因此君臣之间的礼节，如同心脏和身体一样，内心不可不坚定，君主不可以不贤能；身体不可以不顺服，臣下不可以不忠诚。心能得到保全，是靠身体的力量；君主能得到安稳，是靠臣子的功绩。

威德所生第七十九

导读

本篇将君主的赏罚恩威与天道的阴阳二气、四时寒暑相匹配，以“圣人配天”，即圣王之道应与天道相匹配为标准，要求君主调整心态治理政务，务必以温和、平正的心态来发布恩威赏罚，尽量去除自己的好恶私意，而以公心来评判政务。否则赏罚不当或者失时，即相当于天道四时失序，引起自然界紊乱。以赏罚比配阴阳四时的思想，源于黄老学派，董仲舒采纳了黄老成说，又将之与《春秋》“采善不遗小，掇恶不遗大”的明辨是非的说法糅合，扩充了春秋学的解释维度。

天有和有德，有平有威，[1]有相受[2]之意，有为政之理，不可不审也。春者，天之和也；夏者，天之德也；秋者，天之平也；冬者，天之威也。天之序，必先和然后发德，必先平然后发威。此可以见不和不可以发庆赏之德，不平不可以发刑罚之威。又可以见德生于和，威生于平也。不和无德，不平无威，天之道也，达者[3]以此见之矣。我虽有所愉而喜，必先和心以求其当，然后发庆赏以立其德。虽有所忿而怒必先平心以求其政[4]，然后发刑罚以立其威。能常若是者，谓之天德；行天德者，谓之圣人。

注释

1 天有和有德，有平有威：天有温和、恩德、平正、威严等特征。2 受：通“授”，给予。3 达者：此指眼光通达的人、明晓事理的人。4 求其政：当作“求其正”。正，正当、真正。

译文

天有温和、恩德、平正、威严等特征，有相互给予的意向，有管理政治的原则，不可以不考察清楚。春季，是天的温和；夏季，是天的恩德；秋季，是天的平正；冬季，是天的威严。天道的次序，一定是先温和然后才布施恩德，一定是先平正然后散发出威严。由此可以看出不温和就不能布施奖赏的恩德，不平正就不能表现出刑罚的威严。又可以发现恩德从温和产生，威严从平正产生。不温和便没有恩德，不平正就没有威严，这是上天的法则，通晓事理的人由此可以看出了。我虽然有愉快而喜悦的对象，一定先要使内心温和来寻求适当的态度，然后发布赏赐来建立恩德。虽然有忿恨而讨厌的对象，一定先要使内心平正来寻求公正的态度，然后发布刑罚来确立自己的威严。能够经常做到这样的人，叫作具有天德；能够实行天德的人，就叫作圣人。

为人主者，居至德之位，操杀生之势，以变化[1]民。民之从主也，如草木之应四时也。喜怒当寒暑，威德当冬夏。冬夏者，威德之合也；寒暑者，喜怒之偶[2]也。喜怒之有时而当发[3]，寒暑亦有时而当出，其理一也。当喜而不喜，犹当暑而不暑；当怒而不怒，犹当寒而不寒也；当德而不德，犹当夏而不夏也；当威而不威，犹当冬而不冬也。喜怒威德之不可以不直处[4]而发也，如寒暑冬夏之不可不当其时而出也，故谨善恶之端。何以效其然也？《春秋》采善不遗小，掇[5]恶不遗大，讳而不隐，罪而不忽，□□[6]以是非，正理以褒贬。喜怒之发，威德之处，无不皆中，其应可以参寒暑冬夏之不失其时已[7]。故曰圣人配天。

注释

1 变化：指教化。2 偶：相偶，成对。3 当发：适时发出。当，适逢。4 直处：正当其处，即恰到好处。直，通“值”，正当、合适。5 掇：拾掇，搜集。6 □□：脱字，当作“明察”。7 不失其时已：应作“不失其时而已”，“而”字夺。

译文

做君主的，身处最高的德位，持有生杀大权，以教化百姓。百姓跟从君主，就如同草木与四季相顺应。喜悦与忿怒相当于暑热和寒冷，威严和恩德相当于冬天和夏天。冬天、夏天跟威严、恩德相合；寒冷、暑热跟忿怒、喜悦对偶。喜怒的发出有适当的时间，寒冷、暑热也有适当的时间发出，它们的道理是相同的。应当喜悦却不喜悦，如同应当暑热却不暑热；应当发怒却不发怒，如同应当寒冷却不寒冷；应当施恩德却不施恩德，如同正值夏季却没有夏季的温度；应当有威严却不发威严，如同正值冬季却没有冬季的温度。喜怒威德不能不合适地发出，如同寒暑冬夏不可以不正当其时而发出。所以要谨慎地对待善恶的开端。怎么证明是这样呢？《春秋》择取善事不遗漏小处，择取恶事不遗漏大处，避讳却不隐瞒，断罪却不疏忽，（仔细辨析）来判断是非，按照正理来进行褒贬。喜悦、忿怒的发出，威严、恩德的处理，没有不合适的，举措的相应可以与天道的寒暑冬夏从不错过季节相参验。所以说圣人是与天道相匹配的。

天地阴阳第八十一

导读

本篇将阴阳与人君治乱的行为相匹配，提出“气化之淖”的说法，以事物在水淖之中振动波及现象，比喻人的行为在弥散于天地间的阴阳二气中，也能产生同样的影响。目的在于强调君主应当力行德治，以治世之正气与天道相补益，方称得上参赞天地。否则以乱世之邪气，必会波及影响，而与天道相损害。并以《诗经·大雅·大明》篇批评商纣王的诗句，表示天意难以揣测信靠，并且不为帝王的身份所改易，一旦行恶，就会为天所弃，失掉王位。

天、地、阴、阳、木、火、土、金、水，九，与人而十者，天之数毕也。故数者至十而止，书者以十为终，皆取之此。人[1]何其贵者！起于天，至于人而毕。毕之外谓之物，物者投所贵之端，而不在其中。[2]以此见人之超然万物之上，而最为天下贵也。人，下长万物，上参天地。故其治乱之故，动静顺逆之气，乃损益阴阳之化，而摇荡四海之内。物之难知者若神，不可谓不然也。

注释

1 人：苏舆本作“圣人”，“圣”当为衍文。2 物者投所贵之端，而不在其中：万物各自按照所属的类别投入到上述十端的分类当中，但不是十端之一。

译文

天、地、阴、阳、木、火、土、金、水，计九种，加上人共十种，天之数就完备了。所以数目达到十就终止，书写以十作为终结，都从这里取法。人类是多么可贵！从天起始，到人完结。在这之外就叫作物，万物各自按照所属类别归入上述十端，却又不是十端之一。由此可见人类超越在万物之上，而是天下最为贵重的。人向下长养万物，向上参与天地运行。所以人类社会的治理和混乱，气的动静与顺逆，会增减阴阳二气的变化，而使四海之内动荡。事理的难以知晓如同神明，不能说不是这样。

今投地死伤而不腾相助[1]，投淖相动而近[2]，投水相动而愈远[3]。由此观之，夫物愈淖而愈易变动摇荡也[4]。今气化之淖，非直水也。而人主以众动之无已时[5]，是故常以治乱之气，与天地之化相淆而不治也。[6]世治而民和[7]，志平而

气正，则天地之化精，而万物之美起。世乱而民乖[8]，志僻[9]而气逆，则天地之化伤，气生灾害起。是故治世之德润草木，泽流四海，功过神明；乱世之所起，亦博[10]若是。皆因天地之化，以成败物，乘阴阳之资[11]，以任其所为，故为恶䜣人力而功伤，名自过[12]也。

注释

1 今投地死伤而不腾相助：人或动物被扔到地上会死亡、受伤，但地不会产生振动。不腾相助，应作"不能相动"，意为不能振动。2 投淖相动而近：扔到泥淖之中，振动的涟漪很近。淖（nào），泥淖。物品投入泥淖中会使泥淖发生振动，同时陷入泥淖中，故曰"近"。3 投水相动而愈远：扔到水中，振动的涟漪很远。4 夫物愈淖而愈易变动摇荡也：事物越是像泥淖那样（而不是像大地）就越是容易振动摇荡。5 人主以众动之无已时：君主对于众人的扰动没有停止过。6 "是故常以治乱之气"至"而不治也"：因此常常以治世乱世之气，与天地的化育相淆乱而治理不好。淆（xiáo），混杂。7 世治而民和：社会治理得好，民众就和顺。8 世乱而民乖：社会治理得乱，民众就乖戾。乖，违背，指违阴阳之化。9 僻：不正，邪僻。10 博：广博，指数量、种类多。11 乘阴阳之资：凭借阴阳的作用。乘，假借。资，功用。12 名自过：名声自然败坏。

译文

如今人或动物被扔到地上会死亡或受伤而大地不会振动，扔到泥淖中就会引起近处的振动，扔进水中就会引起更远的振动。由此看来，事物越是像泥淖那样（稀薄），便越容易变动、摇荡。现在气化的泥淖中，比水更稀薄，而国君对于众人的扰动从未停止过，所以经常将治、乱之气，与天地的化育相混同而治理不好。社会治理得好，百姓就和顺，心志平和而气质正直，天地的化育就精粹，各种美好的事物就会生起。社会治理得乱，百姓就要乖戾，心志邪僻而气质悖逆，天地的化育受损，邪气就会生出而产生灾害。所以治世的恩德润泽草木，恩泽流布天下，功业超过神明；乱世所产生的不良影响也是这样广泛。这些都是顺应天地的化育，来成就或破坏万物的生长，凭借阴阳二气的功用，来听任它的作为，所以做恶事使人事出现过错，功劳受损害，名声自然败坏。

天地之间，有阴阳之气，常渐[1]人者，若水常渐鱼也。所以异于水者，可见与不可见耳，其澹澹[2]也。然则人之居天地之间，其犹鱼之离[3]水，一也，其

无间[4]。若气而淖于水，水之比于气也，若泥之比于水也。是天地之间，若虚而实，人常渐是澹澹之中，而以治乱之气与之流通相淆也。故人气调和，而天地之化美，淆于恶而味败，此易之物[5]也。推物之类，以易见难者，其情可得。治乱之气，邪正之风，是淆天地之化者也。生于化而反淆化，与运连也。

注释

1 渐：浸润，即熏陶影响。2 澹澹（dàn dàn）：波浪起伏的样子。3 离：通“丽”，附丽、附着。4 无间：没有间隔。5 易之物：应作“易见之物”，“见”字夺。

译文

天地之间，有阴阳二气，经常浸润人，如同水经常浸润鱼。阴阳和水不同的，只是一个可见，一个不可见罢了，它们飘然摇荡着。然而人居处在天地之间，如同鱼依附着水一样，之间没有间隙。气跟水相比水更（像泥淖那样）稀薄，水同气相比就如同泥同水相比一样。天地之间像是空虚但却充实，人浸润在摇荡的天地之气中，而用治乱之气和它流通混合。所以人气调和，天地的化育就美好，混合了恶气，味道就会败坏，这是容易见到的事物。推断事物的类别，用容易的推见繁难的，就能了解实际情况。治乱之气，邪正之风，是混合于天地化育之中的。由化育所生，而反过来又掺入化育，和天地运行相连。

《春秋》举世事之道，夫有书天[1]，之尽与不尽，王者之任也。《诗》云：“天难谌斯，不易维王。[2]”此之谓也。夫王者不可以不知天。知天，诗人之所难也。天意难见也，其道难理。是故明阳阴入出、实虚之处，所以观天之志；辨五行之本末、顺逆、小大、广狭，所以观天道也。天志仁，其道也义。为人主者，予夺生杀，各当其义，若四时；列官置吏，必以其能，若五行；好仁恶戾，任德远刑，若阴阳。此之谓能配天。天者其道长万物，而王者长人。人主之大，天地之参[3]也；好恶之分，阴阳之理也；喜怒之发，寒暑之比[4]也；官职之事，五行之义也。以此长天地之间，荡四海之内，淆阴阳之气，与天地相杂。是故人言：既曰王者参天地矣，苟参天地，则是化矣，岂独天地之精哉！王者亦参而淆之，治则以正气淆天地之化，乱则以邪气淆天地之化，同者相益，异者相损之数也，无可疑者矣。

注释

1 夫有书天：下有脱文。2 天难谌斯，不易维王：见《诗经·大雅·大明》。毛诗作“天难忱斯，不易维王”。意为“天命无常难以信任，即便是君王也不能改易”。忱，信任。诗之下句为“天位殷適，使不携四方”，即是说商纣王虽贵为天子，亦为殷朝嫡子，因他为恶，天就弃绝他，使他教令无法施于四方，为天下叛。3 参：参照。4 比：接近，联合。

译文

《春秋》列举人类社会的规律，又记录上天……完成和未完成，是君王的责任。《诗经》说：“天命无常难以信任，即便是君王也不能改易。”说的就是这个意思。君王不可以不知道天。知道上天，诗人都觉得困难。天意难以发现，它的规律难以梳理。因此知晓阴阳的隐入出现、运行的实虚之处，可以用来观察上天的志向；分辨五行的本末、顺逆、大小、广狭，可以用来观察上天的规律。上天的志向是仁，它的规律是义。做君主的，生杀予夺，都要合于义，如同四季那样；确定官职位次设置官吏，一定根据他的才能，如同五行；喜好仁爱，厌恶乖戾，多施德教，少用刑罚，如同阴阳。这就叫作和上天相匹配。天之道是长养万物，君主之道是长养万民。君主的伟大，是能与天地相参照；好恶的区分，与阴阳同理；喜怒的发出，与寒暑的运行相匹配；官职的事务，是依照五行的原则。以此来长养天地间的万物，在四海之内回荡运行，混合阴阳之气，与天地的功用相混杂。所以有人说过：君王参与天地运行，如果参与天地运行，就是化育万物，哪里仅仅是天地的精气呢！君王也参与并混同天地，治世就用正气混同天地的化育，乱世就用邪气混同天地的化育，相同的能互相补益，不同的就会互相减损，没有什么可以怀疑的。